Dieter Hoppe
Aras

Dieter Hoppe

Aras

Die Arten und Rassen –
Ihre Haltung und Zucht

61 Farbfotos
27 Verbreitungskarten
3 Zeichnungen

Verlag Eugen Ulmer
Stuttgart

CIP-Kurztitelaufnahme der Deutschen Bibliothek

Hoppe, Dieter:
Aras: Die Arten und Rassen – Ihre Haltung
und Zucht / Dieter Hoppe. – Stuttgart: Ulmer 1983.
ISBN 3-8001-7081-7

Wollgrasweg 41, 7000 Stuttgart 70 (Hohenheim)
Printed in Germany
Umschlaggestaltung: A. Krugmann
mit einem Foto (Halsbandara – *Ara auricollis*)
von Hans Reinhard
Satz: Fotosatz Hellstern, Tübingen
Druck: Offsetdruckerei Karl Grammlich, Pliezhausen

Vorwort

Die Papageien, eine aus 328 Arten bestehende Vogelgruppe, haben sich in den vergangenen zwei Jahrhunderten das Herz so manchen Vogelfreundes erobert.
Ihr munteres Treiben, ihre hohe Intelligenz, ihre Gabe zum Sprechenlernen, ihre leichte Zähmbarkeit und nicht zuletzt ihre unglaubliche Farbenpracht hat viele Menschen veranlaßt, sich näher mit diesen gefiederten Akrobaten zu befassen. Die Aras, die als Inbegriff der Papageien gelten, sind wohl die markantesten und bekanntesten Vertreter ihrer Sippe. Jeder Vogelfreund und -züchter hegt den heimlichen Wunsch, solch ein Tier zu besitzen. Die Aras sind sehr ›intelligente‹ und ›sensible‹ Vögel. Deshalb sollte jeder Liebhaber, der die Absicht hat, sich solch einen Zimmergenossen anzuschaffen und zu pflegen, sich vorher eingehend über die Wesensart dieser Vögel informieren. Gleiches gilt für den versierten Züchter, denn eine erfolgreiche Zucht mit Aras ist nur dann möglich, wenn man den Vögeln Bedingungen bietet, die nahezu den Verhältnissen des natürlichen Freilebens entsprechen. Dieses Buch über die Aras informiert über alle Kriterien und soll dem ernsthaften Vogelliebhaber als Grundlage der Papageienhaltung dienen.
Der Rückgang wildlebender Tierpopulationen, insbesondere auch bei den Papageien, ist heute in vielen Fällen bedrohlich und alarmierend. Für die Liebhaber und Halter von Papageienvögeln ergibt sich daraus die Verpflichtung, alles daranzusetzen, um mit den in Gefangenschaft gehaltenen Vögeln zu Zuchterfolgen zu gelangen. Zukünftig wird der Bestand an Papageien in den Händen der Liebhaber entscheidend vom Gelingen dieser Nachzuchten abhängen, da mit Einfuhren wildlebender Papageien nach dem Artenschutzübereinkommen künftig nicht mehr gerechnet werden kann.
Den Herren Dr. Joachim Steinbacher, Bad Homburg, und Dr. Claus König, Naturkundemuseum Stuttgart, danke ich für wissenschaftliches Quellenmaterial und für ihre Beratung bei taxonomischen Problemen.
Zu großem Dank bin ich den Liebhabern, Züchtern, Mitarbeitern Zoologischer Gärten und Naturhistorischer Museen sowie meinen Brieffreunden in Südamerika verpflichtet, die mir bei vielen Einzelfragen durch ihren Rat und mit wertvollen Hinweisen weitergeholfen haben.
Mein besonderer Dank gilt dem Eugen Ulmer Verlag, Stuttgart, der es mit diesem Band über Aras in seiner Reihe ›Exotische Ziervögel‹ unternimmt, den Papageienliebhabern diese interessante Gruppe ausführlicher vorzustellen.

Esslingen, Frühjahr 1983 Dieter Hoppe

Inhaltsverzeichnis

Der Mensch und die Papageien

Die ersten lebenden Papageien brachte Onesikritos, der Steuermann Alexander des Großen (356–323 v.Chr.) nach Europa. Bestimmt handelte es sich um Arten aus der Gruppe der Edelsittiche (Psittacula). So wurden bereits 300 Jahre vor unserer Zeitrechnung die ersten Papageien in Griechenland beschrieben. Aristoteles (384–322 v.Chr.) berichtet von den ›Krummklauigen‹, er meint damit die Papageien: »Alle Vögel mit gekrümmten Klauen haben einen kurzen Hals und eine breite Zunge und sind Nachahmer. Ein solcher ist der indische Vogel Psittake, der menschenzungig genannt wird. Er wird betrunken, wenn er Wein trinkt.« Später bauten die Römer innerhalb kürzester Zeit die Haltung von Papageien zum wahren Kult aus. In wertvollsten, aus Silber, Elfenbein und Schildpatt gefertigten Käfigen erhielten die Vögel Ehrenplätze in den vornehmen Häusern und wurden von eigens angestellten Lehrern unterrichtet. Leider kam es im alten Rom auch zu Exzessen: Kaiser Heliogabel servierte seinen Gästen auf silbernen Tellern ein Mahl mit Papageien- und Pfauenköpfen und warf außerdem seinen Löwen lebende Papageien zum Fraß vor.

Im Mittelalter gelangten auf den Kreuzzügen und über die sich ausdehnenden Handelswege die ersten Papageien in das mittlere Europa. Friedrich II. (1212–1250), Enkel Kaiser Barbarossas, besaß bereits einen Weißhaubenkakadu (*Cacatua alba*), den er als Gastgeschenk des Sultans von Babylon erhielt. Mit seiner Darstellung der Falkenjagd schrieb er auch das erste abendländische Buch über Vögel. Friedrichs des II. Versuche und Beobachtungen basierten auf wissenschaftlichen Prinzipien, so ließ er sich z.B. ein Brutgerät bauen, um darin Eier zu erbrüten und die Entwicklung der Küken beobachten zu können.

Die Spanier und Portugiesen, später auch die Engländer, Franzosen und Holländer, die im 15. und 16. Jahrhundert den mittel- und südamerikanischen Kontinent und die umliegenden Inseln zu erobern versuchten, entdeckten bei der heimischen Bevölkerung Papageien von einer unglaublichen Farbenpracht. Nicht nur bei den indianischen Naturvölkern, auch in den hochentwickelten Kulturen hielt man sich Papageien als lebendes Nahrungs- und Federdepot. Die Maya- und Aztekenadeligen schmückten sich mit den buntschillernden Federn der Aras (*Ara*) und des Quetzal (*Pharomachrus mocino*). Der spanische Chronist Diaz del Castillo, der mit Cortez 1519 Mexiko ›durchstreifte‹, war sehr beeindruckt von Montezumas Vogelhäusern, in denen die seltensten Vögel gehalten und gezüchtet wurden. Reichlich vertreten waren die Quetzal, die dem Aztekenherrscher die begehrten Federn lieferten. Wenn

ein Unbefugter einen Quetzal tötete, verfiel er der Todesstrafe.
Bald erreichten die von den Spaniern mitgenommenen Papageien europäischen Boden und wurden hier zu den Attraktionen der Königs- und Fürstenhäuser.
Der große Wissensdurst der damaligen Zeit sowie die Entdeckung ständig neuer Tier- und Pflanzenarten ließ Wissenschaften entstehen, die sich ausführlich mit dem Neuen, dem Unbekannten, befaßten. Conrad Gesner (1516–1565), ein Schweizer Arzt und Naturforscher, ein universeller Gelehrter und Bibliograph, schuf mit seinem Lebenswerk, der ›Historia animalum‹ in fünf Bänden, eine Tierartenbeschreibung, die als fundierte wissenschaftliche Darstellung angesehen werden kann und für die damalige Zeit richtungsweisend war. Gesner beschrieb in diesem Werk bereits 14 Papageien, darunter auch den Ararauna (*Ara ararauna*) und den Arakanga (*Ara macao*). Gesner berichtet unter anderem vom Ararauna: »Von dem großen blau- und Saffran-gelben Papageyen. Psittacus maximus Cyanocroceus. Seine täglichen Speisen sind Mandeln/Nüß/Fleisch und Brodt gewesen. Deß Tags hat er nur einmal / und zwar gegen Abend / getruncken. Wann ihme Aepfel / oder Birn vorgeworffen / hat er die selbige alsbald mit seinem Schnabel gespaltet / die kleine Kern heraus gesucht / und dieselb mit größtem Lusten gessen / das übrige aber hinweg geworffen.«
Gesner stützte sich bei seiner Niederschrift hauptsächlich auf die Angaben des italienischen Naturforschers Aldrovandi. Die exakten Angaben in der Artenbeschreibung lassen die hervorragenden Beobachtungen an den damals doch sehr fremdartigen Lebewesen erkennen. Außerdem ist das Buch nach einem gewissen System aufgebaut, das Zuordnungen einiger artverwandten Tierarten aufzeigt. Mit seinen beiden Bänden über die Vögel schuf Gesner den Grundstein der Ornithologie und darf daher als einer ihrer Wegbereiter gelten. Trotzdem mußten noch fast 200 Jahre vergehen, bis die Ornithologie als Wissenschaftszweig anerkannt wurde.
So entstand als Nebenzweig der Zoologie die Ornithologie, die Lehre von den Vögeln. Die Papageien, deren Herkunft wie auch ihre verwandtschaftlichen Beziehungen zu anderen Vogelordnungen, zum damaligen Zeitpunkt kaum bekannt war, waren für viele Wissenschaftler damals besonders interessant. Namen wie Dr. Johann Latham (1740–1837), Johannes Baptist von Spix (1781–1826), William Swainson (1789–1855), Carl von Linnaeus (1707–1778) und andere sind aus den Anfängen der Papageienforschung nicht wegzudenken.
Der Siegeszug der Papageien setzte im letzten Jahrhundert ein, nachdem auf breiter Front in den Zoologischen Gärten diese gefiederten Akrobaten den Tierfreunden vorgestellt wurden. Die Tropenromantik der mitteleuropäischen Bevölkerung im letzten Jahrhundert, angeregt durch ständig neue Entdeckerberichte aus diesen fernen Ländern, weckte Wünsche nach dem Exotischen, dem Unbekannten und Fremden. Die Papageien verkörperten mit ihrem Aussehen, ihrem Verhalten und ihrer Herkunft diese Exotik, und daher war es in der damaligen Zeit nur ein kurzer Weg von ihren tropischen Heimatländern in die Wohnzimmer der Bürgerhäuser.
Prof. Dr. Friedrich O. Finsch (1839–1917), ein hoch angesehener Völkerkundler und Ornithologe seiner Zeit, informierte mit seinem Band über die Papageien (1867 bis 1868) damals die Vogelfreunde und gab ausführliche Kommentare über Art und

Herkunft sowie Käfighaltung und Pflege der Krummschnäbel. Viele andere Autoren eiferten Finsch nach. Die ständige Entdekkung neuer Arten und Rassen sowie deren Einführung, in erster Linie in England, Holland und Deutschland, führte dazu, daß jedes neu herausgebrachte Vogelbuch bereits beim Erscheinen überholt war.
Dr. Karl Ruß beschrieb in seinem 1870 erschienenen ›Handbuch für Vogelliebhaber‹ 230 Arten. In der zweiten Auflage stellte er bereits 700 Arten vor. Die vierte Auflage, die im Jahr 1900 verlegt wurde, enthielt über 900 Arten. In der 1920 von Karl Neunzig überarbeiteten Auflage des Ruß' Handbuches sind es bereits 1450 Vogelarten, darunter ein Großteil der bis heute bekannten Papageienarten, die ausführlich beschrieben werden. Über den seltenen Meerblauen Ara (*Anodorhynchus glaucus*) wurde damals folgendes berichtet:

»Blauer Ara – *Ara glauca* (Vieill.). Meerblauer Ara – Engl. Glaucous Macaw ♂ ♀ Graublau; Kopf mit befiedertem Zügel grauer; an Wangen, Kehle, Oberbrust bräunlich überhaucht, übrige Unterseite etwas ins Grünliche gehend; Innenfahnen der Schwingen und Schwanzfedern, ebenso Unterseite derselben, große Unterflügeldecken braunschwarz, kleine grünlich graublau; Auge dunkelbraun; nackte Umgebung des Auges und des Unterschnabelgrundes gelb; Schnabel, Füße schwärzlich; Lg. 650–750, Fl. 350–360, Schw. 375 mm. Verbreitung: Südbrasilien, Paraguay, Uruguay; soll in Erdlöchern an Flußufern, auch in Baumhöhlen nisten; Urwaldbewohner. Selten, jedoch ab und zu im Handel; zuerst im Zool. Garten zu London, im Zool. Garten zu Berlin seit 1892 vorhanden; Ernährung usw. wie andere Aras.«

Oder in dem Hand-Lehrbuch von Dr. Karl Ruß, ›Die sprechenden Papageien‹, steht über den Meerblauen Ara in der 3. Auflage, die 1898 in Magdeburg erschien:

»Der meerblaue Arara (Psittacus – Sittace-glaucus, Vll.). Blauara – Glauceous Macaw – Ara bleuâtre – Grijsblauwe Ara.
Fast noch seltener als der vorige, ihm auch in allen Eigenthümlichkeiten gleich oder doch sehr ähnlich, ist er düster meerblau; Kopf, Wangen und Kehle mehr gräulich oder grünlichblau; Schwingen und Schwanzfedern an der Innenfahne schwarzbraun, unterseits braunschwarz, ebenso die größten unterseitigen Flügeldecken, kleine unterseitige Flügeldecken hell meerblau; Schnabel schwarz; Augen dunkelbraun; Füße schwärzlichbraun; Größe bedeutend geringer als die des hyazinthblauen Arara (Länge 72,8 cm; Flügel 33,8 bis 35 cm; längste Schwanzfeder 33,8 bis 36,5 cm). Heimat: südliches Brasilien, Paraguay, Uruguay. In den zoologischen Gärten von London war ein Kopf i. J. 1860, in den Amsterdamer ein solcher 1868 und in den Berliner 1892 gekommen; auf den Ausstellungen und in den Vogelhandlungen war er in der letzten Zeit vereinzelt vorhanden. Preis wie beim vorigen, nur frisch eingeführte 350 M.«

Die Zitate aus diesen Büchern lassen erkennen, wie hoch der Wissensstand über diese exotischen Tiere zum damaligen Zeitpunkt war.
Die Bildbeschreibungen im Wiener Papageienbüchlein, die nach den Original-Aquarellen der Naturaliensammlung Ferdinands I. von Österreich vorgenommen wurden, erläutern die einzelnen Arten zutreffend. Sie enthalten außerdem Haltungshinweise und informieren über Be-

sonderheiten. Über den damals bereits seltenen Kuba-Ara (*Ara tricolor*), der zwischenzeitlich leider zu den ausgestorbenen Arten zählt, wurde folgendes berichtet:

> »Dreifarben-Ara – Gelbnackiger Arara – Tricolored Macaw – Ara tricolore – Driekleur Ara – Psittacus tricolor Behst. Diese Ara gehört zu den kleineren Arten. Sie erreicht nur Taubengröße und ist auf der Insel Cuba beheimatet, wo sie schon recht selten geworden sein soll. Auch in der Gefangenschaft hat man sie wenig gesehen, so daß es ein rechter Glücksfall bleibt, wenn sie uns hier durch L. Brunner im Bilde festgehalten wurde. Ihr dunkleres Scharlachrot unterscheidet sie zusammen mit dem dunkelorangefarbenen Hinterkopf, Nacken und Hinterhalt deutlich von den anderen rotgetönten Aras. Das Auge ist gelb, die Füße hornbraun, der Schwanz kupferrot und in seinem Enddrittel blau, die ganze Unterseite ebenfalls dunkelrot. Ein Vogel, den man sonst kaum einmal in Abbildungen, geschweige denn lebend zu sehen bekommen wird.«

Aber nicht nur die Vogelliebhaber zeigten ein großes Interesse, auch die Wissenschaft mit ihren namhaften Ornithologen an den Naturhistorischen Museen ließ sich vom unglaublichen Formenreichtum dieser exotischen Vogelgruppe anziehen. Männer wie Hans Carl Hermann Ludwig, Graf von Berlepsch (1850–1915), Dr. Alfred Edmund Brehm (1829–1884), Prof. Dr. Friedrich Otto Finsch (1839–1917), Dr. Ernst Johann Otto Hartert (1859 bis 1933), Prof. Dr. Anton Reichenow (1847 bis 1941), um nur einige deutsche Wissenschaftler der damaligen Zeit zu nennen, machten sich um die Artenforschung verdient. Unbekannte, die die fernsten, unwirtlichsten Winkel der Erde erforschten, wie Henry Walter Bates, der elf Jahre seines Lebens, von 1848–1859, im Tiefland des Amazonasstromes verbrachte und dort 14000 Tierarten sammelte, von denen 8000 der Wissenschaft gänzlich unbekannt waren, ermöglichten erst durch die Auswertung ihrer ›Beute‹, die systematische Zuordnung der Tierformen und Katalogisierung der Arten und Rassen.

Die große Nachfrage nach Papageien, bevorzugt waren bei den großen Arten Tiere aus den Gattungen *Amazona, Ara, Psittacus* und *Melopsittacus* und *Agapornis* bei den kleineren Arten, konnte kaum gestillt werden. Abenteurer in der ganzen Welt spezialisierten sich auf den Fang, und Seeleute, die überseeische Länder befuhren, brachten zur Aufbesserung ihrer kargen Heuer diese Papageien mit und verkauften die Tiere. Somit wurden die Hafenstädte zu Umschlagplätzen für Tiere aller Art. Bald entstanden Handlungen, die sich ausschließlich auf den Kauf und Verkauf von Tieren spezialisierten. Andere Händler und Kleinbetriebe lieferten das notwendige Zubehör wie Käfige und Futtermittel, und alsbald war ein neuer ›Wirtschaftszweig‹ entstanden. Oft wurde unter den abenteuerlichsten Aspekten der Handel mit der lebenden Kreatur betrieben. Die Ausbreitung der Psittakose war die Folge dieser Auswüchse. 1934 wurde ein Gesetz erlassen, das die Einfuhr von Papageien aus gesundheitlichen Gründen generell untersagte, und man erließ Anordnungen, um die psittakoseverseuchten Bestände vollständig auszumerzen. 40 Jahre vergingen, bis dieses Gesetz aufgehoben wurde.

Heute dürfen sich Liebhaber wieder an der Haltung und Zucht von Papageien erfreuen und durch eingehende Beobachtung der Vögel auch für die wissenschaftliche Ornithologie wichtige Details beisteuern.

Aus der Entwicklungsgeschichte

Die Entwicklungsgeschichte der Vögel ist durch deren feinen Knochenbau und die dadurch bedingte rasche Verwesung nicht eindeutig belegbar, läßt sich aber mit Bestimmtheit bis zum *Archaeopteryx,* der im Jahre 1861 im feinen Jurakalk des Solnhofer Schiefers als Versteinerung gefunden wurde, zurückverfolgen. Dem *Archaeopteryx* folgten im Oberen Jura die Gattungen *Ichthyornis* und *Hesperornis,* wobei der *Ichthyornis* bereits ein guter Flieger war. Beide hatten aber noch ein reptilienartiges Gebiß (bezahnter Oberkiefer). Die Entwicklung der Vögel geht vermutlich auf einen anderen Wurzelzweig wie den der Säugetiere zurück, und wahrscheinlich sind die Vorstufe die baumbewohnenden Echsen. Nahezu vor 60 Millionen Jahren dürften die Vögel die ihnen anhaftenden Reptilieneigenschaften vollständig abgelegt und ihre endgültige Form angenommen haben. Ab dieser Entstehungsstufe entwickelten sich wohl die uns heute bekannten Ordnungen, denen im Laufe der Evolution die Familien, Unterfamilien, Gattungen, Arten und Unterarten folgten. Die Existenz von Papageien läßt sich bis zum Oligozän (dritte Epoche der tertiären Periode), ein Zeitraum vor 40–25 Millionen Jahren, nachweisen. In Frankreich fand man Versteinerungen von Papageien aus diesem Zeitalter, wobei eingehende Untersuchungen ein gewisses Verwandtschaftsverhältnis zum Graupapagei (*Psittacus erithacus*) erkennen ließen. Der Ursprung der Papageien ist aber keineswegs in Europa zu suchen. Der Entstehungsherd liegt vermutlich im Gebiet von Nordaustralien und Neuguinea; wobei diese Region als Urheimat der Papageien anzusehen ist. Da die Papageien nahezu eine Sonderstellung in der Klasse der Vögel einnehmen und keinerlei verwandtschaftliche Beziehungen zu anderen Vogelfamilien erkennen lassen, ist ihr Entwicklungsweg nicht nachvollziehbar. Die heute noch lebenden Borstenkopfpapageien (*Psittrichas fulgidus*) und eventuell auch die Nestorpapageien (*Nestorinae*) zeigen eine sehr alte Erscheinungsform und sind durchaus als Urpapageien anzusehen. Der auf Neuseeland lebende Eulenpapagei (*Strigops habroptilus*), eine weitere Urform, dürfte schon vor vielen Millionen Jahren aus der stammesgeschichtlichen Entwicklung ausgeschert sein oder hat sich sogar aus einer anderen Urform heraus entwickelt, so daß er als ein Bindeglied zwischen einer bereits ausgestorbenen, den Papageien verwandten Form anzusehen ist. Viele, diesem Vogel anhaftende Eigenheiten, wie z. B. die Flugunfähigkeit (nur Gleitflug über kurze Entfernung ist möglich); die Knochen sind fast ohne Luftkammern; die Federn um den Schnabel sind borstenartig wie bei den Eulen; unverdau-

liche Zellulosefasern, die mit der Nahrung aufgenommen werden, werden ballenförmig ausgewürgt; außerdem ist der Kakapo ein rein nachtaktiver, bodenbewohnender Vogel, der nur im Zweijahresrhythmus brütet, und auch der aufblasbare Kehlsack unterscheidet ihn merklich von seinen sogenannten Verwandten.
Wie bereits erwähnt, ist der Ursprung der Papageien im Raum von Neuguinea und Nordaustralien zu suchen, wobei von hier aus in unglaublicher Vielfalt die Entwicklung der Arten erfolgte. Heute kennen wir 328 Papageienarten mit den unterschiedlichsten Merkmalen. Bei den Papageien ist die erste und vierte Zehe nach hinten gerichtet und dient zum Greifen und Klettern. Der Oberschnabel besitzt ein eigenes Gelenk und kann nach oben hin bewegt werden. Die Zunge ist recht dick und muskelstark und mit etlichen Geschmacks- und Tastpapillen ausgestattet. Die Zunge der Loris ist pinselförmig aufgefasert.
Die Schwanzfedern werden aus 6 Paaren gebildet (Ausnahme die Zierloris – *Oreopsittacus*). Nahezu alle Papageien haben sich zu Höhlenbrütern entwickelt. So findet man ›Papageiennester‹ in Baumhöhlen, Erdlöchern und Felsspalten.
Eine Ausnahme bildet der Mönchssittich (*Myiopsitta monachos*), denn er ist ein Kolonienbrüter, der aus Reisig riesige Nestanlagen baut, die aber höhlenartig angelegt sind. Die Größenunterschiede innerhalb der Papageiengruppe sind äußerst beeindruckend; der kleinste, Sclaters Spechtpapagei (*Micropsitta pusio*), erreicht nur eine Größe von 8,5 cm, der größte, der Hyacinthara (*Anodorhynchus hyacinthinus*) kann bis zu 100 cm lang werden. Und die unglaublichen Farbvariationen kommen vor, vom einfarbigen dunklen Grau bis hin zu den grellsten Farbzusammenstellungen reicht die beeindruckende Gefiederpracht, die im Laufe der Jahrtausende, in Anpassung an den Lebensraum, von diesen Vögeln herausgebildet wurden.

Aras in der Natur

Verbreitungsgebiete

Die 4 Ara-Gattungen mit den insgesamt 17 lebenden Arten sind auf dem mittel- und südamerikanischen Kontinent einschließlich einigen wenigen, den Küstenbereichen vorgelagerten Inseln beheimatet. Die nördlichste Ausdehnung in dem von den Aras genutzten Lebensraum erreicht der Kleine Soldaten-Ara (*Ara militaris mexicana*), der bis zum 27. Breitengrad nördlicher Breite in SO-Sonora und SW-Chihuahua in Mexiko vorkommt. Nach Süden zu wird ein Vorkommen der Aras bis nach NW-Uruguay am 31. Breitengrad südlicher Breite verzeichnet. Nur sehr wenige andere Papageienarten überschreiten nach Norden oder Süden zu den Lebensraum der Aras. Auf den Inseln im Karibischen Meer, mit Ausnahme von Trinidad, sind die Aras heutzutage nicht mehr vertreten. Der letzte Nachweis eines Aras aus der karibischen Inselwelt stammt von 1885 und gibt gleichzeitig das Aussterbedatum an. Es handelt sich hierbei um den Kuba-Ara (*Ara tricolor*). Von anderen Inseln der Kleinen und Großen Antillen wurde in den vergangenen Jahrhunderten das Vorkommen von Aras gemeldet, wobei aber bestätigte Beweise über das tatsächliche Vorhandensein dieser Arten nie erbracht wurden.
Einige Araarten besiedeln riesige Verbreitungsgebiete, so erstreckt sich z. B. der Lebensraum des Arakangas vom mittleren Mexiko (Oaxaca) nahezu zusammenhängend südlich bis nach Santa Cruz in Bolivien. Der von den Arakangas besiedelte Raum erreicht somit eine von Nordwest nach Südost verlaufende Zone mit über 6600 km Ausdehnung. Ebenfalls große Lebensräume bewohnen der Ararauna (*Ara ararauna*) und der Grünflügel-Ara (*Ara chloroptera*) auf dem südamerikanischen Festlandsockel. Andere Araarten kommen in räumlich eng begrenzten Biotopen vor. Der Gebirgs-Ara (*Ara couloni*), ein äußerst seltener Spezies seiner Gattung, ist nur in einem kleinen Gebiet O-Perus verbreitet; von noch geringerer Ausdehnung ist der vom Rotohr-Ara (*Ara rubrogenys*) besiedelte Habitat in Zentral-Bolivien. Es ist anzunehmen, daß mit der Größe des Verbreitungsraumes auch die Populationsstärke der einzelnen Arten identisch ist, d. h., daß Arten, die flächenmäßig kleine Gebiete besiedeln, in weitaus geringerer Stückzahl vertreten sind, als die Aras aus den großflächigen Lebensräumen. Nachstehendes rechnerisches Beispiel soll dies verdeutlichen:
Die Araraunas sind auf dem südamerikanischen Kontinent, der eine Gesamtfläche von ca. 17,8 Mio. qkm vorweist, in einem Gebiet, das die Größe von 10 Mio. qkm erreicht, verbreitet. Wenn man davon ausgeht, daß 40 % dieser 10 Mio. qkm als

Verbreitungsgebiet der 4 Aragattungen.

Lebensraum für die Araraunas voll nutzbar sind, so ist das tatsächliche Verbreitungsgebiet 4 Mio. qkm groß. Der Rotohr-Ara lebt in einer Zone in der Größe von ca. 10000 qkm. Die tatsächliche, von den Vögeln besiedelte Nutzfläche entspricht aber nach Abzug der von Menschen bewohnten Gebiete und der für die Vögel

nicht als Lebensraum dienenden unwirtlichen Zonen, etwa 25 % der Verbreitungsfläche und ist somit ca. 2500 qkm groß. Stellt man die effektive Größe des Verbreitungsgebietes des Araraunas dem tatsächlichen Lebensraum des Rotohr-Aras gegenüber – 40 Mio. qkm zu 2500 qkm –, so ergibt sich rechnerisch das Verhältnis 16000 : 1, d. h., auf 16000 Gelbbrust-Aras entfällt 1 Rotohr-Ara.
R. S. Ridgely schätzt, daß der Lebensraum des Rotohraras etwa 50 × 100 km groß ist, und er glaubt, daß sich der wildlebende Populationsbestand auf maximal 3000 Tiere reduziert hat.
Erwähntes Beispiel soll als Faustformel dienen, wobei artengefährdete Umstände keine Berücksichtigung finden.
Die Aras sind sehr gesellig lebende Tiere, die außerhalb der Brut- und Nestlingszeit sich zu Schwärmen bis zu über 100 Tieren vereinigen. Eine soziale Rangordnung, wie wir es von den Primaten oder verschiedenen Säugetiergruppen her kennen, ist bei den Aras sowie auch anderen Papageienarten nicht zu erkennen. So gibt es keine ›Anführer‹, die den Schwarm leiten, und auch keine ›Wachposten‹, die die Futter- und Schlafplätze bewachen. Die Araschwärme bilden eine Einheit, wobei alle Vögel gleichgestellt sind. Dominanz ist nur im Verhalten zwischen Männchen und Weibchen (bei Paaren) zu erkennen, wobei die männlichen Tiere einen großen Teil des Jahres dominant sind. Zur Fortpflanzungszeit und besonders während der Jungenaufzucht gibt es nahezu bei allen Arten der vier Gattungen eine Umkehr der Rangordnung.
Die Aras besiedeln in ihrem ausgedehnten, großen Lebensraum die tropischen und subtropischen Zonen und kommen in Gebieten bis zu 1000 m über Meereshöhe vor. Der Kleine Soldaten-Ara (*Ara militaris*) wird in Mexiko sogar in Höhen bis 2500 m, in denen gemäßigtes Klima vorherrscht, angetroffen. Sehr gerne halten sich die Vögel in hügeligen Flußlandschaften auf. Große zusammenhängende Tieflandurwälder werden selten oder nur vorübergehend von den Aras genutzt. Wie bereits erwähnt, meiden die Tiere großflächige Großurwälder, sind aber ansonsten in sämtlichen Landschaftszonen, die im subtropischen und tropischen Bereich vorherrschen, anzutreffen. Die Dornbuschsavannen des Chaco, die canyonartigen Trockenflußtäler der Caatinga, die Überschwemmungslandschaften des Paraguays, die großen Mangrovensumpfgebiete hauptsächlich des Küstenhinterlandes sowie auch die halbwüstenartigen Regionen der mexikanischen Hochlandtäler dienen den Vögeln als Lebensraum. Ein nahezu gleichbleibendes Futterangebot, mit Ausnahme im südlichsten und nördlichsten Verbreitungsraum, zwingt die Aras höchst selten zu größeren lokalen Wanderungen. Man kann die Tiere durchaus als Standvögel bezeichnen; wobei die Aras bei ihren Tagesflügen ein Gebiet von ca. 40 × 40 km (1600 qkm) bestreichen und jeweils abends zum Ausgangsort, den sogenannten Schlafplätzen, zurückkehren. Selten hat man Flüge über größere Distanzen festgestellt. Bei eingehender Beobachtung einiger Araschwärme über längere Zeit wurde festgestellt, daß die Vögel systematisch im Umfeld ihrer Schlafplätze die nahrungstragenden Futterbäume abernten. In dem Moment, in dem das Nahrungsangebot versiegt, wird der Standort in das nächst angrenzende Gebiet verlagert.

Lebensweise

Die Araarten bevorzugen als Hauptnahrungsmittel die verschiedenartigen Palmnüsse, wobei viele der hartschaligen Nüsse nur von den großen Arten geöffnet und gefressen werden können. Die Aras haben gegenüber anderen Vogelarten oder artverwandten Arten daher den Vorteil, daß die in Reife stehenden Fruchtbäume einzig und allein von ihnen abgeerntet werden können. Andere Vögel und Tiere sind nicht in der Lage, diese harten Nüsse zu knacken. Die Gewohnheit, Palmfrüchte zu fressen, bietet den Aras gegenüber kleineren Papageien einen bemerkenswerten zusätzlichen Vorteil. Bekanntlich hängen die Früchte der Palmen am obersten Ende des bis zu 30 m hohen Stammes, dessen Spitze verschiedene Raubtiere und Reptilien, die sich auf den Fang von Vögeln spezialisiert haben, nicht erreichen können. Die langen, glatten Palmenstämme bieten den besten Schutz gegen Feinde. Selbstverständlich werden aber nicht nur Palmnüsse von den Tieren gefressen. Sämtliche wildwachsenden Früchte, Beeren sowie Blatt- und Blütenknospen dienen ebenfalls als Nahrung, so daß man das von den Tieren aufgenommene Futter durchaus als vielseitig und nährstoffreich bezeichnen kann.
Der Tagesablauf, überhaupt der ganze Lebenslauf der Aras, ist sehr geregelt und läuft schematisch ab. Wie bereits erwähnt, vereinigen sich die Tiere außerhalb der Brut- und Nestlingszeit zu Verbänden, wobei die kleineren Arten oft Schwärme zu über hundert Stück bilden. In den Abendstunden werden von den Trupps die sogenannten Schlafbäume, meistens große, abgestorbene Baumriesen, zur Übernachtung angeflogen. Diese, von den Aras erkorenen Übernachtungsbäume, überragen in der Regel merklich die angrenzende Vegetation oder stehen isoliert in Sumpfgebieten oder auch Lichtungen und bieten daher vor natürlichen Feinden einen gewissen Schutz. So wird z. B. ein Anschleichen oder Anfliegen von Raubtieren und -vögeln sofort von den Papageien bemerkt und es bleibt genügend Zeit zur Flucht. Beim Streit um die besten Schlafplätze entwickelt sich oft ein ohrenbetäubender Lärm, der manchmal noch nach Einbruch der Nacht stundenlang anhält. Kurz nach Sonnenaufgang löst sich der versammelte Schwarm auf und in kleineren Gruppen erfolgt der Abflug zu den Futterplätzen. Diese Tagesgemeinschaften, bei den großen Arten meistens aus 4–20 Tieren bestehend – die kleineren Aras vereinigen sich öfters zu größeren Trupps – verbringen in der Regel gemeinsam den Tag. Die in Reife stehenden Futterbäume werden täglich auf derselben Flugroute angeflogen. Höhere, dazwischenliegende Bergregionen werden dabei umflogen. Die Flüge zwischen den Schlaf- und Futterplätzen werden in Höhen von 60–80 m über dem Erdboden vorgenommen. Auf kurzen Strecken fliegen die Aras in knapper Höhe über den Bäumen. Das Flugbild dieser großen Vögel ist äußerst beeindruckend. Der schlanke Körper, der lange, sich nach hinten verjüngende Schwanz sowie die große Flügelspannweite ergeben einen wunderschönen Anblick. Mit langsamen Flügelschlägen, die nicht wesentlich über Rumpfhöhe hinausreichen, und durch ihren geradlinigen Flug erreichen die Tiere eine hohe Fluggeschwindigkeit. Während des Fluges werden ständig Kontaktrufe ausgestoßen, die wohl dem Zusammenhalt der Gruppe dienen sollen. Die zusammengehörenden Paare fliegen sehr dicht nebeneinander, so daß sie sich beinahe mit den Flügeln

berühren. Nach dem Eintreffen auf den Futterbäumen wird ausgiebig gefressen, wobei sich die Vögel sehr ruhig verhalten. Nur herabfallende Schalen, Futterreste und Kot läßt ihre Anwesenheit erkennen. Aras halten gegenüber den Menschen sehr große Fluchtdistanzen ein, daher ist es schwierig, sich ihnen zu nähern. Dies mag auch der Grund sein, daß die Tiere nur ganz selten in die Plantagen einfallen, außerdem ist Obst nur ein zusätzliches Futter von sekundärer Bedeutung.

In den heißen Mittagsstunden ruhen die Aras und widmen sich ausgiebig der Gefiederpflege. Am späteren Nachmittag erfolgt der Rückflug zu den Schlafbäumen, wobei zeitweilig, aber doch regelmäßig, Uferböschungen angeflogen werden, um von den mineralstoff- und salzhaltigen Lehmböden zu fressen.

Die Geschlechtsreife tritt vermutlich ab dem fünften Lebensjahr ein, bei den kleineren Araarten zwei Jahre früher. Der Verfasser konnte in den vergangenen Jahren viele Aras pflegen und es ist ihm dabei aufgefallen, daß dreijährige Araraunas balzten und dabei dasselbe Verhalten wie adulte Vögel zeigten. Es besteht durchaus die Möglichkeit, daß Aras bereits mit jüngeren Jahren geschlechtsreif werden. Allein die Zuchten in Liebhabervolieren können darüber Aufschluß geben, durch Beobachtungen in freier Natur ist dieser Nachweis kaum zu erbringen.

Wie es zur Paarbildung der Aras kommt und nach welchen Kriterien die Vögel ihren Partner erwählen, sind nicht bekannt. Mit Sicherheit kann man annehmen, daß bereits subadulte, noch nicht geschlechtsreife Vögel zur Paarbildung neigen. Ebenso wie viele andere Großpapageien führen auch die Aras eine Einehe auf Lebenszeit, d. h., daß vermutlich niemals ein Partnerwechsel erfolgt. Dabei muß aber erwähnt werden, daß sich die Beobachtungen und Aufzeichnungen bezüglich der lebenslangen Einehe der Vögel einzig und allein auf in Gefangenschaft gehaltene Tiere beziehen, wobei man annimmt, daß die Tiere in Freiheit sich ebenso wie in Gefangenschaft verhalten. So konnte diese These von der Einehe auf Lebenszeit bis heute wissenschaftlich noch nicht belegt werden, und es bleibt fraglich, ob sie jemals eindeutig bewiesen werden kann.

Im südlichsten Teil des Verbreitungsraumes werden die Aras etwa ab Oktober fortpflanzungsfähig, nach Norden hin verschiebt sich dieser Zeitpunkt in die darauffolgenden Monate. In Guyana und Panama setzt die Balzzeit im Januar/Februar ein, und in Mexiko ist sie ab März/April zu beobachten. Der Beginn der Brutzeit ist fest an die Regenzeit gekoppelt, wobei man davon ausgehen kann, daß Regen als brutauslösender Faktor wirkt. Die geschlechtsreifen, zusammengehörigen Paare scheren aus dem Trupp aus und begeben sich auf die Suche nach einem geeigneten Nistplatz. Inwieweit die Aras die bereits in den Vorjahren genutzten Brutstätten wieder annehmen oder ob jährlich neue Nistplätze gesucht werden, ist nicht eindeutig geklärt. Da die großen Araarten geräumige Höhlen zur Jungenaufzucht benötigen, finden sich geeignete Nistplätze meistens nur in großen Bäumen oder abgestorbenen Palmen, die mit ihren glatten Stämmen auch einen guten Schutz vor Feinden bieten. Für die kleineren Arten ist die Nistplatzsuche einfacher, da ihnen weitaus mehr geeignete Plätze zum Nestbau zur Verfügung stehen. In nahezu allen Verbreitungsgebieten der Aras überschneiden sich deren Brutzeit mit der anderer höhlenbrütender Vogelarten, so daß oft die Nistplätze gegen Mitbewerber

verteidigt werden müssen, wobei so manches Gelege oder die Jungvögel zum Opfer fällt.
Von der Balzzeit bis zum Flüggewerden bzw. Selbständigwerden der Jungen vergeht eine, besonders bei den großen Araarten, sehr lange Zeit. Man kann davon ausgehen, daß die Balzzeit und Nistplatzsuche etwa vier Wochen dauert. Von der Ablage des ersten Eis bis zum Schlüpfen der Jungtiere vergehen wieder 30 Tage, da nicht immer schon nach Ablage des ersten Eis intensiv gebrütet wird. Die Nestlingszeit der Jungen kann bis zu 110 Tagen betragen. Nach dem Ausfliegen wird der Nachwuchs mindestens noch 30 Tage lang von den Alttieren gefüttert. Anschließend erfolgt wieder die Eingliederung in den Schwarm, wobei der Familienverband noch längere Zeit in der Gruppe entweder durch enges Beisammensitzen oder enges Zusammenfliegen zu erkennen ist.
Auf das Balzverhalten sowie die Jungenaufzucht wird bei den einzelnen Artenbeschreibungen näher eingegangen.
Die Aras haben in ihrem großen Verbreitungsraum eine Menge natürlicher Feinde. Ihr Hauptaugenmerk gilt daher ständig der Beobachtung des umliegenden Sichtfeldes. Mit ihrem sehr guten Sehvermögen sind die Tiere in der Lage, Feinde bereits auf größere Distanz auszumachen und entsprechende Abwehrmaßnahmen einzuleiten. Meistens erfolgt unter ohrenbetäubendem Lärm die Flucht. Die Hauptfeinde der Aras sind die Harpyien (*Harpia harpyja*) und die Prachthaubenadler (*Spizaëtus ornatus*). Diese Greifvogelarten besiedeln einen Raum, der vom südlichen Mexiko bis zum nördlichen Argentinien reicht, und somit nahezu identisch mit dem Lebensraum der Aras ist. Beide Greifvogelarten finden immer wieder ihre Opfer unter den Aras. Selbst der große Hyazinthara mit seiner gewaltigen Schnabelkraft kann sich gegen diese Greife nicht wehren. P. Roth konnte verschiedentlich im Aripuanã-Gebiet, im äußersten nördlichen Mato Grosso, beobachten, wie der Rotbrustfalke (*Falco deiroleucus*), der wesentlich kleiner ist als die großen Aras, Araraunas (*Ara ararauna*) und Arakangas (*Ara macao*) attackierte. Dieser Falke ist ein guter Flugjäger und greift fliegende Aras an. Meistens können die Aras ausweichen, indem sie pfeilschnell in Richtung Boden fliegen und sich kurz vorher abfangen. Am Boden oder in den Bäumen können sie sich erfolgreich zur Wehr setzen, wobei der Falke sofort seinen Angriff einstellt.

Umweltveränderungen bedrohen die Aras

Die Hauptgefahr für die Aras sind jedoch die vom Menschen verursachten Umweltveränderungen. In den letzten 20 Jahren wurde ein Drittel des Amazonaswaldgebietes kommerziell vermarktet. Der ständige Bedarf der europäischen und nordamerikanischen Industrienationen an Nutz- und Edelhölzern führte zu diesem unglaublichen Raubbau an der Natur; so vergab zum Beispiel die brasilianische Regierung vor Jahren die Rechte zum Holzschlag im unterentwickelten Nordosten an einen nordamerikanischen Konzern. Mit dem größtmöglichen Einsatz von Bulldozern wird hier im Interesse und zum Wohle der Firma der Regenwald zu Edelfurnieren oder Zeitungspapier verarbeitet. Eine vor Ort errichtete Papierfabrik sorgt gleichzeitig dafür, daß das Produkt Holz problemlos abtransportiert werden kann. Obwohl

zwischenzeitlich bekannt ist, daß der tropische Regenwald nach der Rodung nur maximal drei Jahre landwirtschaftlich nutzbar ist und danach vollständig verkarstet, werden noch immer riesige Waldzonen dem Erdboden gleichgemacht. Die niedergehenden Tropenschauer beschleunigen den Errosionsvorgang und spülen in kürzester Zeit die äußerst geringen Humusschichten weg. Der Boden versteppt und die Vegetation nimmt einen buschartigen, oft versteppten Charakter an.
Ein weiteres Beispiel soll aufzeigen, welche extremen Umweltbedrohungen für die gesamte Tier- und Pflanzenwelt im peruanischen Amazonasurwald in den kommenden Jahren zu erwarten sind. Die staatliche peruanische Ölgesellschaft Petroperu hat mit dem britisch-niederländischen Ölkonzern Shell zur Erschließung von Ölfeldern im Amazonasgebiet einen 30-Jahres-Vertrag abgeschlossen. Die Regierung von Lima erteilt hierin der Shell die Erschließungsrechte für ein Gebiet in der Größe von 2 Millionen Hektar (20000 qkm) im peruanischen Teil des Amazonas-Beckens, wobei sich die Shell verpflichten muß, in den nächsten sechs Jahren mindestens 100 Mill. US-Dollar für die Erschließung des Gebietes zu investieren.
Sicherlich ist es begrüßenswert, wenn zum Wohle des Landes Verträge geschlossen werden, die die Zukunft der betroffenen Bevölkerung langfristig sichern und dem Staat wirtschaftliche Stabilität geben. Allerdings wurde auch bereits die Zwiespältigkeit solcher Verträge deutlich; beispielsweise verlor Brasilien in den vergangenen Jahren riesige Urwaldflächen durch kommerzielle Ausbeutung, so daß sich die brasilianische Regierung veranlaßt sah, die Entwicklung des Landes in eigener Regie zu gestalten, um sie nicht ganz ausländischen Firmen zu überlassen, für die nur der kurzfristige Erfolg zählt.
In Peru befand sich der Amazonasurwald vor wenigen Jahren noch in unberührtem Zustand. Aber nachdem Öl gefunden wurde, fraßen sich riesige Bulldozer in die grüne Wildnis und vernichteten den Wald. Heute schießen die Bohrtürme aus dem Boden und überragen die grünen Kuppeln der Urwaldriesen, und aus Angst vor Schlangen werden die Sümpfe mit Öl vollgepumpt. Ansässige Tier- und Pflanzenarten werden vertrieben oder vernichtet. Das in Jahrtausenden gewachsene Ökosystem wird in wenigen Monaten vollständig aus dem Gleichgewicht gebracht und in einer Weise verändert, deren Folgen heutzutage noch nicht erkennbar sind. Wie alle Tierarten, so werden auch die Aras aus ihrem in Jahrtausenden gewachsenen Lebensraum vertrieben. Die ständigen Umweltveränderungen durch die Ausdehnung der Agrar- und Industriezonen und der vehemente Holzschlag in den Urwäldern Mittel- und Südamerikas – Brasilien verlor nahezu seinen ganzen Bestand an Araukarienwäldern in den südlichen Bundesstaaten – führen ebenso zur Vernichtung des Primärwaldes wie die Suche nach Öl, Gold, Silber, Diamanten, Eisen, Kupfer, Zinn, Titan, Blei, Uran, Nickel, Bauxit, Kohle usw. Sollte in den kommenden Jahren nicht mehr Rücksichtnahme und entsprechendes Handeln einsetzen, das zum Erhalt unserer Natur führt, so ist zu erwarten, daß das Ökosystem in diesem Gebiet ganz aus der Bahn geworfen wird.
Zum Glück setzt inzwischen bereits in einigen Ländern der ›Dritten Welt‹ ein Umdenken ein, man besinnt sich allmählich auf die biologische Ordnung und das ökologische Gleichgewicht, versucht die bisherigen Fehler zu vermeiden.

Das Washingtoner Artenschutzübereinkommen

Am 3. März 1973 wurde in Washington ein Übereinkommen unterzeichnet, das den internationalen Handel mit wildlebenden Tieren und Pflanzen regelt. Dabei werden Arten, die vom Aussterben bedroht sind, praktisch mit einem Handelsverbot belegt, Arten, die durch den Handel gefährdet sind, dürfen nur mit offiziellen Genehmigungen gehandelt werden. Dem WA sind bisher über 65 Länder beigetreten. Der Bundestag der Bundesrepublik Deutschland hat am 22. Mai 1975 mit Zustimmung des Bundesrates das Gesetz zum Washingtoner Übereinkommen (WA) beschlossen. Die Bekanntgabe des Gesetzes erfolgte am 28. Mai 1975 im Bundesgesetzblatt Nr. 35, Seite 773–883.

Die Vertragsstaaten des WA haben nachstehendes Kommuniqué verfaßt und als Leitmotiv dem Gesetz vorangestellt:

> In der Erkenntnis, daß die freilebenden Tiere und Pflanzen in ihrer Schönheit und Vielfalt einen unersetzlichen Bestandteil der natürlichen Systeme der Erde bilden, den es für die heutigen und künftigen Generationen zu schützen gilt;
> im Bewußtsein, daß die Bedeutung der freilebenden Tiere und Pflanzen in ästhetischer, wissenschaftlicher und kultureller Hinsicht sowie im Hinblick auf die Erholung und die Wirtschaft ständig zunimmt;
> in der Erkenntnis, daß die Völker und Staaten ihre freilebenden Tiere und Pflanzen am besten schützen können und schützen sollten;
> sowie in der Erkenntnis, daß die internationale Zusammenarbeit zum Schutz bestimmter Arten freilebender Tiere und Pflanzen vor einer übermäßigen Ausbeutung durch den internationalen Handel lebenswichtig ist;
> im Bewußtsein der Notwendigkeit, dazu geeignete Maßnahmen unverzüglich zu treffen ...

Danach erfolgen die Artikel I bis XXV und deren Begriffsbestimmungen. In den Anhängen I bis III werden die vor dem Aussterben stehenden, die gefährdeten und die schützenswerten Arten aufgeführt. Im Anhang I des WA werden die besonders bedrohten, vor der Ausrottung stehenden Arten aufgenommen. Um ein Überleben dieser Arten zu gewährleisten – in vielen Fällen erscheint dies bereits äußerst fragwürdig zu sein –, ist der Handel mit diesen Exemplaren verboten. Nur in Ausnahmefällen kann die zuständige wissenschaftliche Behörde (Bundesamt für Ernährung und Forstwirtschaft) eine Sondergenehmigung erteilen; für den gewerbsmäßigen Erwerb werden solche Sondergenehmigungen jedoch nicht ausgestellt.

Für den Liebhaber von Aras ist interessant zu wissen, daß der Meerblaue Ara (*Anodorhynchus glaucus*), der Lear-Ara (*Anodorhynchus leari*) und der Spix-Ara (*Cyanopsitta spixii*) im Anhang I des WA aufgeführt sind. Der Verfasser vertritt die Meinung, daß Anhang I sofort um die Arten Hyazinthara (*Anodorhynchus hyacinthinus*), Rotohrara (*Ara rubrogenys*) und Blaulatzara (*Ara glaucogularis*) erweitert werden muß. Bei den anderen Araarten, besonders beim Großen und Kleinen Soldatenara (*Ara ambigua* und *Ara militaris*), ist der Handel genauestens zu überwachen, wobei jährlich festgelegte Fangquoten die Entnahme regulieren müssen.

Die in Anhang II des WA genannten Arten sind nur bedingt handelsfähig, d. h., daß das von der Ausfuhr betroffene Land, in jedem Fall die dort zuständige, staatliche wissenschaftliche Behörde, eine Ausfuhrgenehmigung erteilen muß. Eine Ausfuhrgenehmigung kann nur dann erteilt werden, wenn folgende Bedingungen erfüllt sind:

a) wenn eine wissenschaftliche Behörde des Ausfuhrstaates mitgeteilt hat, daß diese Ausfuhr dem Überleben dieser Art nicht abträglich ist;
b) wenn eine Vollzugsbehörde des Ausfuhrstaates sich vergewissert hat, daß das Exemplar nicht unter Verletzung der von diesem Staat zum Schutz von Tieren und Pflanzen erlassenen Rechtsvorschriften beschafft worden ist;
c) wenn eine Vollzugsbehörde des Ausfuhrstaates sich vergewissert hat, daß jedes lebende Exemplar so für den Transport vorbereitet und versandt werden wird, daß die Gefahr der Verletzung, Gesundheitsschädigung oder Tierquälerei soweit wie möglich ausgeschaltet wird.

Eine Einfuhr in die Bundesrepublik Deutschland ist nur dann möglich, wenn der Ausfuhrstaat die genannten Bedingungen a–c bestätigt.
Nachdem auf der dritten Vertragsstaatenkonferenz zum WA vom 25.2. bis 8.3.1981 in Neu Dehli Änderungen der Anhänge I und II beschlossen worden sind und die Bundesrepublik Deutschland keine Vorbehalte anmeldete, gelten seit dem 6.6.1981 diese Änderungen in vollem Umfang für unser Land. In Neu Dehli wurde u. a. beschlossen, drei weitere Arten der Amazonen (*Amazona arausiaca, A. barbadensis* und *A. brasiliensis*), den Coxen's Rotwangen-Zwergpapagei (*Cyclopsitta diophtalma coxeni*) und die zweite Rasse des Arasittiches (*Rhynchopsitta pachyrhyncha terrisi*) zusätzlich in Anhang I aufzunehmen. Weiterhin wurde vereinbart, sämtliche Papageienarten, mit Ausnahme derer, die bereits im Anhang I geführt werden, in Anhang II des WA aufzunehmen. Eine Ausnahme bilden nur noch der Nymphensittich (*Nymphicus hollandicus*), der Kleine Alexandersittich (*Psittacula krameri*) und der Wellensittich (*Melopsittacus undulatus*). Für diese drei Arten gilt Anhang III des WA.
Dieser neue Beschluß zwingt die Vertragsstaaten zur 100%igen Überwachung des Handels mit Papageien. Sollten wissenschaftliche Stellen der Ausfuhrstaaten feststellen, daß der Handel mit der einen oder anderen Art eine artengefährdende Entwicklung nimmt, so können sie jederzeit den Handel unterbinden.
Der durch Anhang I und II des WA geregelte Handel mit Papageien ist eine begrüßenswerte Maßnahme, wobei allerdings die Bedrohung durch die Zerstörung der Lebensräume, die Wurzel des ganzen Übels, überhaupt nicht berührt wird. Die Bedrohung der Arten entsteht nach Meinung des Verfassers einzig und allein durch die Zerstörung und die Ausbeutung der natürlichen Landschaftsformen. Tagtäglich opfert der Mensch riesige Biotope und vernichtet dabei die Biozönose, die Lebensgemeinschaft der Tier- und Pflanzenwelt. Nur sehr wenige Papageienarten waren bis heute in der Lage, sich an die vom Menschen verursachten Umweltveränderungen anzupassen. Dabei ergibt sich die Überlegung, ob man für Tiere und Pflanzen, für die in der freien Natur keine Überlebenschancen mehr bestehen, nicht Möglichkeiten schafft, um sie wenigstens in kleinsten Stückzahlen zu erhalten. Aus der Sicht des Papageienliebhabers dazu ein Beispiel: Der Populationsbestand der wildlebenden Puerto Rico-Amazone (*Amazona vittata*)

wurde 1968 auf 15–20 Tiere geschätzt. Daraufhin wurde unter dem Einsatz ständiger Mitarbeiter ein Hilfsprogramm zur Erhaltung der Art ins Leben gerufen, wobei es allerdings sehr fraglich scheint, ob nach genetischen Gesichtspunkten ein Überleben überhaupt möglich ist. Unter den bestmöglichen Bedingungen wurde im Luquillo National Forest Reserve, der letzten Zufluchtsstätte der Puerto Rico-Amazone, ein Programm entwickelt und durchgeführt, dem bis heute aber nur ein kleiner Erfolg – der Populationsbestand konnte nahezu gleichbleibend erhalten werden – beschieden war. Wie zu erfahren ist, soll das Hilfsprogramm beendet werden, da erkannt wurde, daß die Umwelteinflüsse den Amazonen dennoch keine Überlebenschancen bieten. In wenigen Jahren werden die Puerto Rico-Amazonen vollständig verschwunden sein. An diesem Beispiel ist klar zu erkennen, daß die durch den Menschen verursachte Änderung des natürlichen Lebensraumes verantwortlich für das Aussterben einer Tierart ist. Mit anderen Papageienarten wird es ähnlich gehen. Warum überlegt man nicht, die letzten wildlebenden Puerto Rico-Amazonen in die Hände erfahrener Papageienzüchter zu geben? Es gibt viele Züchter oder Züchtervereinigungen, die in der Lage wären, bei entsprechender Unterbringung und artgerechter Haltung diese Vögel durch erfolgreiche Nachzuchten weiterhin zu erhalten. Vermutlich könnte sich auf diese Weise sogar der Bestand wieder erholen und eine spätere Wiederausbürgerung wäre durchaus möglich.

Mit Wehmut und Enttäuschung müssen Naturfreunde und Tierliebhaber mit ansehen, wie mehr und mehr natürliche, intakte, in Jahrtausenden gewachsene Landschaftsformen, die Grundlage unseres Lebens, innerhalb kürzester Zeit dem sogenannten ›Fortschritt‹ geopfert werden. Welchen Sinn haben Gesetze, wie das Washingtoner Artenschutzabkommen, die den Handel mit bedrohten Arten kontrollieren, aber die Zerstörung des natürlichen Lebensraumes nicht verhindern.

Haltung und Zucht

Der Kauf eines Aras

Der Entscheidung, sich ein Haustier zuzulegen, sollten sorgfältige Überlegungen, verbunden mit einer Portion Selbstkritik, vorausgehen. Man muß sich vollständig im klaren darüber sein, daß man ein lebendes Wesen erwirbt, das den seitherigen Lebensablauf ändert oder jedoch zumindest sehr stark beeinflußt. Auch ausführliche Informationen sollte man vor dem geplanten Tierkauf bei ortsansässigen Tiervereinsmitgliedern oder Tierhaltern einholen, um nähere Einzelheiten zur Haltung zu erfahren. Ebenso sollte man sich im klaren darüber sein, daß bei jeder Urlaubsreise oder selbst bei Wochenendausflügen sich immer jemand um das zurückgelassene Tier kümmern muß. Daß der vorgesehene Tierkauf mit sämtlichen davon betroffenen Familienmitgliedern eingehend erörtert wird, bedarf wohl keiner besonderen Erwähnung. Erst wenn man alle ›Wenn und Aber‹ ausführlich geprüft und sich dann für die Anschaffung eines Papageien entschlossen hat, sollte man den Kauf vornehmen.
Aus der großen Familie der Papageien sind die Aras besonders empfehlenswerte Pfleglinge, die sich bei artgerechter Unterbringung durchaus zu liebenswürdigen Hausgenossen entwickeln. Vor dem Kauf des Vogels sollte der Standort für den Käfig gewählt werden. Ein heller Fensterplatz eignet sich am besten. Da die Aras von sehr unterschiedlicher Größe sind, der kleinste ist ca. 30 cm lang, der größte erreicht fast eine Länge von 100 cm, ist ein entsprechender Käfig ebenso wichtig.
Obwohl die Aras als die typischen Papageien gelten, ist ihre Sprachbegabung lange nicht so ausgeprägt wie z. B. bei den Amazonen (*Amazona*) oder dem Sprech- und Nachahmungskünstler Graupapagei (*Psittacus erithacus*). Einige Araarten haben aber durchaus ein Talent zum Sprechenlernen. Vereinzelt gibt es Tiere, die ausgesprochen sprechbegabt sind und ganze Sätze lernen, solche Aras sind aber ›Ausnahmevögel‹. Sehr liebenswürdige Hausgenossen sind die Arakangas oder Hellroten Aras (*Ara macao*), die Ararauna oder Gelbbrustaras (*Ara ararauna*) und die Grünflügel- oder Dunkelroten Aras (*Ara chloroptera*) bei den großen sowie die Rotbug- (*Ara severa*), Gelbnacken- (*Ara auricollis*), Marakana- (*Ara maracana*) und Zwergaras (*Diopsittaca nobilis*) bei den kleinen Arten. Alle angeführten Arten werden als Jungtiere relativ schnell zahm und zeigen eine Begabung, Wörter, Pfiffe und Geräusche zu imitieren. Der Verfasser vertritt die Ansicht, daß die Sprachbegabung eines Vogels zwar bemerkenswert und oft auch ulkig sein kann, aber niemals der Grund zur Anschaffung eines Aras sein

darf. Andere Gesichtspunkte sind dabei viel wesentlicher, wobei ein sehr wichtiges Kriterium die persönliche Beziehung zu der einen oder anderen Tierfamilie ist.
Großpapageien, zu denen auch die Aras gehören, werden äußerst selten in der Gefangenschaft gezüchtet. Erst nachdem sich in den letzten Jahren verschiedene Züchter um Nachzuchten von Aras bemühten, gelangen solche Erfolge, und es ist sehr erfreulich, daß diese Bemühungen intensiv weitergehen. Trotzdem wird es dem Käufer Schwierigkeiten bereiten, einen in Deutschland gezüchteten Ara zu kaufen. Es empfiehlt sich daher der Kauf im autorisierten zoologischen Fachgeschäft.
Die im Zoohandel angebotenen Tiere sind aufgrund gesetzlicher Bestimmungen gegen Krankheiten behandelt. Dennoch ist es empfehlenswert, die Tiere über einen längeren Zeitraum zu beobachten, bevor man sich zum Kauf entschließt. Beim Kauf sollte man die folgenden Hinweise beachten.
Beobachten Sie die ausgestellten Tiere über einen längeren Zeitraum. Achten Sie darauf, wie der Vogel reagiert, wenn Sie an das Käfig treten. Der Ara darf nicht apathisch sitzen bleiben, sondern sollte sie eingehend beobachten, und wenn er noch nicht zahm ist, so muß er ausweichen und eine Fluchtdistanz einnehmen. Achten Sie darauf, daß der Vogel regelmäßig atmet, daß er keinen Nasenausfluß hat, daß die Augen nicht tränen und daß der Kot auf keinen Fall wässerig ist.
Junge Aras sind an der Augeniris erkennbar, die in der Regel bräunlich gefärbt ist. Allerdings kann die Umfärbung der Iris ganz unterschiedlich lang dauern; in der Beschreibung der einzelnen Arten wird auf die Jugendfärbung der Jungtiere eingegangen. Sollte die Irisfärbung bereits das Endstadium erreicht haben, so sollte man beim Vogel auf den Schnabel und die Füße achten. Ein junger Ara hat einen glatten Schnabel und wenig geschuppte Zehen. Bei älteren Tieren findet man meist kleine Hornablagerungen auf Schnabel und Füßen. Eine Altersbestimmung nach der Gefiederfärbung ist nicht möglich.
Achten Sie darauf, daß beim Vogel, den Sie erwerben möchten, das Futterangebot stimmt, das heißt, daß der Vogel gewohnt ist, reichhaltigst mit den verschiedenartigsten Sämereien, Nüssen und Obst gefüttert zu werden, denn es ist sehr schwierig, einen Ara, der nur Sonnenblumenkerne frißt, auf andere Futtersorten umzustellen. Eine einseitige Ernährung des Vogels löst Mangelerscheinungen aus und führt zu Krankheiten mit oft tödlichem Verlauf.
Ein leicht ramponiertes Gefieder oder abgeschnittene Hand- und Armschwingen sollten kein Kaufhindernis darstellen, denn bei der nächsten Mauser werden diese Federn abgestoßen und durch neue ersetzt. Dagegen wachsen fehlende Krallen nicht mehr nach. Aras, die durch Beißereien oder Verletzungen mehrere Krallen verloren haben, sind nur noch bedingt zuchtfähig, da sich die Tiere bei der Kopulation nicht ausreichend festhalten können.
Jeder Züchter und Importeur von Papageien ist gesetzlich verpflichtet, die Tiere zu beringen und über die Beringung einen Nachweis zu führen. Der Ara, den Sie erwerben, muß beringt sein. Sollte kein Fußring vorhanden sein, so ist anzunehmen, daß der Vogel illegal nach Deutschland eingeführt wurde oder aus einer nicht genehmigten Zuchtanlage stammt. Seien Sie nicht erstaunt, wenn der Verkäufer bei Verkauf eines Papageis Sie nach Name und Anschrift fragt. Er ist hierzu gesetzlich verpflichtet und muß jederzeit Nachweis

über das abgegebene Tier geben können. So kann bei Ausbruch einer seuchenartigen Erkrankung der Weg eines Papageis zurückverfolgt werden, und nur so ist eine Bekämpfung der Krankheit möglich.
Der Ara muß nach dem Kauf auf dem kürzesten Weg in seine neue Umgebung gebracht werden. Für größere Transportstrecken sollten nur geeignete Versandboxen, die eine fest eingebaute Sitzmöglichkeit haben, Verwendung finden. Bei zeitlich länger andauernden Transporten müssen dem Vogel im Transportbehälter Nahrung und Wasser zur Verfügung stehen.

Unterbringung

Die Aras, abgesehen von den wenigen kleineren Arten, stellen mit ihrer enormen Größe und der gewaltigen Schnabelkraft besondere Ansprüche an die Ausmaße und Festigkeit ihrer Käfige und Volieren. Eine ungenügend stabile Metallkonstruktion wird ihren Schnäbeln nur wenige Tage standhalten. Behausungen aus Holz sind nicht verwendbar. Bei Kauf oder Eigenbau eines geeigneten Käfigs gilt es, einige Punkte zu beachten.
Die großen Aras erreichen sitzend eine Höhe bis zu einem Meter, das bedeutet, daß man für den Käfig die Maße 100 × 100 cm Grundfläche und 170 cm Gesamthöhe als Mindestgröße benötigt. Der Fachhandel führt ein kleines Sortiment an sogenannten Großkäfigen, von denen einige durchaus verwendbar sind. Unbedingt ist darauf zu achten, daß die Gitter sehr stabil sind: die senkrecht oder waagrecht verlaufenden Gitter sollten mindestens 3 mm stark sein, der Abstand der Schweißpunkte darf höchstens 10 cm betragen. Bei größeren Abständen der Schweißpunkte haben die Vögel die Möglichkeit, die Gitter mit ihren Schnäbeln zu verbiegen. Die Folge ist, daß die Schweißpunkte aufbrechen, die Konstruktion verliert ihren Halt und wird in wenigen Tagen unschwer und vollständig zerlegt. Sehr empfehlenswert sind starke punktgeschweißte Gitter oder Wellengitter mit einer Maschenweite von ca. 50 × 50 bzw. 50 × 100 mm. Die Gitterenden müssen mit den senkrecht und waagrecht verlaufenden Stahlrahmen verschweißt sein.
Die Käfigtür sollte sehr groß sein, damit man nach Öffnen der Tür sämtliche Käfigecken mit der Hand erreichen kann. Die beste Lösung ist, wenn die Käfigfrontseite als Tür ausgebildet ist. Das Käfig läßt sich dann sehr leicht reinigen, die Sitzmöglichkeiten können problemlos ausgetauscht oder erneuert werden und außerdem kann der Ara ohne Umstände seinen Käfig verlassen und den Freiplatz aufsuchen. Die Futternäpfe und Trinkgefäße sollten sich in Sitzplatzhöhe befinden und stabil sein und so angebracht werden, daß sie von den Vögeln nicht verschoben oder umgekippt werden können. Über dem Bodenteil empfiehlt es sich eine Schublade anzubringen, die man mit wenigen Handgriffen entfernen und reinigen kann. Als Sitzmöglichkeit bietet man am besten Naturäste in unterschiedlicher Stärke, wobei die dünnsten Äste nur so stark sein sollten, daß sie mit den Zehen nicht umgriffen werden können.
Ein Käfig in der angegebenen Größe genügt nicht ausschließlich als Aufenthaltsplatz für einen Ara. Während der Eingewöhnungszeit und als Nachtbehausung wird ein solider Käfig durchaus seinen Zweck erfüllen, aber keinesfalls dürfen die Tiere nur im Käfig gehalten werden. Ein Freisitz, im Sommer am besten auf dem

Balkon oder im Garten, muß eingerichtet werden. Dazu eignet sich eine große Schublade, eventuell auf Rollen beweglich, auf der ein Christbaumständer oder andere Haltekonstruktion für einen Ast angebracht werden kann. Eine Bügelkonstruktion, die an der Decke befestigt wird, bietet sich ebenfalls als Freisitz an.
Der idealste Aufenthaltsort für die Aras ist eine Freivoliere mit angebautem Schutzhaus. Sie bietet den Vögeln größtmögliche Entfaltungsfreiheit, und sie können sich hier auch vom Frühjahr bis zum Herbst ganztägig an der frischen Luft aufhalten und gleichzeitig die Sonne und den Regen voll nutzen. Die Planung einer Voliere sollte sehr sorgfältig überlegt werden, wobei die verschiedensten Details zu berücksichtigen sind. Ausführliche Fachliteratur über den Bau von Volieren ist reichlich vorhanden.
Wichtig ist es, eine Volierenanlage nach einem bestimmten Schema aufzubauen, wobei man versucht, eine Art Baukastensystem anzuwenden. Integrierte Zwischengitter zur Trennung der Flugabteile sollte man jederzeit mit wenigen Handgriffen entfernen können, so daß die Vögel außerhalb der Balz-, Brut- und Nestlingszeit als Gruppe gehalten werden können.
Daß die ganze Volierenanlage in massiver Ausführung, d. h. mit Mauerwerk, Stahlrahmen und verzinkten Eisengittern erstellt werden muß, versteht sich von selbst.
Bei größeren Anlagen sollte bereits bei der Planung an die Verlegung von Wasserleitungen, Heizungssystemen, Luftbefeuchtern und eventuell auch an Berieselungssysteme und Dämmerungsanlagen gedacht werden. Gleichfalls empfiehlt sich die Einrichtung einer Futterküche mit Tiefkühlgerät und einem kleinen Herd.

Eingewöhnung und Pflege

Die Haltung von Aras ist keineswegs problematischer als die Haltung artverwandter Arten. Daß die Anschaffung und Haltung eines Tieres den ganzen zukünftigen Lebensweg und Lebensablauf maßgeblich beeinflußt, muß jedoch bei der Kaufabsicht bedacht werden. Ein Lebewesen muß nun einmal ständig versorgt werden, und das nicht nur an fünf Tagen in der Woche. Ebenso sollte man sich darüber im klaren sein, daß in der Wohnung oder im Haus gehaltene Vögel immer einen gewissen ›Schmutz‹ verursachen, und daß man dadurch weit öfters zum Staublappen greifen muß, als in einer ›vogelfreien‹ Wohnung. Wenn man selbstkritisch alle sogenannten Unannehmlichkeiten abgewogen und mit allen betroffenen Familienmitgliedern erörtert hat und sich zum Tierkauf entschließt, so kann man davon ausgehen, daß man die beste Grundlage für das angehende Hobby geschaffen hat.
Nach dem Kauf bringt man den erworbenen Ara auf dem kürzesten Weg in sein neues Domizil. Damit der Vogel möglichst keine unangenehmen Erfahrungen mit der menschlichen Hand verbindet, vermeidet man die direkte Berührung. Man sollte versuchen, den Ara in seinen Käfig zu bringen, ohne ihn anzufassen. Bei einer genügend großen Käfigtür dürfte dies problemlos gelingen. Daß der Käfig zuvor entsprechend eingerichtet wurde, versteht sich von selbst. So sind die Wasser- und Futternäpfe gefüllt, auf den Boden wurde ausreichend Sand geschüttet und die Sitzgelegenheiten, möglichst Naturäste, wurden so verankert, daß sie nicht verrutschen können. Nachdem der Vogel seine neue Behausung bezogen hat, sollte man ihn die ersten Tage vollständig in Ruhe

lassen und ihn nur füttern und den Käfig reinigen. Der Käfig sollte an einem hellen, zugfreien Platz stehen, jedoch nicht in unmittelbarer Nähe eines Heizkörpers, denn die beim Heizen aufsteigende Warmluft trocknet die Haut des Vogels aus und führt zu Juckreizen, was wiederum sehr leicht Anlaß zum Federnfressen oder Federnrupfen sein könnte. Um den Ara in den ersten Eingewöhnungstagen so wenig wie nur möglich zu stören, tritt man nur sehr bedächtig an den Käfig heran und vermeidet dabei schnelle Körperbewegungen. Kleine Kinder, die oftmals sehr lebhaft sind, sollte man ebenfalls in den ersten Tagen vom Vogel fernhalten. Haustiere, wie Hunde und Katzen, müssen ganz langsam an den neuen Stubengenossen gewöhnt werden.

Nach einigen Tagen wird sich der Ara mit der neuen Situation vertraut machen, ruhiger werden und sich langsam an den Pfleger gewöhnen. Bald wird sich auch zeigen, welches Futter der Ara bevorzugt frißt, und mit diesen sogenannten Leckerbissen kann man dann den Versuch unternehmen, das Futter mit der Hand zu reichen. Natürlich scheut der Vogel bei diesen ersten Fütterungsversuchen die Nähe der Hand und wird sich in die hinterste Käfigecke zurückziehen. Im Laufe der Zeit wird sich aber seine Scheu legen, und er wird das angebotene Futter, zuerst noch sehr vorsichtig und ängstlich, mit dem Schnabel aufnehmen. Auf keinen Fall sollte man den Vögeln das Futter entziehen, um sie durch die Entfernung der Futternäpfe dazu zu zwingen, sich schneller an die Hand zu gewöhnen.

Größere Futtersorten wie z. B. Nüsse oder Obststücke halten die Aras mit dem Fuß fest und beißen kleine Stücke ab. Die Aras sind aber nicht die einzigen Papageien, die auf diese Weise größere Futterstücke fressen. Das ›Fressen aus der Pfote‹ wirkt auf den Betrachter stets erheiternd, Zuschauer, die zum ersten Mal einem Papagei bei der Futteraufnahme zuschauen können, sind darüber mehr als erstaunt. Auch kleine Aststücke oder Wurzeln werden zum Beknabbern stets mit den Krallen festgehalten. Beim Klettern dient der Schnabel als Greiforgan. Auf dem Boden bewegen sich die Aras ungeschickt und ihr Gang wirkt äußerst tolpatschig. Wenn sie in den Zweigen klettern, sind die Aras lange nicht so behend wie andere große Papageienarten, ihre Bewegungsfolge ist bedächtig und wirkt langsam.

Nachdem der Ara sich mit seiner neuen Umgebung und dem Pfleger vertraut gemacht hat, kann man ihm den ersten Ausflug aus seiner Behausung gestatten. Ein Kletterbaum, möglichst ein Naturast, wird in Nähe des Käfigs gerückt und danach wird die Käfigtür geöffnet. Der Vogel muß jetzt die Möglichkeit haben, direkt aus dem Käfig heraus auf den Kletterbaum zu steigen. Niemals sollte man den Ara zwingen, den Käfig, den er zwischenzeitlich als sein Revier betrachtet, zu verlassen; das Tier muß sich selbst dazu entschließen. Wenn der Vogel nicht beim ersten Mal den Versuch unternimmt, auf den Kletterast zu steigen, so wird er es bestimmt beim zweiten Mal oder später tun. Hat er es erst einmal gelernt, selbständig den Käfig zu verlassen und ebenso wieder in die Behausung zurückzukommen, so werden ihm solche Ausflüge bald zur Gewohnheit.

In beengten Räumen fliegen die Aras selten. Die Wegstrecken werden daher fast immer kletternd oder laufend zurückgelegt. Wenn man seinem Pflegling im Sommer einen Tagesplatz auf dem Balkon oder der Terrasse einrichtet, den man nicht mit einem

Gittergestell eingrenzen kann, empfiehlt es sich, dem Vogel die Flügel zu schneiden, um ein Entfliegen zu verhindern. Keinesfalls darf der Ara an eine Fußkette gelegt werden; die Verletzungsgefahr ist viel zu groß, außerdem wird die Bewegungsfreiheit sehr stark eingeengt. Der Verfasser betrachtet die ›Kettenhaltung‹ als eine Tierquälerei. Wenn man sich schon einen exotischen Vogel als Haustier hält, so sollte man allen Ansprüchen, die diese Kreatur stellt, gerecht werden und ihm bestmögliche, naturgerechte Verhältnisse bieten.
Das Beschneiden der Hand- und Armschwingen ist relativ einfach, erfordert aber doch gewisse Grundkenntnisse. Am besten ist es, wenn zwei Personen den ›Flügelschnitt‹ vornehmen. Eine Person hält den Ara in den Händen, die zweite Person breitet mit einer Hand den Flügel aus und führt mit der zweiten Hand die scharfe Schere, um einen Teil der Hand- und Armschwingen, ca. 3–4 cm über der Wurzel, abzuschneiden. Die beiden äußersten Handschwingen läßt man stehen, denn dadurch bleibt bei angelegten Flügeln ein schönes Flügelbild bestehen. Ein beidseitiges Beschneiden der Flügel ist nicht erforderlich. Beim Flügelschneiden ist unbedingt darauf zu achten, daß nur die vollständig herausgewachsenen Federn abgeschnitten werden. Frische Federkiele sind durchblutet und würden nach einem Schnitt sehr stark bluten und es entstünde eine langwierige Verletzung, die unter Umständen gar nicht mehr heilen wird.
Genauso vorsichtig muß man beim Schneiden der Krallen vorgehen. Unter normalen Umständen ist ein Abschneiden zu lang geratener Krallen nicht erforderlich. Wenn man seinem Vogel verschieden starke Äste als Sitzmöglichkeit bietet und diese Sitzstangen etwa alle 2–4 Wochen erneuert, so werden sich die Krallen genügend abnützen ohne auszuwachsen. Sollte es trotzdem einmal vorkommen, daß eine Kralle zu lang wird, so kann man sie mit einer stabilen Nagelschere oder einem Seitenschneider kürzen. Auch beim Krallenschnitt ist äußerste Vorsicht geboten, denn ca. $2/3$ der Kralle sind immer durchblutet und bei einer Verletzung besteht die Gefahr, daß die Kralle verwächst; es darf daher nur die vorderste Spitze der Kralle abgeschnitten werden. Dasselbe gilt auch für den Oberschnabel. Ein Ara, dem ständig frische Äste und Holzstücke gereicht werden, kann sich stundenlang mit dem Beknabbern dieser Hölzer beschäftigen, dabei nutzt sich der Schnabel so ab, daß er nicht zu lang wird. Am besten ist es, wenn man mit dem Vogel zu einem versierten Zoohändler, Züchter oder Tierarzt geht, um dort die Krallen und den Schnabel beschneiden zu lassen.
Den meisten Aras bereitet es eine große Freude, wenn sie an lauen Sommertagen im Regen stehen. Sie sträuben dabei das Gefieder und schlagen oftmals Purzelbäume, damit das Wasser alle Körperteile erreichen kann. Freudenschreie beim Baden unterstreichen ihr Wohlbehagen. Nicht jeder Vogel kann so gehalten werden, daß er sich dem Regen aussetzen kann. Da aber für das Gefieder des Aras ein Regen- oder Duschbad sehr wichtig ist, sollte man mindestens einmal, besser zweimal wöchentlich den Vogel mit einem Wasserzerstäuber besprühen. Das Duschen des Vogels sollte am besten in den Vormittags- oder Mittagsstunden erfolgen, so daß bis zum Einbruch der Dämmerung das Gefieder wieder trocken ist. Nicht jeder Ara ist allerdings begeistert, wenn er naß gespritzt wird, es gibt manche Tiere, die dem Abduschen keinerlei Spaß abgewinnen können und der Nässe zu entkommen versuchen. Auch

wenn der eine oder andere Ara das Abduschen nicht mag, so sollte man den Vogel trotzdem regelmäßig, mindestens einmal wöchentlich, besprühen, denn der künstliche Regen spült den Staub aus dem Gefieder.

Aras lieben die Geselligkeit. In der Freiheit widmen sich die Tiere oft stundenlang der gemeinsamen Federpflege. Dabei werden besonders am Kopf- und Halsbereich des Partners die Federn geputzt und die neuen Federn, die in Kielen durch die Haut stoßen, geöffnet. Ohne fremde Nachhilfe öffnen sich die neuen Kiele nur schwer, deshalb sollte man einem einzeln gehaltenen Ara bei der Gefiederpflege behilflich sein. Wenn der Vogel zahm ist, wird er immer wieder zum Menschen kommen und seinen Kopf zum Kraulen hinhalten. Zur Gefiederpflege sollte man ihm dann die neuen Federkiele an den nicht durchbluteten Spitzen öffnen. Mit größtem Wohlbehagen wird sich der zahme Ara dabei helfen lassen.

Im Laufe der Zeit wird sich der im Haus gehaltene Ara zu einem ›Familienmitglied‹ entwickeln und an allen Geschehnissen teilnehmen, nur sollte man in diesem Fall die Liebe zum Tier nicht übertreiben.

Einige Aras neigen zum Federfressen, d.h., daß die Vögel ihre eigenen Federn beknabbern. In einigen Extremfällen führt das Federfressen so weit, daß an sämtlichen Körperpartien, die mit dem Schnabel erreicht werden, die Federn abgefressen sind. Meistens sind es einzelne, in der Wohnung gehaltene Aras, die diese Untugend annehmen. Die Ursache des Federfressens oder Federrupfens konnte bis heute nicht völlig geklärt werden. Sicherlich veranlassen mehrere unglückliche Umstände die Vögel zu dieser Art der Selbstverstümmelung. Ein wesentlicher auslösender Faktor für das Federfressen dürfte darin zu suchen sein, daß die meisten Tiere in Gefangenschaft ohne einen passenden Partnervogel seelisch verkümmern. Sicherlich führen auch andere Umstände, wie z.B. Vitamin- und Mineralstoffmangel, Langeweile, trockene Zimmerluft oder falsche Fütterung, um nur einige zu nennen, zu dieser Untugend. Obwohl die Arzneimittelindustrie in den vergangenen Jahren mehrere Medikamente auf den Markt brachte, konnte noch kein wirksames Präparat entwickelt werden, das als Heilmittel einen dauerhaften Erfolg besitzt. Der Verfasser vertritt die Ansicht, daß der Auslöser des Federfressens in der Psyche des Tieres zu suchen ist. Besonders auffällig zeigt sich dies bei Aras, die geschlechtsreif (etwa ab dem fünften Lebensjahr) werden und keinen Partner haben. Mit Sicherheit ist der zur Brutzeit einsetzende Sexualtrieb, der keine Erfüllung findet, der auslösende Faktor für das Federrupfen. Aras führen, wie auch andere Großpapageien, zeit ihres Lebens eine Einehe (Monogamie). Auch außerhalb der Brutzeit, wenn sie mit anderen Artgenossen in kleinen Schwärmen zusammenleben, lassen die Vögel eine sehr enge, soziale Partnerbeziehung erkennen. So fliegen sie beispielsweise im Trupp sehr dicht beisammen und auch die Nahrungssuche erfolgt gemeinsam, ebenso wie die Gefiederpflege. Die Nächte werden eng zusammensitzend verbracht. Ein einzeln gehaltener Ara muß auf all dies verzichten, darum verkümmert er und wird seelisch krank. Selten tritt bei Aras, die paarweise oder im kleinen Trupp gehalten werden, die Untugend des Federfressens auf. Ein Partnertier ist daher die beste Therapie gegen das Federfressen. Wenn man nicht die Möglichkeit hat, sei es aus

Platzmangel oder anderen Gründen, einen zweiten Ara zu halten, dann sollte man einen solchen vereinsamten Vogel an einen Züchter abgeben.
Aras können ein hohes Lebensalter erreichen. In Gefangenschaft ist ein Alter von 50–60 Jahren keine Seltenheit. Vermutlich haben aber Amazonen (*Amazona*), der Graupapagei (*Psittacus erithacus*) und einige Kakaduarten aus den Gattungen *Probosciger, Calyptorhynchus, Cacatua* und evtl. auch *Callocephalon* und *Eolophus* eine höhere Lebenserwartung. So sind einige Kakadus bekannt, die über 100 Jahre alt wurden.
Der Ara wechselt jährlich einen Teil seines Federkleides. Das Großgefieder wie Schwung- und Schwanzfedern wird innerhalb von 2 Jahren erneuert. Die Mauser, wohl durch mehrere zusammenwirkende Faktoren ausgelöst, findet in einem Rhythmus von etwa 6 Monaten statt. Obwohl die Aras ständig das Klein- und Großgefieder erneuern, sind außerdem alle 2 Jahre Mauserperioden festzustellen, in denen verstärkt alte Federn abgestoßen werden. Eine solche intensivere Mauser setzt auch nach Beendigung der Brutzeit ein. Wenn die Mauser während der Brutzeit einsetzt, kann dies zum Abbruch des Brutgeschäftes führen.
Die Erneuerung der Federn erfolgt nach einem bestimmten Schema, d. h., daß die nebeneinander stehenden Federn in zeitlich versetzter Reihenfolge sich neu bilden. Eine gleichzeitige Erneuerung ganzer Federpartien findet nicht statt. Schwung- und Steuerfedern werden erst dann abgeworfen, wenn die danebenstehende Feder bereits wieder ersetzt worden ist und eine gewisse Länge erreicht hat. Die Federn der Hand- und Armschwingen sowie die Schwanzfedern können pro Tag um bis zu 10 mm herauswachsen. Die periodische Mauser bedeutet für den Ara eine gewisse körperliche Belastung, die aber durch verstärkte Futteraufnahme und durch geringere Aktivität ausgeglichen wird.
Nur selten kommt es zur Schreckmauser. Der Verfasser konnte erst einmal bei einem Graupapagei (*Psittacus erithacus erithacus*) diesen schlagartigen Federausfall einer ganzen Gefiederpartie beobachten. Der Auslöser für dieses seltsame Phänomen waren die Erdstöße eines leichten Erdbebens am Rande der Schwäbischen Alb im Jahr 1978. Obwohl des Epizentrum nahezu 100 km entfernt lag, haben die auslaufenden Bebenwellen den Graupapagei veranlaßt bzw. bei ihm einen ›Mechanismus‹ ausgelöst, durch den alle Schwanzfedern schlagartig abgestoßen wurden. Das Nachwachsen der bei einer Schreckmauser verlorenen Federn dauert mehrere Tage länger, da sich die neuen Federn in der Haut erst ausbilden müssen. Bei der normalen Mauser schiebt die neu entstehende Feder durch ihr Wachstum die alte Feder langsam heraus.
Da Aras keine Zugvögel sind, klimatisch gleichbleibende Zonen besiedeln und außerdem kein besonderes Brutgefieder

1: Burutisais (Palmenhaine) befinden sich meistens in den feuchteren Zonen der Trockengebiete und dienen vielen Araarten als ständiger Aufenthaltsort. Die Fruchtstände der Palmen (*Mauritia* spec.) sind für größere Papageien ein wichtiges Nahrungsprodukt.
2: Mangrovensumpfgebiete, die nicht nur im Mündungsdelta der Flüsse angetroffen werden, sondern die auch die Seeufer und Flußläufe im Landesinneren säumen, dehnen sich oftmals über riesige Gebiete aus. Viele Aras wählen solche ›Waldinseln‹ als Übernachtungsplatz.

1

2

3

4

5

aufweisen, sind sie zeitlebens immer mit demselben Federkleid und derselben Anzahl von Federn bestückt. Selbst Jungvögel der Aras besitzen schon das gesamte Gefieder in der Färbung. Die Erneuerung des Gefieders dient bei den Aras nur dazu, um abgenützte Federn zu ersetzen, und nicht wie bei verschiedenen anderen Vogelfamilien, um Balzgefieder oder Wintergefieder heranzubilden.
Allen Vögeln der Ordnung Psittaciformes (Papageien) muß nach den gesetzlichen Bestimmungen ein numerierter Fußring angelegt werden. Importeure müssen sofort nach der Einfuhr und Züchter wenige Tage nach dem Schlupf die Tiere beringen. Oftmals kommt es vor, daß die benutzten Fußringe zu eng sind und den Lauf des Vogels einengen. Verwachsungen und Verformungen der Extremitäten sind oft die Folge. Dann bleibt einem keine andere Wahl, als einen solchen engen Ring zu entfernen, was natürlich sehr schwierig ist. Damit keine weiteren Verletzungen am Fuß entstehen, empfiehlt es sich, den Tierarzt aufzusuchen, um dort den Ring, notfalls unter Narkose, entfernen zu lassen. Geschlossene Ringe, die gerne von Züchtern angelegt werden, die damit nachweisen, daß das Tier in Deutschland gezüchtet wurde, kann nur der Fachmann oder Tierarzt entfernen. Die abgenommenen Ringe sind grundsätzlich aufzubewahren.
Als verantwortungsvoller Pfleger und Liebhaber sollte man stets der Eigenart des Tieres Rechnung tragen, ihm die bestmögliche Unterbringung und Pflege angedeihen lassen und immer das Individium Tier respektieren, die Kreatur also niemals ›vermenschlichen‹.

3: Intakter tropischer Küstenurwald ist nur noch in wenigen Gebieten des mittel- und südamerikanischen Kontinents vorzufinden. Meistens begann in den Küstenregionen die Besiedelung durch den Menschen, wobei sehr bald eine Zersiedelung des angrenzenden Hinterlandes einsetzte und die dort heimische Fauna und Flora weichen mußte. **4:** Dieser im nördlichen Gran Chaco-Gebiet stehende Brutbaum überragt die umliegende Vegetation merklich. Aras nehmen bevorzugt Nistplätze in einzelstehenden, abgestorbenen Baumriesen an. **5:** In Bergregionen, in denen nackte Felsen zutage treten, nutzen Aras oftmals Felsspalten und -höhlen als Nistplätze.

Fütterung

Die Aras kann man durchaus als ›Körnerfresser‹ bezeichnen. Allerdings darf man dies nicht zu wörtlich nehmen und seinen Tieren nur Körner zum Fressen anbieten. Mangelerscheinungen und Krankheiten wären die Folgen einer solch einseitigen Ernährung.
In freier Natur ernähren sich die Aras hauptsächlich von den in ihrem Lebensraum vorkommenden Palmnüssen. Selbstverständlich nehmen sie auch anderes Futter auf, wie z.B. Beeren, Obst, Gemüsearten, Blatt- und Blütenknospen und Getreide (Mais). P. Roth teilte dem Verfasser mit, daß er im September 1979 im Pantanal nahe Poconé in der Mittagszeit vier Hyazintharas sah, die aus einem Tümpel Schnecken ›fischten‹ und diese dann verzehrten. Primäre Bedeutung kommt in jedem Fall den Palmfrüchten zu, wobei der Anteil dieser Nüsse an der täglichen Gesamtfuttermenge bestimmt 80% beträgt. Mineralstoffe wie Natrium, Kalzium, Magnesium, Phosphor und Kalk und Spurenelemente wie Kupfer, Zink, Eisen,

Mangan, die für die Funktion des Organismus unbedingt notwendig sind, enthält das Körner- und Grünfutter meistens nur in zu geringem Umfang. Die wildlebenden Aras decken diese Lücke in ihrem Mineralstoff- und Spurenelementebedarf durch die Aufnahme von mineralstoffreicher Erde. Wo diese Erde vorkommt, meistens tritt sie an Uferböschungen zutage, finden sich oft hunderte verschiedenartiger Aras zusammen.
Das Futter für die in Gefangenschaft gehaltenen Aras sollte aus folgenden Bestandteilen bestehen: Sonnenblumenkerne, diverse Hirsesorten, Glanz, sehr wenig Hanf, geschälter Reis, Mais, Erdnüsse, Walnüsse, Haselnüsse, Paranüsse, Zirbelnüsse, Weizen, Hafer, Kürbiskerne und Bucheckern. Diese Futtersorten gelten als sogenanntes Grundfutter und müssen den Tieren ständig zur Verfügung stehen. Der Anteil der Sonnenblumenkerne darf bis zu 40% ausmachen, die restlichen Sorten reicht man in unterschiedlichen Anteilen. Je nach Jahreszeit füttert man zusätzlich zum Grundfutter Äpfel, Birnen, Aprikosen, Pfirsiche, Pflaumen, Kirschen, Johannisbeeren, Erdbeeren, Stachelbeeren, Himbeeren, Orange, Mangos sowie anderes Obst und Gemüse wie Tomaten, Gurken, Spargel, Spinat, Salat, Kohl, Mohrrüben und Sellerie. Ebenfalls gerne genommen werden Hagebutten, die Samenstände des Löwenzahns, Holunderbeeren, die verschiedenartigsten Unkrautsamen und Roggen, Gerste, Hafer, Weizen und Mais, jeweils in halbreifem Zustand. Äste zum Beknabbern, besonders von Kirsch-, Apfel- und Birnbäumen oder Weiden sind eine zusätzliche Beigabe, die ebenfalls nicht fehlen darf. Selbstverständlich verabreicht man nur Äste, die nicht mit Insektiziden behandelt sind. Ebenso gehört stets ein Kalkstein in den Käfig oder in die Voliere und darf niemals fehlen. Regelmäßige Gaben tierischen Eiweißes sind ein sehr wichtiger Bestandteil des möglichst vielseitigen Futterangebots.
Wie wichtig Vitamine und Mineralstoffe sind, geht aus nachfolgender Aufstellung hervor:

Vitamin A: Positiv für Wachstumsfunktion, fördert die Sehkraft, beeinflußt die Haut mit ihren verschiedenen Schichten. Vitamin A kommt u. a. als Bestandteil in Eiern, Milch und Lebertran vor bzw. in der Vorstufe als Karotin in Mohrrüben, Mais und Kohlarten.

Vitamin B_1: steuert den Kohlenhydratstoffwechsel, stärkt den Muskelbau. Vitamin B_1 ist u. a. enthalten in Hefe, Eigelb, frischem Gemüse und Pflanzenkeimlingen.

Vitamin B_2: steuert den Umsatz der Nährstoffe, fördert das Wachstum. Vitamin B_2 ist u. a. Bestandteil in Hefe, Lebertran, Milch und Eiern.

Vitamin B_6: ist blutbildend, steuert das Wachstum. Vitamin B_6 ist u. a. Bestandteil im Körnerfutter (keimfähig) und in Hefe.

Vitamin B_{12}: ist wichtig für den Fett-, Eiweiß- und Kohlenhydratstoffwechsel und beschleunigt das Wachstum von Jungvögeln. Vitamin B_{12} ist u. a. Bestandteil in Fisch- und Lebermehl, Milch und Eiern.

Vitamin C: stützt die Abwehrfunktionen gegen Krankheiten, stärkt das Gewebe und aktiviert Hormone und Fermente. Vitamin C ist u. a. in Obst, Gemüse und Kartoffeln enthalten.

Vitamin D: stützt den Knochenbau und verhindert, daß die Eier zu dünnschalig abgelegt werden.
Vitamin D ist u. a. in Lebertran, Eiern und Milch enthalten.

Vitamin E: Unterstützung der Geschlechtsfunktion (nur bei Tieren).
Vitamin E ist u. a. in keimfähigen Saaten oder Keimlingen enthalten.

Vitamin H: unterstützt die Haut- und Federbildung sowie Förderung der Nervenzellen.
Vitamin H ist u. a. in Eidotter, Hefe und Zuckermelasse enthalten.

Vitamin K: als antihämorrhagisches Vitamin reguliert es die Gerinnungsfähigkeit des Blutes.
Vitamin K ist u. a. in Gemüse, Brennnesseln und Hanf enthalten.

Eisen: wichtiger Bestandteil der roten Blutkörperchen; enthalten u. a. in Spinat, Erdbeeren und Eigelb

Jod: fördert die Funktion der Schilddrüse; enthalten u. a. in Lebertran und Knoblauch.

Kalium: fördert das Wachstum der Jungvögel; enthalten u. a. in Obst, Sellerie, Milch.

Kalzium: wichtig für die Stärkung des Knochenbaus und der Nerven. Enthalten u. a. in phosphorsaurem und kohlensaurem Futterkalk und Sepiaschalen.

Kupfer: verhindert Blutarmut und stützt die Gefiederfärbung; enthalten u. a. in Obst und Gemüse.

Magnesium: wichtig zur Stärkung des Knochengewebes; enthalten u. a. in Spinat.

Mangan: wichtig für das Wachstum der Jungvögel, den Knochenbau sowie die Befiederung; enthalten u. a. in Obst und Blattgemüse.

Phosphor: mit Kalzium das wichtigste Aufbauelement für den Knochenbau; enthalten u. a. in Erdbeeren.

Jeder Pfleger und Züchter von Papageien sollte sein Hauptaugenmerk auf die Futterzusammenstellung legen. Die Verabreichung eines abwechslungsreichen, vielseitigen Futterangebotes für die Tiere ist die Grundlage einer erfolgreichen Haltung. Oftmals ernähren sich Aras, besonders während der Eingewöhnungszeit, sehr einseitig. In dieser Zeit ist den Tieren ein Multivitaminpräparat, ca. 2 × wöchentlich, über das Trinkwasser zu reichen. Ein empfehlenswertes Vitaminpräparat ist Completovit der Fa. Dieckmann Arzneimittel. Supradyn von Hoffmann-La Roche enthält neben Vitaminen wesentliche Bestandteile von Mineralien und Spurenelementen.

Zucht

Die interessanteste Form der Papageienhaltung ist die Gemeinschaftshaltung mehrerer Exemplare einer Art. Voraussetzungen hierzu sind selbstverständlich geräumige Volieren, die möglichst mit Freivolieren verbunden sind. Eigentlich müßten sich die Papageienliebhaber zu dieser Haltungsform verpflichtet sehen, denn nur auf diese Weise kann man das natürliche Verhalten der Papageien am besten kennenlernen. Nahezu alle Papageien sind Gemeinschaftsvögel, d. h., die Tiere schließen sich in freier Natur, außerhalb der Brutzeit, zu Trupps oder Schwärmen zusammen, um gemeinsam auf Nahrungssuche zu gehen. Aras brauchen die Artgenossen und im besonderen das Partnertier, um sich zu entfalten und damit sich die eigene Persönlichkeit entwickelt. Das partnerschaftliche Verhalten ist sehr stark ausgeprägt, deshalb sollte man sich als Halter und Liebhaber eines Einzeltieres dazu durchringen, dem ›Stubengenossen‹ einen Partner zu beschaffen. Eventuell spielt bei der Anschaffung eines zweiten Aras ein wenig das Glück mit und man erhält ein Partnertier, so daß ein Paar zusammengestellt werden kann. Eine noch bessere Lösung ist die, vorausgesetzt man ist dazu in der finanziellen Lage und es stehen ausreichende Räumlichkeiten zur Verfügung, sich gleichzeitig etwa 4–6 Aras der gleichen Art (möglichst auch der gleichen Rasse) zuzulegen. Bei dieser Art der Haltung ergeben sich die optimalsten Voraussetzungen für eventuelle Zuchtversuche und -erfolge.

Die Araarten leben in freier Natur in Schwärmen und sind somit sozialen Verhaltensregeln unterworfen. Gefangenschaftszuchtversuche mit Vogelarten aus anderen Vogelordnungen zeigten auf, daß einige Verhaltensweisen nicht angeboren sind, sondern in der sogenannten sensiblen Phase durch Prägung angenommen werden. Die sensible Phase, d.h. die Zeit, wo Elterntiere oder Artgenossen erlernte Verhaltensweisen auf Jungtiere übertragen, dürfte bei Aras der Zeitraum zwischen der Geburt und dem Eintritt der Geschlechtsreife sein. Wenn Aras in dieser Lernphase widernatürlich gehalten werden – eine Gefangenschaftshaltung ist widernatürlich, besonders die Einzelhaltung –, so ist zu erwarten, daß Fehlprägungen durch soziale Isolierung stattfinden. Es ist schwierig, fehlgeprägte Aras nach Eintritt der Geschlechtsreife in einen Schwarm zu integrieren bzw. einem Partnertier zuzugesellen. Der Verfasser kennt aber doch einige erfolgreiche Versuche, wo ›fehlgeprägte‹ Großpapageien mit anderen Artgenossen zusammengebracht wurden, woraus Zuchtpaare entstanden, die dann im zweiten oder späteren Anlauf, und dann regelmäßig, Junge aufzogen. Ein absoluter Abriß des Lernprozesses nach der sensiblen Phase tritt wohl bei den großen Papageienarten nicht auf und somit besteht immer die Möglichkeit – aber auch Notwendigkeit –, daß man einzeln gehaltene Aras zur Zucht führt.

Ein sicherer Weg der Paarzusammenstellung ist die endoskopische Geschlechtsuntersuchung. Auf Vögel spezialisierte Tierärzte führen solche Untersuchungen durch (s. im Abschnitt Geschlechtsbestimmung). Allerdings sind Aras sehr kritisch bei der Partnerwahl und es kann vorkommen, daß erst das zweite oder dritte Partnertier respektiert wird und sich erst dann ein harmonierendes Paar ergibt. Erschwerend für Nachzuchten ist auch, daß die Araarten erst im fünften bis sechsten Lebensjahr zuchtfähig werden; bei den kleinen Araarten tritt die Geschlechtsreife etwa ab dem vierten, evtl. sogar schon nach dem zweiten Lebensjahr ein. Wenn man als Züchter Jungtiere erwirbt, wird die Geduld auf eine lange Probe gestellt, bis die Vögel schließlich zuchtreif sind.

Ideale Voraussetzungen für eine erfolgreiche Nachzucht bringen harmonierende Arapaare, die möglichst (hand-)zahm sind, ein Alter von mindestens sechs Jahren erreicht haben und an ein äußerst vielseitiges Futterangebot gewöhnt sind. Eine entscheidende Voraussetzung, die zur erfolgreichen Zucht beiträgt, ist die Art der Unterbringung. Große Freivolieren mit Innenflugabteilen in ruhiger Lage und mit abwechslungsreich angebrachten Sitzplätzen bieten den Tieren die beste Entfaltungsmöglichkeit. Bei der Inneneinrichtung der Zucht-Volieren sollte man von der sonst häufig praktizierten Sterilität abweichen und die Volieren möglichst vielseitig und reichhaltig ausgestalten.

Mit alten, morschen Baumstämmen, die man legen und stellen kann, kleinen Mauern aus Natursteinen, versteckten Sitzplätzen, eingestreuter Walderde – unter den Sitzplätzen wird eine Sandschicht aufgebracht – schafft man für die Aras eine abwechslungsreiche Umgebung. Wenn die Voliere in Doppelverdrahtung erbaut wurde, kann man am Außengitter schnellrankende Gewächse pflanzen, die die Voliere umwuchern; so schafft man einen zusätzlichen Sichtschutz und bietet den Tieren eine weitere Gelegenheit, sich ungestört zu entfalten. Die Futterstelle ist so einzurichten, daß sie problemlos von außen zu erreichen ist. Mit einer kleinen Wasserumwälzpumpe kann man einen Springbrunnen oder kleinen Wasserfall installieren, der gleichzeitig für eine genügend hohe Luftfeuchtigkeit sorgt.

Sehr schön sehen Nistkästen aus Naturstämmen aus, die möglichst im trockenen, regen- und windgeschützten Teil der Voliere aufgestellt werden. Für die großen Araarten sollten Bruthöhlen zur Verfügung stehen, mit einem Innenmaß von ca. 50 cm Durchmesser und einer Höhe von etwa 120 cm. Das Einschlupfloch, im oberen Drittel des Nistkastens angelegt, sollte einen Durchmesser von 20–25 cm haben. Außerdem muß sich eine Klappe, ca. 20 × 20 cm groß, die eine Kontrolle der Nisthöhle ermöglicht, im Stamm befinden. Für die kleineren Araarten sind Nistkästen, die die Innenmaße von ca. 30–35 cm im Durchmesser und eine Höhe von ca. 60–70 cm aufweisen, ausreichend. Selbstverständlich erfüllen aus Brettern zusammengeschraubte Nistkästen den gleichen Zweck. Sehr wichtig ist es, im Innenteil des Nistkastens eine Art Leiter zu montieren, die es den Vögeln ermöglicht, bis auf den Boden hinabzusteigen. Innen in den Brutblock kommt eine ca. 6–10 cm dicke Schicht aus morschen Holzstücken und Holzspänen. Wenn die Aras brutlustig werden, sollte man ihnen zwei bis drei Nistkästen zur Auswahl bieten; sobald sich die Vögel für eine Nisthöhle entschieden haben, kann man die übrigen Kästen entfernen.

Die Balzspiele der Aras sind nicht besonders variantenreich, aber trotzdem für den Beobachter ein interessantes Schauspiel. Beispielsweise wird die Pupille bis auf Stecknadelgröße verengt, und während der Balz verfärben sich bei den Tieren, hauptsächlich bei den männlichen Vögeln der Gattung Ara die nackten Gesichtszonen zeitweise rosa. Bei allen Arten der vier Gattungen ist das Imponiergehabe der Hähne ausgeprägt. So stellen sie sich bei Annäherung des Pflegers oder von Besuchern vor die Henne, schlagen mit den Flügeln und springen auf dem Ast vor der Henne hin und her. Das Imponieren der Hähne steigert sich oftmals, und Scheinangriffe auf den Pfleger sind keine Seltenheit.

Die Balzzeit der Aras kann 2–4 Wochen lang andauern, zum Ausklang dieser Zeit finden täglich, meistens zu bestimmten Tageszeiten, Kopulationen statt. Erfolgreiche Begattungen sind selten, daher müssen sich die Aras in der Regel sehr viele Male während der Balz- und Legeperiode paaren. Die Spermien können bis zu 10 Tage befruchtungsfähig sein. Da die Arahenne etwa im Dreitage-Rhythmus die

Eier legt, kommt es vor, daß nicht alle Eier befruchtet sind, weil eventuell die Kopulationen erfolglos waren oder die Spermien haben ihre Befruchtungsfähigkeit verloren, noch ehe der Dotter von den Eiklarschichten eingeschlossen wird.

Die Arahenne legt im Abstand von drei Tagen die Eier. Bei den kleineren Araarten variiert der Legeabstand zwischen zwei bis drei Tagen, wobei ein Gelege aus bis zu fünf Eiern bestehen kann. Bei den großen Araarten kommen selten mehr als drei Eier zur Ablage; in der Regel sind es nur zwei Eier. Im Verhältnis zum Körpergewicht sind die Eier der Aras relativ klein und leicht und haben ein Gewicht von etwa 3,5–4 % des Gewichtes der Henne, zum Beispiel produziert die Wellensittichhenne (*Melopsittacus undulatus*) Eier, die bis zu 8 % des Vogelgewichtes betragen können. Die Eischale nahezu aller Vögel der Ordnung Psittaciformes ist rein weiß. Im Laufe der Brutzeit nehmen die breitovalen Eier eine leichte Färbung an, die durch den vorhandenen Nestmulm hervorgerufen wird.

Sofort nach dem zuerst gelegten Ei beginnt das Weibchen mit dem Brüten. Die Männchen steigen während der Brutzeit öfters in den Nistkasten und halten sich dann zeitweise darin auf, nehmen aber nicht am Brutgeschäft teil. Die Henne verläßt nur noch für kurze Zeit das Nest, um sich zu entleeren und Futter aufzunehmen. Öfters kann man jetzt beobachten, wie das Weibchen vom Männchen gefüttert wird. Die Brutdauer liegt bei etwa 26 Tagen. Da bereits nach Ablage des ersten Eis fest gebrütet wird, schlüpfen die vollständig nackten, blinden Jungen im Abstand der Legefolge. Bereits nach wenigen Lebensminuten geben die Küken leise Piepstöne von sich. In den ersten Lebenstagen werden die Jungvögel hauptsächlich nur durch das Weibchen gefüttert. Der Hahn füttert in dieser Zeit sehr ausgiebig die Henne, aber selten, vermutlich nie, die Jungtiere. Erst nachdem die Küken ein Alter von bis zu drei Wochen erreicht haben, beteiligt sich das Männchen an der direkten Jungenfütterung. In den ersten Lebenstagen der Küken sind tägliche Nistkastenkontrollen vorzunehmen, um feststellen zu können, ob die Jungen ausreichend gefüttert und gehudert werden. Die Altvögel reagieren äußerst aggressiv bei den Nestkontrollen und gehen oftmals zum Angriff auf den Pfleger über.

Besonders während der Jungenaufzucht muß ein umfassendes, nährstoffreiches Futter verabreicht werden, denn bei einseitiger Fütterung können die Jungen mit Mangelerscheinungen aufwachsen. Es gibt Aras, die sich oftmals über lange Zeiträume hinweg sehr einseitig ernähren, sei es, weil sie nur Sonnenblumenkerne oder nur Nüsse fressen. Nach Einsetzen der Brut- und Nestlingszeit ändert sich dieses Verhalten, schlagartig stellen sich die Vögel um und nehmen nahezu alles angebotene Futter auf.

Im Alter von etwa zwei Wochen öffnen die Jungtiere die Augen, gleichzeitig setzt nun ein rascher Wuchs der Federn ein. Bald sind die ersten farbigen Gefiederpartien zu erkennen. Der oftmals helle Schnabel der Küken färbt allmählich um und erreicht kurz vor dem Ausfliegen die endgültige Färbung. Die Nestlingszeiten sind sehr unterschiedlich. Bei den kleineren Arten dauert die Aufzucht etwa 10 Wochen.

Bei den großen Arten betragen die Nestlingszeiten um die 100 Tage. Wenige Tage nach dem Ausfliegen sind die Jungen bereits selbständig, werden aber noch über einen längeren Zeitraum von den Altvögeln gefüttert. Die Jungtiere sollten zunächst noch bei dem Elternpaar belassen werden. Erst nach dem Auftreten von Streitigkeiten zwischen den Alten und Jungen empfiehlt es sich, den Nachwuchs abzutrennen. Dabei darf man aber nicht dem Fehler verfallen, die Jungtiere vollständig aus dem Sichtbereich des Elternpaares zu entfernen. Die Verhaltens-Entwicklung der Jungen würde dadurch wesentlich gehemmt bzw. in vollkommen falsche Bahnen geführt. In freier Natur werden die Jungtiere noch viele Monate nach dem Selbständigwerden, d. h. nach Verlassen der Bruthöhle, von den adulten Vögeln (besonders vom Elternpaar) geführt und dadurch sozial geprägt. Es ist deshalb unbedingt erforderlich, den Nachwuchs in der Nachbarvoliere unterzubringen, da somit gewährleistet wird, daß durch den Sichtkontakt artbedingte Verhaltensweisen von den subadulten Vögeln angenommen werden. Ein äußerst schwieriges Unternehmen ist es, Aras von Hand großzuziehen. Jeder Vogelliebhaber, der Zuchtversuche mit seinen Tieren anstrebt, wird irgendwann mit der Tatsache konfrontiert, daß frischgeschlüpfte Küken von dem Elternpaar nicht ausreichend versorgt oder gar im Stich gelassen werden. Als verantwortungsvoller Pfleger ist man verpflichtet, die Aufzucht der Jungen selbst in die Hand zu nehmen. Die Voraussetzungen für ein erfolgreiches Aufziehen wenige Tage alter Jungtiere ist natürlich denkbar ungünstig und in vielen Fällen endet der Aufzuchtserfolg negativ. Die Hauptprobleme bei der Handaufzucht sind die richtige Zusammenstellung des Aufzuchtfutters, die Fütterungsart sowie die Unterbringung des wärmebedürftigen Kükens. Die ideale Aufzuchttemperatur liegt bei etwa 33 °C, wobei darauf zu achten ist, daß kein Wärmestau entsteht und die Warmluft ständig zirkuliert. Meist kann man nur mit kleinen elektrischen Heizgeräten oder Brutapparaten den notwendigen Temperaturwert erreichen. Der Brutapparat bietet gegenüber dem Heizgerät den Vorteil, daß immer eine konstant gleichbleibende Temperatur gegeben ist, außerdem kann man bei ihm die Luftfeuchtigkeit, die ca. 80 % betragen soll, regulieren. Versuche im Wuppertaler Zoo ergaben, daß bereits bei gering geänderten Temperatur- oder Luftfeuchtigkeitswerten bei den Araküken Verdauungsstörungen auftraten. Die Zusammenstellung der Futtermischung ist von größter Wichtigkeit und trägt wesentlich zum Gelingen der Handaufzucht bei. Die vom Wuppertaler Zoo gewählte Futtermischung bei der Handaufzucht von Arahybriden darf als optimales Aufzuchtfutter angesehen werden. Der Verfasser konnte mit dieser Futtermischung in leicht abgewandelter Zubereitungsart und Zusammenstellung erfolgreich Amazonen von Hand aufziehen. Das Aufzuchtsfutter setzt sich aus folgenden Bestandteilen zusammen: eine halbe Tasse Weizenschrot mit zwei Eigelb und zwei Eßlöffeln Dosenmilch vermischt und mit wenig Wasser zu einem suppigen Brei verdünnt. Dieser Brei wird so lange über kleiner Flamme gekocht, bis er feste Formen annimmt. Nach der Abkühlung wird Quark und Banane beigefügt, wobei in folgendem Verhältnis gemischt wird: $^6/_8$ Brei, $^1/_8$ Banane und $^1/_8$ Quark. Diesem Brei werden etwas weicher, halbreifer Mais (wenn ein solcher zur Verfügung steht), angekeimtes Getreide und wenige, ölhaltige Sämereien beigegeben. Abwechselnd fügt man T-Vitamin-Götsch, Polyvital, Sanostol, Multimulsin oder andere Vitaminpräparate bei. Den Kalkbedarf kann man mit leichten Gaben geriebener Sepia-

schalen, Futterkalk oder Calcipot decken. Die Futtermischung muß auf Körpertemperatur erwärmt werden.
Natürlich sind andere Futtersorten und -zusammenstellungen gleichfalls verwendbar. Ein wesentlicher Bestandteil des Aufzuchtfutters kann auch Säuglingsnahrung, z. B. Alete, Hipp und andere Fabrikate sein, der man dann abwechselnd zerkleinerte und gekeimte Körner, Obst, Gemüse, Honig, Haferschleim u. a. beifügt.
Die Fütterung, das Stopfen, der kleinen Küken ist nicht einfach und manchmal sogar mit Risiken behaftet. In den ersten Lebenstagen des Jungvogels sollte eine sogenannte Einwegspritze zur Fütterung eingesetzt werden. Hierzu wird die Ausgangstülle der Einwegspritze erweitert und darüber ein Fahrradventilgummi von ca. 3 cm Länge gestülpt. In den Spritzentrichter wird das vorbereitete Futter eingefüllt. Danach kann mit der Fütterung begonnen werden. Der auf die Spritze aufgesetzte Fahrradventilgummi wird ein kleines Stück in den Schnabel des Arakükens eingeführt, danach wird ganz vorsichtig und behutsam der Spritzenschieber betätigt, so daß der zu verabreichende Brei langsam in den Kropf des Tieres fließt. Die Gefahr, daß das Futter in die Luftröhre gedrückt wird, ist bei dieser Art der Fütterung relativ groß. Ein in die Luftröhre eingespritzter Futterbrei kann zum augenblicklichen Tod des Kükens führen. Allein aus diesem Grund empfiehlt es sich, sobald wie nur möglich die Fütterungsmethode mit der Einwegspritze einzustellen und mit einem umgeformten Kaffeelöffel weiterzufüttern. Der Kaffeelöffel wird dazu auf beiden Seiten hochgebogen, so daß ein schaufelförmiges Gerät entsteht. Etwa ab dem 15. Lebenstag kann mit dem Löffel, meistens problemlos, gefüttert werden. Die Fütterung sollte in den ersten drei Lebenswochen im Abstand von ca. 2 Stunden erfolgen. Nach Möglichkeit sollte dieser Rhythmus auch nachts eingehalten werden. Ab etwa dem zehnten Lebenstag können die Fütterungsintervalle auf etwa drei Stunden ausgedehnt werden, wobei dann die letzte Tagesfütterung zwischen 23 und 24 Uhr erfolgen sollte und die erste Fütterung morgens gegen 6 Uhr. Je älter das Küken wird, um so größer können die Zeitabstände zwischen den einzelnen Fütterungen sein, so daß bis kurz vor dem Flüggewerden nur noch viermal täglich Futter verabreicht wird. Nach jeder Fütterung muß man das Araküken säubern; Futterreste, die am Körper haften, sind zu entfernen, und gleichzeitig reinigt man das künstliche Nest. Auch auf die Beschaffenheit bzw. Ausstattung des Nestes kommt es sehr wesentlich an. Bei einem glatten Nestuntergrund besteht die Gefahr, daß sich die Zehen des Kükens deformieren, daher müssen auf das Bodenteil des Kunstnestes kleine Holzstückchen, Späne, Stroh oder Heu aufgelegt werden; das Arajunge kann dann mit seinen Zehen greifen, so daß keine Verwachsungen und Verformungen entstehen können.
Die Handaufzucht eines Papageis ist für den Pfleger eine sehr starke Belastung, vermittelt ihm aber letztlich Kenntnisse und Erfahrungswerte, auf die ein Vogelliebhaber nicht verzichten möchte.

Geschlechtsbestimmung

Die Zusammenstellung geeigneter Ara-Paare ist äußerst problematisch, da nahezu bei allen Arten der Gattungen *Anordorhynchus, Cyanopsitta, Ara* und *Diopsittaca* keinerlei äußere Unterschiede zwischen weiblichen und männlichen Tieren zu erkennen sind, die eine klare geschlechtliche Bestimmung ermöglichen. Eine Ausnahme, allerdings mit Einschränkungen, bildet der Rotrückenara (*Ara maracana*), bei dem die Hähne im Bereich von Stirn, Bauch und Rücken meistens mehr Rot in diesen Gefiederpartien vorweisen, dennoch braucht man zur Bestimmung eines Paares mehrere Vögel zum Vergleich. Allenfalls kann man durch langes Beobachten der Verhaltensweisen Rückschlüsse auf das Geschlecht ziehen. Hähne zeigen öfters ein aggressiveres Benehmen und die Sitzstellung ist in der Regel aufrechter, ebenso sind sie gegenüber Veränderungen viel positiver. Selbst ein Balzverhalten von geschlechtsreifen Tieren ist ein unzuverlässiges Zeichen, da es bei geschlechtsgleichen Tieren auch zu Homosexualität kommen kann, wobei sich sowohl zwei Männchen oder zwei Weibchen gegenseitig begatten. Ebensowenig ist die höhere Schädelpartie, der breite Schnabel und eine größere Körperlänge ein eindeutiges Erkennungsmerkmal für einen Hahn. Eine stabil gebaute Henne läßt eher auf einen Hahn schließen als ein schwächlicher männlicher Vogel. Auch die Geschlechtsdiagnose durch Befühlen der Beckenknochen – Weibchen zeigen kurz vor und nach Ablage eines Eies (nur zu diesem Zeitpunkt!) größere Abstände zwischen der Verbindung der Legebeine und dem Brustbeinende – ist im Endeffekt wenig ergiebig, da es bei einer Eiablage ohnehin klar ist, daß es sich um eine Henne handelt. Alle zuvor angeführten Möglichkeiten einer Geschlechtsbestimmung setzen voraus, daß jeweils mehrere Tiere einer Art bzw. Rasse zusammengehalten werden, um aus eventuellen Verhaltensweisen oder Merkmalen Rückschlüsse auf das Geschlecht zu ziehen, und sicherlich ist die Anschaffung einer ganzen Artensippe die beste Voraussetzung für das Gelingen einer späteren, erfolgreichen Zucht. Aras führen vermutlich zeitlebens eine Einehe und nehmen aus diesem Grund heraus wohl eine sehr kritische Partnerwahl vor. Die Devise, daß Männchen und Weibchen ein Paar sind und damit einem Nachwuchs nichts mehr im Wege steht, trifft auf die Aras keineswegs zu. Der Verfasser konnte oftmals erleben, daß auch garantierte Hähne und Hennen nicht miteinander harmonierten und somit an eine erfolgreiche Paarbildung nicht zu denken war.

Nur wenige Liebhaber werden jedoch in der Lage sein, wenn sie sich ein Ara-Paar zu Zuchtzwecken anschaffen möchten, sich gleich eine ganze Gruppe von Vögeln zulegen. Mit einer neuen Methode, der sogenannten Endoskopie, einer Untersuchung der Hoden oder des Ovars, ist eine 100 %ige Geschlechtsbestimmung möglich. Viele Tierärzte sind heute in der Lage, diese Geschlechtsdiagnostik am Vogel durchzuführen. Mit einem Narkotikum, die Dosierung richtet sich bei Anwendung nach dem Körpergewicht des ›Patienten‹, werden die zu untersuchenden Vögel betäubt, um eine absolute Ruhestellung des Tieres zu erreichen. Dann legt man das Tier auf die rechte Körperseite, der linke Flügel wird angehoben und das linke Bein nach hinten ausgestreckt. Der notwendige Schnitt mit einem Skalpell wird, nachdem vorher die Federn in diesem Bereich entfernt wurden, in der Mitte des Zwischenrippenraumes in einer Länge von ca. 3 mm ausgeführt. Das Endoskop kann nun eingeführt und bis zu den Gonaden (zwischen Lungengewebe und Nieren) vorgeschoben werden. Eierstöcke oder Hoden sind dann meistens gut erkennbar. Nachdem das Geschlecht bestimmt ist, wird das Endoskop vorsichtig entfernt und die kleine Schnittstelle zugenäht. Danach sollte man den Vogel schnellstmöglich in seine vertraute Umgebung zurückbringen. Über einen Zeitraum von einer Woche sollte der endoskopisch untersuchte Vogel ständig beobachtet werden, so daß bei eventuell auftretenden Komplikationen sofort etwas unternommen werden kann. Die Endoskopie ist die sicherste Methode der Geschlechtsbestimmung. Bei seltenen Vögeln, deren Geschlechtsdimorphismus ungewiß erscheint, sollte die Endoskopie angewendet werden, allerdings muß nochmals erwähnt werden, daß ein garantiertes Paar noch nicht unbedingt ein Zuchtpaar ergibt.

Abschließend noch die züchter- und händlerüblichen Geschlechtsbezeichnungen. Es werden z. B. Paare mit der Bezeichnung 1,1 angeboten. Dabei werden vor dem Komma die männlichen und nach dem Komma die weiblichen Tiere genannt. 1,0 bedeutet somit, daß es sich um einen Hahn, bei 0,1 um eine Henne handelt. Fünf Hähne und sechs Weibchen werden somit mit der Bezeichnung 5,6 (5 Männchen, 6 Weibchen) offeriert. In Beschreibungen, Fachbeiträgen und -büchern wendet man oftmals eine zweite Bezeichnungsform an: ♀ = für weibliche und ♂ für männliche Tiere.

Zuchtgenehmigung

1975 wurde eine Verordnung zum Schutz gegen die Psittakose und Ornithose, die sogenannte Psittakose-Verordnung (veröffentlicht im Bundesgesetzblatt Jahrgang 1975, Teil 1) erlassen. Züchter von Papageien (Papageien sind alle Vögel, die im Zoologischen System der Ordnung Psittaciformes zugeordnet werden) sind amtlich gehalten, ehe sie eine Zuchtanlage besetzen, die Genehmigung für eine Zucht einzuholen. Die zuständigen örtlichen Behörden, wie Landratsamt, Ordnungsamt und andere Ämter, sind für die Erteilung der Genehmigungen zuständig. Um eine Zuchtgenehmigung zu erlangen, sind gewisse Voraussetzungen zu erfüllen. Es wird erwartet, daß der Antragsteller die notwendige Sachkunde zur Pflege und Haltung der Papageien besitzt und daß er ausführlich über das Tierschutzgesetz und die sogenannte Psittakose-Verordnung unterrichtet ist. Eine weitere Bedingung ist das Vorhandensein der erforderlichen Räumlichkeiten, die Voraussetzung für jede Zucht und Schwarmhaltung von Papageien sind. Außerdem müssen die Räumlichkeiten so beschaffen sein, daß bei Ausbruch einer seuchenartigen Krankheit eine wirkungsvolle Bekämpfung durch die Behörden möglich ist.

Erst nach Erfüllung der erforderlichen Auflagen erfolgt die Genehmigung seitens der zuständigen Behörde. Sie wird in schriftlicher Form erteilt und kann jederzeit, bei Änderung der Voraussetzungen, entzogen werden.

Züchter sind weiterhin verpflichtet, ein amtliches Zuchtbuch über den Erwerb, den Verkauf, die Beringung der Nachzuchten sowie über Krankheitsbehandlungen der Tiere zu führen. Die zur Beringung der Nachzuchten erforderlichen Fußringe können z. B. beim Zentralverband Zoologischer Fachgeschäfte Deutschlands e.V., Frankfurt, nach Vorlage der amtlichen Zuchtgenehmigung bezogen werden.

In die Nachweisbücher sind entsprechend der Genehmigung nach § 61 d, Abs. 1, des Viehseuchengesetzes die nachfolgend aufgeführten Eintragungen vorzunehmen.

1. Art der Tiere
2. Ringnummer und Datum der Beringung
3. Datum des Erwerbs oder der sonstigen Aufnahme (Zucht) in den Bestand sowie Herkunft der Tiere
4. Datum der Abgabe und Empfänger der Tiere, oder Datum des Abgangs der Tiere
5. Beginn, Dauer und Ergebnisse von Behandlungen gegen Psittakose sowie Art und Dosierung des verwendeten Arzneimittels.

Die Nachweisbücher können ebenfalls vom Zentralverband (ZZA) oder von einem eingetragenen Züchterverein, z.B. der AZ, nach Vorlage der Zuchtgenehmigung bezogen werden. Neue Nachweisbücher sind sofort nach Erhalt der zuständigen Behörde, z.B. dem Ordnungsamt, vorzulegen. Die amtliche Stelle kennzeichnet dann das Nachweisbuch und macht auf die ordnungsgemäße Führung aufmerksam. Jeder Züchter ist verpflichtet, das Zuchtbuch mindestens 2 Jahre lang nach der letzten Eintragung aufzubewahren. Wissenswert ist, daß der beamtete Tierarzt befugt ist, Grundstücke und Räumlichkeiten, in denen Papageien (Ordnung Psittaciformes) gehalten werden, zu betreten, um – soweit dies erforderlich ist – die Tiere zu untersuchen und ihre Unterbringung zu begutachten. Wenn zur Feststellung einer Seuche besondere Maßnahmen erforderlich werden, so ist nach der Anweisung des beamteten Tierarztes vorzugehen.
Der Verfasser möchte noch darauf aufmerksam machen, daß nicht in jeder Volierenanlage eine Seuchenbekämpfung erfolgreich durchgeführt werden kann. Es empfiehlt sich daher bei Errichtung einer größeren Zuchtanlage die gleichzeitige Erstellung einer sogenannten Quarantänestation, eine abseits liegende Räumlichkeit (möglichst mit Fliesen ausgelegt) mit eigenem Wasser- und Abwasseranschluß. In einer solchen Quarantänestation können bei Ausbruch einer seuchenartigen Krankheit alle Tiere untergebracht und gemeinsam behandelt werden. Außerdem bietet diese Station die Möglichkeit, neu erworbene Vögel hier einzustellen und zu beobachten und sie im Krankheitsfalle getrennt von den anderen Vögeln zu behandeln. Das Einschleppen einer Krankheit, die den ganzen Vogelbestand bedrohen könnte, läßt sich auf diese Weise nahezu vollständig abwenden.

Krankheiten

Aras sind robuste, widerstandsfähige Vögel, aber dennoch in Käfig und Volieren ständig Gefahren ausgesetzt, die zu Krankheiten oder Verletzungen führen können. Als Pfleger dieser interessanten Vögel aus den Gattungen *Anodorhynchus, Cyanopsitta, Ara* und *Diopsittaca* sollte man sich verpflichtet sehen, bei der Haltung und Pflege gewisse hygienische Grundregeln zu erfüllen. Treten trotzdem Verletzungen und Krankheiten auf, so ist sofort nach der Ursache zu suchen und die Behandlung der verletzten oder erkrankten Tiere einzuleiten. Grundsätzlich sollte beim Auftreten einer Krankheit ein Tierarzt hinzugezogen werden. Viele Krankheiten zeigen dieselben äußeren Symptome, so daß sich bei oberflächlichen Untersuchungen Fehldiagnosen ergeben können. Nur wenn erkrankte oder verletzte Tiere sofort tierärztlich behandelt werden, da sie anfangs noch in einigermaßen guter körperlicher Verfassung sind, läßt die Behandlung eine rasche Heilung erwarten.

Die erkrankten Aras sind von den anderen eventuell vorhandenen Vögeln abzutrennen und in einem Krankenkäfig unterzubringen. Erkrankt einer der Partner eines harmonischen Arapaares, so sollte der gesunde Vogel mit dem erkrankten gemeinsam in den Krankenkäfig eingesetzt werden, da sonst die Trennung den kranken Vogel zusätzlich belastet.
Bei Vögeln läßt sich eine Erkrankung in der Regel schnell feststellen. Deutliche Anzeichen sind stilles Dasitzen, trübe Augen, ständiges Schlafen, verminderte Lebhaftigkeit, verklebter Kot an der Kloakenöffnung, Nasenausfluß und verklebte Nasenlöcher, Schweratmigkeit, Kurzatmigkeit, Lahmheiten, Bewegungsstörungen, Durchfall, schwergängiger Stuhlgang, dicke Augenlider, Abmagerungen usw., die einem bei der ständigen Beobachtung der Tiere leicht auffallen.
Die durch den Tierarzt verordneten Arzneimittel sind zu den vorgeschriebenen Zeiten in der angegebenen Dosierung zu verabreichen. Die Menge des zu verwendenden Arzneimittels richtet sich anteilig nach dem Körpergewicht des einzelnen Vogels. Bei leichten Erkrankungen sollten möglichst natürliche, auf Kräuterbasis aufgebaute Arzneien eingesetzt werden. Schwere Erkrankungen können jedoch nur mit starken, schnellwirkenden Medikamenten erfolgreich behandelt werden.
Auf sämtliche Krankheiten und deren Krankheitsverlauf kann in diesem Band leider nicht eingegangen werden, dazu gibt es die entsprechende Spezialliteratur, auf die im Literaturverzeichnis verwiesen wird.
Einige Krankheiten sind hier dennoch anzusprechen, da sie für die Vögel oftmals lebensbedrohend sein können und unter gewissen Umständen auch eine Ansteckungsgefahr für den Menschen darstellen.
Die nachstehenden Krankheitsbeschreibungen sind dem im Ulmer-Verlag, Stuttgart, erschienenen Buch ›Amazonen‹ entnommen.

Psittacose/Ornithose
Die Papageienkrankheit (Psittacose) ist eine Virusinfektion, die epidemische Formen annehmen und auch beim Menschen zu Erkrankungen führen kann. 1874 erkannte man, daß erkrankte Papageien durch Kontakte zum Menschen die Krankheit, an der viele starben, übertragen hatten. 1934 wurde das sogenannte Psittacosegesetz erlassen und gleichzeitig veranlaßt, daß alle infizierten Papageienbestände zu liquidieren sind. Nachdem die Pharma-Industrie wirksame Medikamente entwickelte und damit große Heilungserfolge erzielen konnte, wurde dann durch den zuständigen Bundesminister für Ernährung, Landwirtschaft und Forsten zum 1. 10. 1970 die Verordnung zum Schutz gegen die Psittacose und Ornithose (Psittacose-Verordnung) erlassen. Trotz der intensiven Behandlung neu nach Deutschland eingeführter Papageien mit Tetracycline werden dennoch jährlich 200–300 Infektionsfälle bei Menschen bekannt.
Jeder Ausbruch oder bereits der Verdacht einer vorliegenden Psittacose ist meldepflichtig und sofort der Ordnungsbehörde bzw. dem beamteten Tierarzt anzuzeigen.
Als verantwortungsbewußter Züchter und Halter von Papageien sollte man, vorbeugend, jährlich mindestens einmal seinen Vogelbestand auf Psittacose untersuchen lassen. Alle staatlichen Untersuchungsämter führen solche Untersuchungen von frisch eingesammelten Kotproben durch.
Wegen der Ansteckung und Verbreitung der Psittacose empfiehlt es sich in jedem

Fall, neu angeschaffte Papageien abzusondern und in getrennten Behausungen einzugewöhnen. Gleichzeitig sollten frische Kotproben an das Untersuchungsamt zur Überprüfung abgegeben werden. Erst wenn 100%ig feststeht, daß der neu erworbene Vogel gesund ist, wird man ihn mit den anderen Tieren zusammenbringen. Man sollte sich immer vor Augen führen, daß durch das Einschleppen von Psittacoseerregern innerhalb kürzester Zeit der gesamte gesunde Vogelbestand erkranken oder verenden kann. Ebenfalls sollte man immer daran denken, daß die Erreger jederzeit auch für den Menschen eine ernste, sogar tödliche Gefahr darstellen.

Das Krankheitsbild der Psittacose beim Papagei zeigt sehr unspezifische Symptome und führt im Anfangsstadium oft zu Fehldiagnosen. Häufig erkennt man die Erkrankung an schleimigem Nasenausfluß, Freßunlust, Atemnot mit Schweratmigkeit, außerdem zeigen sich die erkrankten Vögel apathisch, schlafen ständig und sitzen aufgeplustert herum. Solche Symptome zeigen sich aber auch bei anderen Erkankungen. Man sollte daher um eine eindeutige Diagnose sicherzustellen, sofort vom erkrankten Tier frische Kotausscheidungen einsammeln und an ein Staatl. Untersuchungsamt einschicken. Sollte das Untersuchungsergebnis den Verdacht auf eine Psittacoseerkrankung bestätigen, ist eine sofortige Behandlung einzuleiten; außerdem muß nach Anordnung des Amtstierarztes verfahren werden. Sehr gute Heilungserfolge erzielt man mit einem chlortetracyclinhaltigen Weichfutter, das täglich in neuer Zusammenstellung gereicht wird. Bei kleineren Papageien und Sittichen wird das Präparat 30 Tage, bei größeren Sittichen und Papageien über einen Zeitraum von 45 Tagen verabreicht. Aras, die akut an Psittacose erkrankt sind und die Nahrungsaufnahme verweigern, müssen vorab mit einer Injektion behandelt werden. Eine einmalige Injektion von 300 mg in öliger Lösung mit Chloromyzetin o. ä. reicht in den meisten Fällen aus, danach nehmen die Vögel meist wieder Futter auf. Zur Ausheilung wendet man anschließend die Futtertherapie an.

Eine Blutentnahme am zehnten Tag der Behandlung wird die Wirksamkeit dieser Therapie aufzeigen. Erfolgreich ist die Behandlung dann, wenn ein Blutspiegel von 1 mcg/ml oder höher zu verzeichnen ist.

Salmonellose (Paratyphus)

Eine Salmonelleninfektion kann bei Tieren und Menschen auftreten. Die Erreger sind jederzeit, auch auf Vögel, übertragbar.

Die Erreger der Salmonellose, zwischenzeitlich sind 1600 verschiedene Arten bekannt, können durch die sogenannten Dauerausscheider, äußerlich völlig gesund erscheinende Menschen oder Tiere, in unregelmäßigen Zeitspannen ausgeschieden werden. Diese Dauerausscheider bilden den größten Gefahrenherd für einen gesunden Vogel. Ebenso besteht jederzeit, auch bei Einzelhaltung der Aras, die Gefahr, daß die Salmonellose eingeschleppt wird. Über infizierte Menschen, Futterbestände, Käfige usw. ist die Möglichkeit einer Übertragung stets gegeben.

Das Krankheitsbild bei der Salmonellose ist sehr unterschiedlich und nur durch Laboruntersuchungen läßt sich die Erkrankung eindeutig bestimmen. Bei der akuten Darmform der Salmonellose sitzen die erkrankten Tiere lustlos herum und haben Durchfall mit äußerst dünnflüssigem Kot.

Die Gehirnform bewirkt bei den Vögeln Störungen des Nervensystems; oft werden solche Vögel von Lähmungen und Krämpfen befallen. Die sogenannte Gelenkform, eine chronische Erkrankungsform, erkennt man an Flügel- oder Beinlähmung.
Eine sichere Diagnose ist bei lebenden Tieren wie gesagt nur durch Laboruntersuchungen des Kots möglich, aus dem sich die Erreger isolieren lassen. Eine Antibiotikabehandlung, die eine Gesundung des erkrankten Vogels herbeiführt, ist einzuleiten. Die Anfangsdosis des Medikaments sollte injiziert werden, weil dadurch innerhalb kürzester Zeit ein ausreichender Gewebespiegel auftritt. Eine Weiterbehandlung auf Futterbasis bzw. über das Trinkwasser sollte angeschlossen werden. Die an Salmonellose erkrankten Tiere sollte man generell in einem separaten Raum unterbringen. Sämtliche Gegenstände im Bereich des Käfigs sollten jeden zweiten Tag desinfiziert werden; bis zum Ende der Behandlung. 14 Tage nach Abschluß der Behandlung muß nochmals eine Kotuntersuchung im Labor erfolgen, um den Behandlungserfolg zu bestätigen.

Newcastle-Disease (Geflügelpest)
In den letzten Jahren kam es immer wieder zu Ausbrüchen der Geflügelpest. Die Newcastle-Disease wurde nicht nur an Hühnervögeln, sondern u.a. auch bei Papageien beobachtet. Die Virusinfektion kann durch ihren verheerenden Verlauf innerhalb kürzester Zeit die größten Schäden am Vogelbestand hinterlassen. Nach Aufnahme des Erregers treten nach vier bis fünf Tagen bei den Tieren Freßunlust und eine Erhöhung der Körpertemperatur auf. Die Tiere verkriechen sich mit gesträubtem Gefieder in die dunklen Ecken, zeigen Atemnot und wässerigen Durchfall. Mitunter können auch nervöse Reaktionen beobachtet werden, die sich in Kopfverdrehungen bis zu 180°, Lähmungserscheinungen und Krämpfen äußern (Dr. Aeckerlein). Die Symptome und der Krankheitsverlauf können ganz unterschiedlich sein, so daß es schwierig ist, die Krankheit klar zu erkennen. Die Übertragung auf andere Vogelbestände ist jederzeit durch Wind, Geräte, Staub usw. möglich. Eine sichere Diagnose ist nur am toten Tier durch einen Virusnachweis oder durch einen Haemagglutinations-Hemmungstest möglich.
Eine Therapie scheint, wie bei allen Virusinfektionen nahezu unmöglich. Bekannt ist, daß der Krankheitserreger gegenüber starker UV-Bestrahlung nur geringe Widerstandsfähigkeit besitzt. Es empfiehlt sich daher zur Vorbeugung und zur Unterstützung der Behandlung die Tiere im hellen Tageslicht unterzubringen, evtl. können zusätzlich UV-Strahler eingesetzt werden. Auch durch zusätzliche Vitamingaben kann die Abwehrkraft der Vögel erhöht werden. Eine gesetzliche Verordnung zur Impfung der Neuimporte mit Adsorbatvaccine in den Quarantänestationen sollte in Erwägung gezogen werden, denn nur eine solche systematisch vorbeugende Bekämpfung kann das Einschleppen der Krankheit verhindern bzw. die weitere Verbreitung wirkungsvoll verringern.

Wurmkrankheiten
Speziell in größeren Zuchtanlagen besteht immer die Gefahr einer Wurmerkrankung. Es ist bekannt, daß Vögel in freier Natur oft von den verschiedensten Wurmparasiten befallen sind. Wurmbefall bei Volierenvögeln kann schwerste Folgen haben und u. U. zum Verlust des ganzen Vogelbestandes führen. Die Einschleppung und Ver-

breitung von Wurmparasiten ist jederzeit möglich. Ein parasitenfreier Vogelbestand kann durch den Zukauf eines wurmbefallenen Vogels bald vollständig wurmverseucht sein. Beispielsweise produziert ein weiblicher Spulwurm mehrere tausend Eier pro Tag, die der Vogel dann ausscheidet. Bei günstigen Temperaturen und genügend Feuchtigkeit, Bedingungen, die in einer Volierenanlage immer gegeben sind, entwickeln sich die Eier zu lebensfähigen Larven. Vögel, die den Volierenboden aufsuchen und dort Futter aufnehmen, nehmen zwangsläufig auch Wurmlarven mit auf. Nur wenn man beim Volierenbau die hygienischen Mindestanforderungen beachtet sowie die Anlagen mit dem Zubehör ständig reinigt, kann auf Dauer der Vogelbestand wurmfrei gehalten werden. Stark verbreitet sind die Ascariden (Spulwürmer) und die *Capillaria*-Arten (Haarwürmer), die oft den Tod des befallenen Vogels herbeiführen. Ein besonderes Krankheitsbild eines mit Würmern befallenen Vogels gibt es in den meisten Fällen nicht, daher ist auch ohne ständige, regelmäßige Vogelkotuntersuchungen eine Diagnose nicht möglich. Gegen den Wurmbefall der Papageien gibt es, je nach der Art der Parasiten, ein entsprechendes Medikament (z. B. Dekelmin oder Eustidil). Die genauen Dosierungen sind bei der Anwendung der Medikamente unbedingt zu beachten. Eine Nachkur mit dem jeweiligen Präparat ist ca. vier Wochen nach der ersten Behandlung nochmals vorzunehmen. Bei einem kleinen Vogelbestand sollte die Medikamentenbehandlung direkt erfolgen, d. h., daß jedem Tier mittels Pipette das Präparat eingeflößt oder in Form einer Brustmuskulatur-Injektion injiziert wird. Parallel mit der medikamentösen Behandlung der Vögel muß die Desinfektion der Volierenanlage und der dazugehörigen Gerätschaften laufen. Gewachsener Volierenboden muß bis auf ca. 20 cm Tiefe abgegraben werden; das verseuchte Erdreich ist zu vernichten. Gitterstäbe, Futter- und Wassernäpfe, Sitzstangen und sonstiges Volierenzubehör sind mit einem Desinfektionsmittel, z. B. Dekaseptol, zu behandeln. Evtl. ist der Einsatz eines Propangasbrenners möglich, mit dessen Flamme man die nicht brennbaren Volierenteile kurz bestrahlt. Bei ständig wechselndem Vogelbestand oder bei in Freivolieren gehaltenen Papageien sollten regelmäßig, wie bereits erwähnt, Kotuntersuchungen erfolgen. Neuerworbene Vögel sollten generell in Eingewöhnungskäfige verbracht werden. Erst nachdem man sicher ist, daß die Tiere gesund und wurmfrei sind, kann man sie in die Volieren zu den anderen Vögeln überstellen.

Die Gattungen und Arten

Die systematische Stellung der Aras

Die Ordnung der Papageien (Psittaciformes) bildet im großen Klassensystem der Vögel (Aves) eine in sich abgeschlossene, vollkommen eigenständige Gruppe, bei der sich nur sehr wenige verwandtschaftliche Beziehungen zu anderen Vogel-Ordnungen ergeben. Systematiker ordnen die Papageien hinter den Taubenvögeln (Ordnung: Columbiformes) ein. Auf die Papageien folgen im Klassensystem die Eulen (Ordnung: Strigiformes).
Hans Edmund Wolters hat in jüngster Zeit das von James Lee Peters 1937 erstellte, aber nie abgeschlossene System ›Check-List of Birds of the World‹ überarbeitet und nach neuesten Gesichtspunkten aufgelistet. Der Verfasser geht nicht mit allen Zuordnungen in der neuen Liste konform, erkennt auch nicht den stammesgeschichtlichen Aufbau im neuen Ordnungssystem, der in jedem Fall bei den Borstenkopfpapageien (Psittrichas), Eulenpapageien (Strigops), evtl. den Arakakadus (Probosciger) und mit Sicherheit bei den Nestorpapageien (Nestoridae) zu suchen ist, glaubt aber, daß das neugeschaffene System in seinem Aufbau und der Klassifizierung zukünftig richtungsweisend ist.
Die neugeschaffene Artenliste dient diesem Band über die Aras als Grundlage.
Die Ordnung der Papageien gliedert sich in elf Familien, die teilweise aus Unterfamilien gebildet werden. Die Gattungen der Aras sind der Familie Psittacidae (Eigentliche Papageien), die aus acht Unterfamilien besteht, zugeordnet, wobei die Aras in der zweiten Unterfamilie eingereiht sind. Die Unterfamilien werden aus den einzelnen Gattungen gebildet. Die Unterfamilie Aratinginae (Keilschwanzsittiche), der die vier Aragattungen angehören, zerfällt in 18 Gattungen, wobei die Aras in der Reihenfolge die ersten vier

6–9: Die Aquarelle (Abb. 6, 7 und 9) aus Rothschild's ›Extinct Birds‹ wurden nach Aufzeichnungen und Aussagen reisender Naturforscher, Kaufleute und Siedler angefertigt. Diese Aras waren ›Inselbewohner‹ der Großen und Kleinen Antillen. Ein 100prozentiger Nachweis über die tatsächliche Existenz dieser Tiere konnte aber bis heute nicht erbracht werden. Die Abbildungen zeigen: **6:** *Anodorhynchus purpurascens* (Unbekannter Blauara) von Guadeloupe, W.I.; **7:** *Ara erythrura* (Unbekannter Blaugelber Ara) von Westindien; **8:** *Ara tricolor* (Dreifarben- oder Kuba-Ara). Um 1800 war der Dreifarbenara noch relativ häufig auf Kuba vertreten. Die rasche Besiedelung und starke landwirtschaftliche Nutzung der Insel Kuba führten innerhalb kürzester Zeit zur Ausrottung der Art. Der letzte Kuba-Ara starb vermutlich 1885; **9:** *Ara erythrocephala* (Rotkopfara) von Jamaika.

6

7

8

9

10

11

12

13

Gattungen belegen. Die einzelnen Gattungen werden aus den Arten gebildet. Einzelne Arten können wiederum verschiedene geographische Rassen hervorbringen. Bei den Aras handelt es sich um folgende Gattungen:

Anodorhynchus (Blauaras)
Cyanopsitta (Spix-Blauaras)
Ara (Eigentliche Aras)
Diopsittaca (Zwergaras)

In der nachfolgenden Artenliste erfolgt eine durchgehende Numerierung, wobei bereits ausgestorbene Arten im System mitberücksichtigt, aber generell am Anfang der reihenmäßigen Auflistung aufgeführt werden.

Anodorhynchus

0. *Anodorhynchus purpurascens?* zweifelhafte Art
1. *Anodorhynchus hyacinthinus* (Hyazinthara)
2. *Anodorhynchus glaucus* (Türkisara)
3. *Anodorhynchus leari* (Lear-Ara)

Cyanopsitta

1. *Cyanopsitta spixii* (Spix-Ara)

Ara

0. *Ara tricolor* (Dreifarbenara) ausgestorben
0. *Ara atwoodi?* ausgestorben
0. *Ara autocthones?* ausgestorben
0. *Ara erythrura?* ausgestorben
0. *Ara erythrocephala?* ausgestorben
0. *Ara gossei?* ausgestorben
0. *Ara guadeloupensis?* ausgestorben
0. *Ara martinica?* ausgestorben

1. Artengruppe: *Sittace*
   1. *Ara glaucogularis* (Blaulatzara)
   2. *Ara ararauna* (Ararauna)

2. Artengruppe:
   3. *Ara rubrogenys* (Rotohrara)

3. Artengruppe: *Hemipsittacus*
   4. *Ara severa* (Rotbugara) 2 Unterarten

4. Artengruppe: *Primolius*
   5. *Ara auricollis* (Goldnackenara)
   6. *Ara couloni* (Blaukopfara)
   7. *Ara maracana* (Rotrückenara)

5. Artengruppe: *Orthopsittaca*
   8. *Ara manilata* (Rotbauchara)

10: *Ara gossei* (Gelbstirnara) von Jamaika. **11:** *Ara martinica* (Martinique-Ara) von Martinique. Der Gelbstirnara und der Martinique Ara sind, wie einige andere karibische ›Inselformen‹, Arten, die kurze Zeit nach der europäischen Besiedelung dieser kleinen Lebensräume ausgerottet wurden. **12:** Das nach Museumsexemplaren von Th. Arndt gestaltete Aquarell zeigt links den Meerblauen Ara (*Anodorhynchus glaucus*), von dem einige Ornithologen vermuten, daß er nicht mehr existent ist. Rechts ist der Lear-Ara (*Anodorhynchus leari*) dargestellt. Der Lear-Ara zeigt in der Färbung eine große Ähnlichkeit zum Hyazinthara, allerdings ist er wesentlich kleiner als dieser, und die nackte, gelbe Hautzone an der Unterschnabelwurzel ist anders angelegt. **13:** Der Blaukopfara (*Ara couloni*) ist ein typischer Vertreter tropischer Tieflandurwälder. Sein unzugänglicher Lebensraum führte dazu, daß er nur in wenigen Exemplaren gefangen werden konnte. Dieser Ara gilt als große Rarität, und es war bisher nur wenigen Liebhabern und Fachleuten möglich, ihn lebend zu beobachten. Die Abbildung von Th. Arndt zeigt die farbgetreue Wiedergabe eines Präparats aus dem Frankfurter Senckenbergmuseum.

6. Artengruppe: *Ara*
   9. *Ara militaris* (Kleiner Soldatenara) 3 Unterarten
   10. *Ara ambigua* (Großer Soldatenara) 2 Unterarten

7. Artengruppe: *Ara*
   11. *Ara chloroptera* (Grünflügelara)
   12. *Ara macao* (Arakanga)

Diopsittaca

1. *Diopsittaca nobilis* (Hahns Zwergara) 3 Unterarten

Die von James Lee Peters geschaffene Artenliste soll aber nicht unerwähnt bleiben, zumal auf internationaler Ebene seine ›Checklist of Birds of the World‹ auch zukünftig in leicht abgewandelter Form Verwendung findet.
Nach Peters wird die Ordnung der Papageien (Psittaciformes) von der Familie Psittacidae gebildet. Die Familie wiederum bringt fünf Unterfamilien hervor, die teilweise von Gattungsgruppen geformt werden. Die Aras werden der 4. Subfamilie – Echte Papageien (Psittacinae) zugeordnet. Nach Peters bilden die Aras zwei Gattungen:

Anodorhynchus

1. *Anodorhynchus hyacinthinus* (Hyazinthara)
2. *Anodorhynchus glaucus* (Türkisara)
3. *Anodorhynchus leari* (Lear-Ara)

Ara

1. *Ara ararauna* (Ararauna)
2. *Ara caninde (Ara glaucogularis)* (Blaulatzara)
3. *Ara militaris* (Kleiner Soldatenara) 3 Unterarten
4. *Ara ambigua* (Großer Soldatenara) 2 Unterarten
5. *Ara macao* (Arakanga)
6. *Ara chloroptera* (Grünflügelara)
7. *Ara tricolor* (Kuba-Ara) ausgestorben
8. *Ara rubro-genys* (Rotohrara)
9. *Ara auricollis* (Goldnackenara)
10. *Ara severa* (Rotbugara) 2 Unterarten
11. *Ara spixii (Cyanopsitta spixii)* (Spix-Ara)
12. *Ara manilata* (Rotbauchara)
13. *Ara maracana* (Rotrückenara)
14. *Ara couloni* (Blaukopfara)
15. *Ara nobilis* (Hahns Zwergara) 3 Unterarten

Die Auflistung zeigt, daß das Peters'sche System erneuerungsbedüftig ist. Wolters Artenliste dürfte ein wesentlicher, zukunftsweisender erster Schritt in ein neues Ordnungssystem sein. Problematisch ist die Abgrenzung der einzelnen geographischen Rassen in den verschiedensten Arten. Oftmals veranlassen minimalste, kaum erkennbare Unterschiede, wie z. B. geringere Größe oder wenig merklicher Unterschied der Gefiederfärbung, Wissenschaftler zur Aufstellung neuer Unterarten (z. B. *Ara severa*). Zweifelhaft erscheint dem Verfasser auch die Aufstellung der drei Arten der Blauaras (*Anodorhynchus*). Es ist durchaus denkbar, daß es sich nur um eine Art handelt, die drei geographischen Rassen, eine nördliche (*Anodorhynchus hyacinthinus leari*), eine mittlere (*A. hyacinthinus hyacinthinus*) und eine südliche *(A. hyacinthinus glaucus*), bildet. Die abgegrenzten Lebensräume unterstreichen ebenso diese These wie die extremen Größenunterschiede des Hyazintharas. Weiterführende wissenschaft-

Flügel/Oberseite

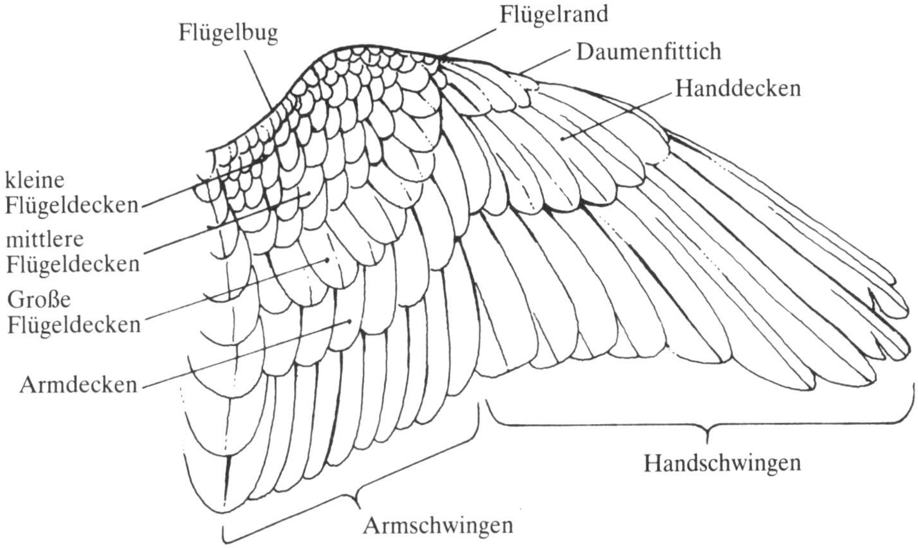

Flügel/Unterseite

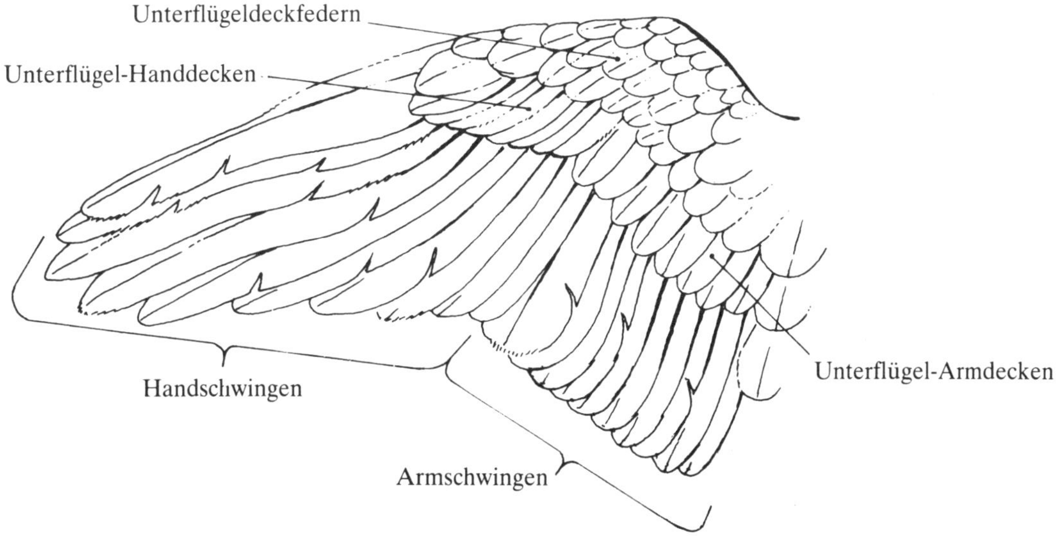

liche Untersuchungen, im besonderen die Auswertung der vorhandenen Bälge, sowie Verhaltensstudien an lebenden Vögeln (Balz- und Brutgewohnheiten, Lautäußerungen und sonstige Verhaltensweisen) könnten wesentlich zur Klärung dieser strittigen Frage beitragen.

Die Aras, im besonderen die Gattungen

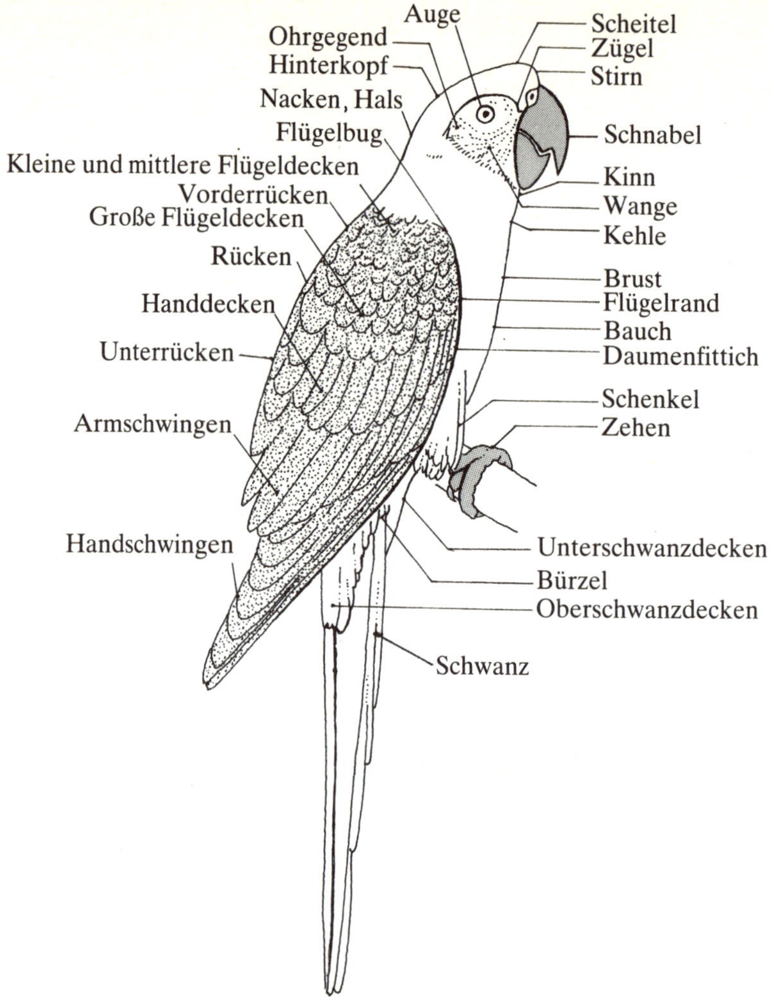

Ara und *Diopsittaca,* lassen verwandtschaftliche Verbindungen zu einigen Gattungen aus der Unterfamilie *Aratinginae* erkennen. Die augenfälligsten Hauptunterscheidungsmerkmale einiger Arten zu den Spezies anderer Gattungen sind die nackte Gesichtszone, die Größe sowie der lange Schwanz. Die Gattung *Aratinga* (Keilschwanzsittiche i.e.S.) sind wohl die engsten Verwandten der Aras; allerdings ist bei den *Aratinga*-Arten der Flügel länger als der Schwanz. Eine Ausnahme bildet der Blaukopf- oder Spitzschwanzsittich *(Thectocercus acuticaudatus* – früher: *Aratinga acuticaudata*), dessen Schwanzlänge die Flügellänge um ca. 10% überragt.
Etwas isoliert steht die Gattung *Anodorhynchus* mit den drei blauen Spezies, evtl. kann man *Cyanopsitta* als vermittelnde Gattung zwischen *Ara* und *Anodorhynchus* betrachten.
Ein beachtenswertes Kriterium ist die Tatsache, daß *Ara*-Arten im Vergleich zu anderen Papageienarten wenige geogra-

phische Rassen gebildet haben. Wenn man die variantenreiche Färbung von *Ara macao, Ara chloroptera* und *Ara ararauna* betrachtet, ist man geneigt anzunehmen, daß durchaus einige Gebiets-Arten als Subspezies betrachtet werden können. Der große Lebensraum, speziell bei den drei vorgenannten Arten, unterstützt diese These zusätzlich.
Leider behandeln die wissenschaftlich arbeitenden Ornithologen die Papageien sehr stiefmütterlich und schenken dieser interessanten Vogelordnung wenig Beachtung. Obwohl Hobby-Ornithologen und Züchter ständig auf der ganzen Welt in Fachzeitschriften über Papageien publizieren und über ein reichhaltiges Wissen über das Gefangenschaftsverhalten dieser Tiere verfügen, ist dieses Beobachtungsmaterial von den Fach-Ornithologen bisher kaum ausgewertet worden.

Blauaras

Gattung *Anodorhynchus* (Spix, 1824)

Zur Gattung *Anodorhynchus* gehören drei Arten sehr großer Papageien, die auf Grund ihrer Merkmale zusammengefaßt wurden. Der markanteste Unterschied zur Gattung *Ara* ist der auffällig unbefiederte Augenring sowie die nackte Zone im Bereich der Unterschnabelwurzel, mit jeweils gelber oder orangegelber Färbung. Die Wachshaut, Zügel und Wangen sind vollständig befiedert. Die Schädelknochen zeigen, speziell im Gehörbereich, einen anderen Aufbau wie bei der verwandten Form. Die Gefiederfärbung aller drei Arten ist einheitlich blau in verschiedenen Farbtönungen. Deutlich erkennbare Unterschiede zwischen Männchen und Weibchen scheint es nicht zu geben. Ebenfalls unterscheiden sich die Jungvögel nicht von den Elterntieren.

Unbekannter Blauara
Anodorhynchus purpurascens?
(Rothschild, 1905)
engl.: Guadeloupe Macaw

Verbreitung: Guadeloupe, W. I.?
Anmerkung: Rothschild stützte sich bei seiner Beschreibung auf einen Bericht von Don de Navarette, wobei es sich wohl möglich auch um eine oberflächliche Information über die bereits ausgestorbene Guadeloupe-Amazone (*Amazona violaceus*) oder um einen südamerikanischen Blauara (*Anodorhynchus)* handelt.
Die Originalbeschreibung des Vogels sagt aus, daß er tief violett gefärbt ist. Sein Name ist Oné couli.
Rothschild ordnet den Papagei auf Grund der Gefiederbeschreibung der Gattung *Anodorhynchus* zu.
Literatur: Navarette, Don de: Le gros Perroquet de la Guadaloupe. Rel. Quat. voy. Christ., p. 425, pl. II (1838).
Rothschild, W.: Anodorhynchus purpurascens. Bull. IV Orn. Congr., p. 202 (1907).

Hyazinthara (Großer Hyazinthara)
Anodorhynchus hyacinthinus
(Latham, 1790)
engl.: Hyacinth Macaw;
Hyacinthine Macaw

Kennzeichen: Größe ca. 100 cm; kobaltblau; Kopf und Halsseiten und Vorderseite etwas heller kobaltblau; Nacken, Rücken und Flügel etwas dunkler kobaltblau; Unterseite der Hand- und Armschwingen sowie Unterseite der Schwanzfedern schwarzblau; nackter Hautstreifen an der Wurzel des Unterschnabels sowie nackter

Verbreitungsgebiet des Unbekannte Blauara (*Anodorhynchus purpurascens?*).

Augenring orangegelb; Iris schwarz; Schnabel schwarz; Zehen braunschwarz.
♀: wie ♂, eventuell etwas schmächtiger.
Jungvögel: wie Altvögel, aber etwas schmächtiger.
Verbreitung: Brasilien in SO-Pará, mittleres und östliches Mato Grosso, mittleres und nördliches Goias, NW-Minas Gerais, W-Bahia, SW-Piaui und südlichstes Maranhao.
Lebensweise: Obwohl das Verbreitungsgebiet des Hyazintharas einen Einzugsbereich von ca. 1,5 Millionen qkm erreicht, insgesamt sechsmal größer als die Grundfläche der Bundesrepublik – gibt es nur sehr spärliche Aufzeichnungen über die Lebensweise dieser Vögel. Der Lebensraum der Hyazintharas erstreckt sich auf das mittlere westliche brasilianische Bergland sowie einen großen Teil des Hochlandes von Mato Grosso. Das Tiefland des Amazonas wird von den Aras nicht besiedelt. Die Flußlandschaften und Flußeinzugsgebiete einiger Amazonas-, Paraquay- und Paranázuflüsse sowie die Flußlandschaften südwestlich des São Franciso sind mit ihren Galeriewäldern und den teilweisen savannenartigen Landschaftsformen die Heimat des Hyazintharas. Die wenigen Freilandberichte, die über diese größte Papageienart vorliegen, stellen fest, daß diese Aras hauptsächlich paarweise vorkommen. Selten konnten Gruppen dieser Vögel beobachtet werden, und wenn, dann waren es meistens Familienverbände von 4 bis 5 Vögeln.

Verbreitungsgebiet des Hyazinthara (*Anodorhynchus hyacinthinus*).

Nach unserer Vorstellung sind die Hyazintharas reine Urwaldvögel, und gleichzeitig stellen wir uns unter dem Begriff Mato Grosse ein undurchdringliches Urwaldgebiet vor. Beides trifft aber nicht zu. Tatsache ist, daß der Lebensraum der Hyazintharas ein trocken heißes Buschlandschaftsgebiet ist, das nur im Bereich der Flüsse von Trocken- und Palmwäldern gesäumt wird. Großflächige tropische Urwaldzonen kommen im ganzen Verbreitungsgebiet nicht vor, erst im Norden und Westen, im Anschluß an den Lebensraum des Hyazintharas, beginnt die Urwaldzone in ihrer uns bekannten Mannigfaltigkeit.

An das große Verbreitungsgebiet des Hyazintharas schließen sich im Nordosten sowie im Süden die Verbreitungszonen der beiden verwandten Arten der Gattung, des Lear-Aras (*Anodorhynchus leari*) und des Meerblauen Aras (*Anodorhynchus glaucus*), an. Prof. Dr. H. Sick schildert in einem beeindruckenden Bericht den Lear-Ara in seinem ursprünglichen Lebensraum und beschreibt u.a. darin das unzugängliche Verbreitungsgebiet (s. S. 70). Von ähnlichem Charakter sind wohl auch einige Landschaftszonen im Lebensraum des Hyazintharas.

Am häufigsten scheinen die Aras im Sumpfgebiet des Paraguay, dem sogenannten Pantanal – Pantanal bedeutet soviel wie Sumpfprärie –, im Grenzgebiet zu Bolivien und Paraguay vorzukommen. Dieses Sumpfgebiet von riesigem Ausmaß bietet den Hyazintharas in seinem östlichen Teil eine vollkommen unberührte Naturlandschaft. Eine vollständige Erschließung dieser Landschaftsteile durch den Menschen ist wohl nicht zu befürchten. Da landwirtschaftliche Nutzung durch Ackerbau oder Viehzucht ebenfalls auszuschließen ist, bleibt die Hoffnung, daß das Pantanalgebiet auch zukünftig ein intakter Lebensraum bleiben wird. Neuerdings ist man bemüht, das östliche Pantanal, das im Laufe der Regenzeit, die im Oktober beginnt, vollständig versumpft, durch Erddämme trocken zu halten und somit für die Viehwirtschaft zu nutzen. Übrigens ist das Sumpfgebiet der Paraguay-Niederung eines der unerforschtesten Gebiete ganz Südamerikas. Es ist denkbar, daß die Hyazintharas auf ihren Streifzügen bis ins Grenzgebiet von Bolivien und evtl. sogar Paraguay vorstoßen, da hier dieselben Umweltbedingungen wie im östlichen Teil des Pantanalgebietes angetroffen werden.

Die unterschiedlichsten Palmfrüchte sind die wichtigste Nahrungsgrundlage für die Hyazintharas. Die härtesten Nußschalen bieten den gewaltigen Araschnäbeln keinen Widerstand. Außer Nüssen werden Beeren, Früchte und Knospen gefressen. Der Tagesablauf, der Lebensrhythmus, spielt sich in gleicher Form wie bei den anderen Aras ab. Die Nacht verbringen sie vermut-

14–18: Die größte Art aus der Familie der Papageien ist der Hyazinthara (*Anodorhynchus hyacinthinus*) mit bis zu 1 m Größe. Den imposanten Schnäbeln bzw. der unglaublichen Schnabelkraft hält nichts stand.
14: Das Anheben der Flügel demonstriert eine Drohgebärde. **15:** Bei diesem Hyazintharapaar in der Anlage Leibfarth kam es schon zur Eiablage, leider wurde das Gelege erfolglos bebrütet. **16:** Hyazinthara in aufmerksamer Beobachtungsstellung. **17:** Dieses von P. Roth aufgenommene Flugbild in freier Natur zeigt die typische Flugformation zusammengehörender Paare. **18:** Hyazintharaküken im Alter von ca. 45 Tagen.

14

15

16

17

18

19

20

21

22

lich in kleinen Gruppen auf angestammten Schlafbäumen. Am Morgen fliegen die Vögel paarweise oder in sehr kleinen Trupps zu den Futterbäumen, wobei während des Fluges laute, kreischende Rufe ausgestoßen werden. Der Flug ist trotz der bedächtigen Flügelschläge, die kaum über die Rumpfhöhe reichen, schnell und sieht beeindruckend aus. Paare fliegen dicht beisammen und sind dadurch zu erkennen. Nachdem die Aras die Futterplätze erreicht haben, sitzen sie still in den Baum- und Palmkronen, um hier in aller Ruhe zu fressen. Gleichzeitig widmen sie sich sehr intensiv der Gefiederpflege, wobei das Gefieder des Partners genauso intensiv in Ordnung gebracht wird wie das eigene.
Die gemeinsame Gefiederpflege ist ein sehr wichtiger sozialer Aspekt und demonstriert gleichzeitig die partnerschaftliche Zugehörigkeit.
In den späten Nachmittagsstunden erfolgt der gemeinsame Rückflug zu den Schlafbäumen. Gruppenbildungen mit anderen großen *Ara*-Arten gehen die Hyazintharas nicht ein. Zur Brutzeit sondern sich die Paare ab und widmen sich dem Brutgeschäft, das von der Balzzeit bis zum vollständigen Selbständigwerden der Jungtiere über 6 Monate in Anspruch nimmt. Das Weibchen legt bis zu 3 Eier, die etwa 28 Tage lang bebrütet werden. Augusto Ruschi berichtet, daß die Eier des Hyazintharas ca. 53 × 37 mm groß sind und ein Gewicht von 45 g haben; außerdem bevorzugen die Aras Nistplätze in den Stämmen der »Burití«-Palme. Das Bebrüten der Eier sowie das Hudern der Jungvögel in den ersten Lebenswochen übernimmt das Weibchen allein. Das Männchen hält in dieser Zeit in unmittelbarer Nähe der Nisthöhle Wache. Im Alter von etwa 100 Tagen verlassen die Jungen die in großer Höhe befindliche Niststätte, werden aber vom Elternpaar noch lange Zeit geführt.
Interessante Beobachtungen mit dem Hyazinthara machte P. Roth. Er teilte dem Verfasser persönlich mit: »Im August 1976 traf ich auf einer Exkursion mit Dr. Sick den Hyazinthara im Interior von Nord-Bahia. In jener Region herrscht offene savannenartige Cerrado-Vegetation vor, eingestreut sind an feuchteren Stellen Buritisals (Palmenhaine), und in diesen Buritisals konnten wir mehr oder weniger regelmäßig Gruppen von 2 bis 8 Hyazintharas beobachten; auch bei ihnen sind Paare oder Familien im Fluge zu erkennen (Formationen z. B.: 2 + 3 + 3 oder 2 + 2 oder 2 + 1). Wenn wir frisch in einen Buritisal mit Aras kamen, umflogen uns die Vögel zuerst zwei- bis dreimal recht nahe unter lautem Geschrei, dann klingt ihr Interesse ab und sie fliegen weg, bleiben aber normalerweise innerhalb desselben Buritisals. Bei nur leichtem Gegenlicht oder auf größere Distanz wirken die Aras praktisch schwarz, daher auch der Lokalname ›Arara preta‹.
Am 25. 8. 1976 entdeckten wir in der Serra

19: Der Spix-Ara (*Cyanopsitta spixii*) gehört mit zu den seltensten Papageien. In den letzten Jahren gelang es nur dem Vogelpark Walsrode, diese Vögel in den Ausstellungsvolieren einem breiten Publikum zu präsentieren. Der Spix-Ara ist der einzige Vertreter der Gattung *Cyanopsitta.* **20:** Gelbbrustaras (*Ara ararauna*) stehen in der Gunst der Vogelliebhaber und -züchter an oberster Stelle. **21:** Hyazinthara-paar. **22:** Hyazintharas (*Anodorhynchus hyacinthinus*) sollten wie alle anderen Araarten prinzipiell in großräumigen Volieren gehalten werden. Erst hier können sich die Tiere voll entfalten und zeigen dann auch ihre beeindruckenden Flüge.

eine von einem Paar besetzte Felshöhle. Während wir in die Nähe der Höhle kommen, fliegen die beiden Aras immer wieder Kontrollflüge und setzen sich auf die obersten Felsspitzen der Serra. Da das Gestein in der Umgebung der Höhle zu brüchig ist, gelingt es uns nicht, bis an die Höhle heranzukommen. Als wir uns entfernen, dauert es nicht lange, bis ein Ara wieder die Höhle anfliegt und darin verschwindet (wir waren knapp 100 m von der Höhle entfernt). Der zweite Ara fliegt kurz zur Höhle, dann aber gleich wieder zu einem ›Aussichtspunkt‹, um uns zu kontrollieren. Dort bleibt er lange Zeit sitzen, während der andere in der Höhle bleibt. Es ist wahrscheinlich, daß dieses Paar Eier oder kleine Junge in der Höhle hat, da der Drang, in die Höhle zurückzukehren sehr groß ist.
Am 27. 8. 1976 fliegen 2 Aras rufend vor den Felsen der Serra umher, setzen sich an verschiedenen Stellen in die Felsen und begeben sich schließlich an eine weiß bekleckerte Stelle, die ihnen anscheinend als ›Salzlecke‹ dient.
Am 15. 9. 1979 überfliegen im Pantanal nahe Poconé um 12.20 Uhr vier Hyazintharas die Straße und setzen sich auf Zaunpfähle. Von dort gehen sie in einem ›Tümpel‹ zu Boden, wo sie – wie ich mit dem Fernrohr beobachten kann – Schnecken herausholen (gleiche Schneckenart, die auch der Riesenralle, *Aramua guarauna,* als Nahrung dient). Mit diesen Schnecken setzen sie sich wieder auf die Pfosten und fressen; z. T. setzen sie sich auch mit den Schnecken in einen nahen Baum. Noch 20 Minuten bleiben sie im Baum sitzen und rufen ab und zu (Sitzhöhe 4–6 m, Baumhöhe 12 m). Um 14.00 Uhr überfliegen sie wiederum die Straße zurück.«
Haltung/Zucht: Hyazintharas sind der Traum eines jeden Papageienliebhabers. Selbst Laien, die zum ersten Mal diese dunkel-hyazinthblauen Vögel zu Gesicht bekommen, sind von der Färbung des Gefieders sowie von den imposanten Schnäbeln zutiefst beeindruckt.
Die Hyazintharas sind mit einer Größe von ca. 100 cm die größten Papageien. Ausgewachsene Vögel können ein Gewicht von über zwei Kilogramm erreichen. Dem gewaltigen Schnabel in seiner unbändigen Kraft hält nichts stand. Handelsübliche Papageienkäfige, die durchaus als Arabehausung geeignet wären, werden innerhalb kürzester Zeit zerlegt. Die Maschen von punktgeschweißten Drahtgittern werden so stark zusammengedrückt, daß die Schweißstellen auseinanderbrechen. Für die Aras ist es eine Kleinigkeit, Paranüsse, die eine sehr harte Schale haben, mühelos zu öffnen. Bei einem Importeur konnte der Verfasser einmal zwölf prächtige Hyazintharas bewundern. Die Tiere hatten ihre Behausung, Papageienkäfige in massivster Ausführung, vollständig zerlegt und waren dabei, den Wandbelag der Quarantänestation näher zu untersuchen, sie nagten die Fliesen aus ihrem Mörtelbett und selbst die darunter befindliche Betonwand an, so daß an einigen Stellen die Armierungseisen zum Vorschein kamen. Dabei ist allerdings zu bemerken, daß die Tiere unter der amtlichen Einfuhrquarantäne standen und es daher nicht möglich war, ihnen Äste oder Baumstümpfe zum Benagen zu geben.
Noch vor wenigen Jahren wurden die Hyazintharas von Liebhabern nur äußerst selten gehalten. Nur wenigen, renommierten Tier- und Vogelparks war es möglich, Einzeltiere den Besuchern in ihren Gehegen zu zeigen. In letzter Zeit werden die Aras öfters angeboten. Ihr Preis ist relativ hoch, aber im Vergleich zu den

australischen Großpapageien doch noch recht günstig. Die in Deutschland angebotenen Hyazintharas stammen alle von Tierhändlern aus Bolivien und Paraguay. Da die Vögel aber weder in Paraguay noch in Bolivien vorkommen (nur gelegentlich gelangen manchmal kleine Hyazinthara-trupps auf ihrer Nahrungssuche im Paraquaysumpfgebiet bis an die Grenzgebiete beider Länder) und sich ihr Heimatgebiet auf brasilianisches Territorium beschränkt, muß man die Frage stellen, wie die Vögel in diese beiden Länder gelangen. Zukünftig wird die Möglichkeit, Hyazintharas aus Südamerika einzuführen, nicht mehr gegeben sein, da weder die Behörden in Paraquay noch in Bolivien ordnungsgemäße Aus- und Einfuhrpapiere, wie sie die Bundesrepublik Deutschland auf Grund des Washingtoner Artenschutzübereinkommens verlangt, erstellen können. Es ist zu befürchten, daß die Hyazintharas in wenigen Jahren aus den Anlagen der Liebhaber verschwunden sein werden, wenn sich keine Spezialisten finden, die es den Vögeln ermöglichen, Nachwuchs aufzuziehen. Papageienfreunde, die im Besitz von Einzeltieren sind, sollten sich dazu entschließen, ein Partnertier anzuschaffen oder den einzeln gehaltenen Vogel an einen Züchter abgeben. Nur so wird es möglich sein, zukünftig eine kleine Population von Hyazintharas in Gefangenschaft zu erhalten.
Der Hyazinthara ist ein Vogel, der schnell zahm wird und zu seinem Pfleger ein inniges Verhältnis gewinnt. Niemals wird der Ara unter normalen Umständen versuchen zu beißen. Als Fremder sollte man aber auf jeden Fall vorsichtig mit dem Vogel umgehen, niemals das Tier reizen oder in die Enge treiben, denn dann könnte der Vogel seinen gewaltigen Schnabel zur Verteidigung gebrauchen; ein Finger ist dann schnell abgebissen.
Die erste Nachzucht eines Hyazintharas soll 1968 im Zoo von Kobe, Japan, geglückt sein. Im International Zoo Yearbook wird von der erfolgreichen Aufzucht eines Jungtieres berichtet. Die erste europäische Nachzucht gelang im Zoo von Bratislava, Tschechoslowakei; drei Junge wurden vom Zuchtpaar aufgezogen. (Eine Bestätigung dieses Erfolges liegt nicht vor. Evtl. handelt es sich um eine Zucht des *Ara ararauna.*)
In Brookfield, USA, legte das Hyazinthara-weibchen im März 1969 zwei Eier, die allerdings nicht befruchtet waren. Bereits zwei Monate später kam es zur erneuten Eiablage. Am 13. und 16. Mai wurde je ein Ei gelegt. Am 13. Juni schlüpfte ein Junges, das aber leider drei Tage später starb. 1970 wurde das Hyazintharapaar in eine Innenvoliere mit den Maßen von 2 × 4 × 1,5 m gesetzt. Der Brutblock, ein 50-Gallonen-Faß, das bereits im Vorjahr als Nistkasten diente, kam ebenfalls in die neue Behausung.
In der Voliere herrschte eine hohe Temperatur bei hoher Luftfeuchtigkeit. Am 5. und 9. Januar 1971 kam es dann wieder zur Eiablage. Wiederum waren die Eier unbefruchtet. Weitere Eier wurden am 1. und 4. März gelegt und nach einer Brutzeit von 29 Tagen schlüpfte aus dem am 1. März gelegten Ei ein Küken. Leider kümmerte sich das Weibchen nicht um das Junge. Im April 1971 wurde ein einzelnes Ei gelegt. Anfang Dezember wurden nochmals zwei Eier gelegt. Am 4. Januar schlüpfte ein Junges mit einem Gewicht von 18,6 g. Bis zum 41. Lebenstag wurde das Jungtier von den Eltern gefüttert und hatte bis dahin ein Gewicht von 643 g erreicht. Die Henne rupfte dann das Junge, so daß man sich zur Handaufzucht entschloß. Bereits im März kam es wieder zur

Eiablage, allerdings waren die Eier unbefruchtet. Aber schon am 1. und 5. Mai kam wieder ein Gelege zustande. Am 29. Mai schlüpfte ein Küken aus dem zuerst gelegten Ei. Das Küken mußte ab dem 27. Juli von Hand aufgezogen werden, nachdem die Alten es rupften, außerdem war es mit Futterresten verschmiert. 1973 schlüpfte jeweils ein Junges in den Monaten Mai, Oktober und Dezember, die alle durch Handfütterung großgezogen wurden.
Obwohl das Hyazintharapaar im Brookfield-Zoo ständig brutlustig war und auch das Gelege meistens erfolgreich ausbrütete, versagten die Alttiere jeweils bei der Aufzucht. In der Regel verläuft bei nahezu allen Araarten die erste Brut erfolglos oder mit allergrößten Problemen, aber bereits ab der zweiten Brut legen sich die Schwierigkeiten bei Balz, Brut und Aufzucht meistens. Das Hyazintharapaar im Brookfield-Zoo bildete damit in bezug auf die Jungenaufzucht eine bemerkenswerte Ausnahme.
Im Vogelpark Walsrode, dem größten Vogelpark der Welt, werden seit vielen Jahren Hyazintharas gehalten. Bemerkenswerte Verhaltensweisen zeigte der Ara-Hahn beim plötzlichen Tode seines Weibchens. Die Aras waren in einer Innenvoliere mit einer Grundfläche von 6 × 2,5 m und einer Höhe von 2,5 m untergebracht. Bereits einige Tage lang konnten Balzverhalten, versuchte Begattungen und Inspizieren des Nistkastens unter dem üblichen häufigen Geschrei bei ruckartigen Kopfbewegungen beobachtet werden. Lautes Schreien empfing auch stets den Pfleger, sobald er sich im Sichtbereich des Paares aufhielt.
Eines Morgens lag das Weibchen ohne erkennbare Ursache tot auf dem Boden. Faszinierend war das Verhalten des Männchens gegenüber der toten Partnerin. Es lief um das Weibchen, schrie dabei, rief auch leise und versuchte es durch Lockrufe zum Aufstehen aufzufordern, ohne es dabei jemals zu berühren. Als morgens bei der Fütterung der traurige Sachverhalt festgestellt wurde, hatte das Männchen bereits eine ›Trampelspur‹ um das Weibchen durch das dauernde Umherlaufen im Sand festgetreten. Das geschilderte Verhalten wurde von ihm nur gezeigt, wenn es sich nicht beobachtet fühlte. Bei Annäherung des Pflegers war es ausgesprochen aggressiv und versuchte, das Weibchen zu verteidigen. Aufgrund dieses Verhaltens wurde der tote Vogel erst nach Stunden entfernt. Bis dahin zeigte das Männchen die geschilderten Reaktionen in gleicher Intensität. Nach Entfernung des Weibchens, also des auslösenden äußeren Faktors, änderten sich spontan die Handlungen des Männchens. Es beruhigte sich sofort und war fortan unauffällig. Wenig später nahm es auch Futter auf. Drei Monate später konnte dem Hahn eine neue Henne zugesellt werden. Beide Vögel verstehen sich ausgezeichnet und es kam auch schon zu Eiablagen. Beim Weibchen, und nur beim Weibchen, trat wenige Tage vor der Eiablage eine Färbung der nackten Gesichtszone auf. Die sonst gelborange Hautfarbe änderte sich in ein Blaßgelb. Evtl. ist die Verfärbung der nackten Hautflächen im Gesichtsbereich ein in der Brutzeit auftretendes geschlechtsspezifisches Merkmal.
Weitere erfolgreiche Hyazintharazuchten gelangen im Hauston-Zoo, USA. In diesem Zoo kam es bereits 1972 zu einer äußerst beeindruckenden Papageien-Nachzucht, zur erfolgreichen Aufzucht der seltenen Königs-Amazone (*Amazona guildingii*). 1975 konnte man auch die Aufzucht eines Hyazintharas melden.

Mischlingszuchten wurden mit dem Gelbbrustara (*Ara ararauna*) und dem Arakanga (*Ara macao*) bekannt. Beide Hybridenzuchten gelangen in Salt Lake, USA.

Meerblauer Ara (Glaucus Ara, Türkisara)
Anodorhynchus glaucus (Vieillot, 1816)
engl.: Glaucous Macaw

Kennzeichen: Größe ca. 72 cm; grünlich graublau; Kopf und Nacken mehr gräulich blau; Kehle und Wangen sowie Oberbrust mit Schimmer ins Graubräunliche; Bauch grünlich blau; Schwanzfedern auf der Unterseite bräunlich schwarz; nackter Augenring sowie nackte Hautregion an den Seiten der Unterschnabelwurzel gelb; Iris dunkelbraun; Schnabel schwarz, zur Spitze hin etwas heller; Füße dunkelbräunlich schwarz.
♀: vermutlich wie ♂.
Jungtiere: vermutlich wie Altvögel.
Verbreitung: Mittleres und südliches Paraguay; extremes südwestliches Mato Grosso in Brasilien; NO-Argentinien; evtl. auch NW-Uruguay und westliches Rio Grande do Sul in Brasilien.
Lebensweise: Der Meerblaue Ara ist ein äußerst seltener Vogel, dessen Lebensraum hauptsächlich entlang des Paraguays und westlich des Paranás liegt. Die Landschaftsform zeigt sich in dieser nahezu unbesiedelten Region (etwa 80 % der 2,8 Millionen zählenden Gesamtbevölkerung lebt im Großraum der Hauptstadt Asunción) sehr vielfältig. So findet man östlich der Paraguay-Niederung ein von Regenwald überzogenes Hügelland in 200–600 m Höhe. Die Flußläufe, oft riesige, menschenleere Sumpfgebiete, werden von offenen Grasländern und offenen Wäldern gesäumt und ähneln manchmal Parklandschaften. Der Paraguay selbst versumpft bei Hochwasser bis zu einer Breite von 40 km. Westlich schließt sich der Gran Chaco, der allmählich nach Westen ansteigt und Trockenwald und Dornbusch trägt, an. Das Klima ist durch den Übergang von der subtropischen zur tropischen Zone gekennzeichnet. Im nordöstlichen Argentinien und nordöstlichen Uruguay wird bereits gemäßigtes Klima angetroffen.
Wie bereits erwähnt, dürfte sich der hauptsächliche Lebensraum des Glaucus Ara in der großen versumpften Zone des Paraguays mit seinen Nebenflüssen befinden. Da diese Regionen teilweise äußerst unzugänglich sind, ist es verständlich, daß dieser wohl nur in kleiner Stückzahl vorkommende Ara in freier Natur kaum beobachtet werden kann. Die spärlichen Aufzeichnungen über das Freileben des Meerblauen Aras lassen die Vermutung zu, daß die Vögel ein sehr nomadenhaftes Leben führen und nur zur Brutzeit längere Zeit an einem Ort verweilen. NW-Uruguay sowie der westliche Teil von Rio Grande do Sul, Brasilien, werden bzw. wurden von den Aras nur bei ihren ›Futterwanderungen‹ außerhalb der Brutzeit aufgesucht.
Über Nestgewohnheiten gibt es keinerlei Informationen. Es ist anzunehmen, daß die Meerblauen Aras, wie die anderen Papageienarten in dieser Verbreitungszone, im Oktober mit der Brut beginnen. Im Januar/Februar wird die Nestlingszeit der Jungtiere abgeschlossen sein.
Einige Ornithologen vertreten die feste Meinung, daß der Glaucus Ara bereits ausgestorben wäre. Alle in den vergangenen Jahren durchgeführten ›Nachsuchen‹ sind ergebnislos verlaufen und so liegt diese Vermutung nahe. Der Verfasser glaubt, daß man einfach zu schnell urteilt und damit oftmals die These ›Ausgestorben‹ zur Farce wird. Einige Beispiele aus jüng-

Verbreitungsgebiet des Meerblauen Ara (*Anodorhynchus glaucus*).

ster Vergangenheit zeigen auf, daß Tierarten, die als ausgestorben erklärt wurden, auf einmal wieder auftauchten. Im Spätherbst 1982 erhielt der Verfasser die Nachricht, daß ein bolivianischer Tierhändler in den Besitz von lebenden Meerblauen Aras gekommen ist. Eine Bestätigung war noch nicht zu erhalten; aber so unglaublich wie im ersten Moment die Aussage erscheint, so unglaublich ist sie gar nicht. Z. B. hielt ein Teil der Fachwelt den Lear-Ara (*Anodorhynchus leari*) für einen ausgestorbenen Spezies, obwohl immer wieder vereinzelte Exemplare im Tierhandel auftauchten. Es dauerte Jahre, bis Prof. Dr. Sick den offiziellen Nachweis sowohl des eigenständigen Statuses als auch des Populationsbestandes erbrachte. Ähnlich kann es sich auch beim Meerblauen Ara verhalten.

Haltung/Zucht: Der Glaucus Ara ist heutzutage weder in den Zoologischen Gärten noch bei Liebhabern zu finden. Im letzten Jahrhundert wurden vereinzelte Exemplare in London sowie auch Amsterdam und Berlin ausgestellt. Ein Meerblauer Ara soll vor einigen Jahren (vermutlich um 1960) in Australien gehalten worden sein.

Nach den Aufzeichnungen des Verfassers zu urteilen, handelt es sich beim Glaucus Ara um eine absolute Rarität, und es scheint, daß dieser Ara neben den Spechtpapageien (*Micropsitta*) und dem Blaukopfara (*Ara couloni*) die einzige Papageienart ist, die nicht in Gefangenschaft gehalten wird. Allerdings besteht durchaus die Möglichkeit, daß die Glaucus Aras gar nicht als seine Art erkannt werden. Der Verfasser erinnert sich, als er vor mehreren Jahren bei einem Tierhändler einen Besuch abstattete, daß ihm unter anderem zwei blaue Aras gezeigt wurden. Zum damaligen Zeitpunkt waren die Hyazintharas die größten Raritäten und äußerst selten im Vogelhandel anzutreffen. Nachträglich glaubt der Verfasser, daß es sich bei diesen beiden Vögeln um Meerblaue Aras handelte, denn zum einen zeigten beide Vögel eine eher meerblaue Färbung und waren merklich kleiner als ausgewachsene Hyazintharas, zum anderen war die Kopf- und Schnabelform lange nicht so wuchtig und die nackte Partie an der Schnabelwurzel sowie der nackte Augenring zeigten eine eher zitronengelbe Färbung. Der Verfasser hat dann versucht, den weiteren Weg dieser Aras zu verfolgen, was leider nicht mehr möglich war. Es ist durchaus denkbar, daß einzeln importierte blaue Aras nicht als Glaucus Aras erkannt werden, sondern, daß man sie als junge Hyazintharas ansieht. In einem holländischen oder belgischen Vogelpark wurde ein Meerblauer Ara Ende der 70er Jahre gezeigt.

1928 berichtet Haberlandt, Magdeburg, in ›Vögel ferner Länder‹, Vol. II, Seite 112 und 113, über einen Besuch bei dem niederländischen Tierhändler Blazer in Rotterdam. Diese Tierhandlung war zum damaligen Zeitpunkt eines der größten Fachgeschäfte ihrer Art. So wurden von ihr u. a. sechs Tierfänger in der ganzen Welt eingesetzt. Bei seinem Besuch konnte Haberlandt neben dem Hyazinthara (*Anodorhynchus hyacinthinus*) noch einige Exemplare des Lear-Aras (*A. leari*) und des Meerblauen Aras sehen.

Der Meerblaue Ara, eine sehr seltene Spezies in ihrem Lebensraum, wird im Anhang I des Washingtoner Artenschutzübereinkommens geführt und darf daher nur mit besonderer staatlicher Genehmigung in den Handel kommen.

Lear-Ara (Kleiner Hyazinthara)
Anodorhynchus leari (Bonaparte, 1856)
engl.: Lear's Macaw

Kennzeichen: Größe ca. 75 cm; dunkelblau; Kopf, Hals und Unterseite mehr grünlich-gräulichblau; Rücken, Flügel und Schwanz kobaltblau; Unterschwanzseite dunkelgrau-blau; Iris dunkelbraun; nackter Augenring und unbefiederte Hautregion an den Seiten der Unterschnabelwurzel gelblich; Schnabel schwarz; Zehen grauschwarz.
♀: vermutlich wie ♂.
Jungtiere: vermutlich wie Altvögel.
Verbreitung: O-Brasilien in den Provinzen Pernambuco und Bahia; evtl. ist das Verbreitungsgebiet noch ausgedehnter.
Anmerkung: Der Prinz von Canino zu Musignano, Charles Lucien Jules Laurent Bonaparte (1803–1857), hat 1856 zu Ehren des englischen Vogelmalers Edward Lear (1812–1888) diesen Ara (*Anodorhynchus leari*) nach ihm benannt.
Jahrelang herrschte Zweifel an der Eigenständigkeit des Lear-Aras. Einige Ornithologen vermuteten im Lear-Ara, bedingt auch durch seine Seltenheit und sein Aussehen, einen Mischling zwischen Hyazinthara (*Anodorhynchus hyacinthinus*) und Türkisara (*Anodorhynchus glaucus*), was aber nicht belegt werden konnte; andererseits schien diese These, vor allem angesichts des Lebensraums des Türkisara, äußerst zweifelhaft. Erst das Aufspüren des Lear-Aras in seinem natürlichen Lebensraum durch Prof. Dr. H. Sick im Jahre 1978 bestätigte endgültig die Eigenständigkeit der Art.
Lebensweise: Der Lear-Ara ist einer der seltensten Papageien, die es gibt; es ist aber fraglich, ob er tatsächlich so selten ist wie einige ›Karibik‹-Amazonen, wie z. B. die Kaiser-Amazone (*Amazona imperialis*), Königsamazone (*Amazone guildingii*), Blaumasken-Amazonen (*Amazona versicolor*), Blaukopf-Amazone (*Amazona arausiaca*) oder gar so rar wie die Puerto Rico-Amazone (*Amazona vittata vittata*), die nur noch in einer Populationsstärke von maximal 20 Tieren vorkommt.
Der Lebensraum des Lear-Ara ist auch noch in unserer heutigen Zeit so gut wie unerforscht, und deshalb muß man vermuten, daß es gar nicht so wenig Araarten dieser Gattung in freier Natur gibt, wie seither angenommen wurde. Prof. Dr. Sick von der Universität Rio de Janeiro und am dortigen Naturkundemuseum tätig, konnte 1978 tatsächlich den Beweis erbringen, daß es sich bei dem Lear-Ara um eine eigenständige Art handelt. Dazu schrieb Prof. Dr. Sick an Dr. J. Steinbacher, den Herausgeber der Fachzeitschrift ›Die Gefiederte Welt‹ in einem Brief:
»Es ist mir gelungen, das größte Rätsel in der Ornithologie Südamerikas (nicht nur Brasiliens) zu lösen: die Heimat des Lear-

23: Ein Jugendmerkmal vieler Araarten ist die bräunliche Färbung der Augeniris, welche bei diesem Ararauna (*Ara ararauna*) deutlich zu erkennen ist. **24:** Obwohl Araraunas keine geografischen Rassen bilden, treten örtliche Farbvarianten auf. Die Blau- bzw. Gelbtönung des Gefieders fällt daher, je nach dem Verbreitungsgebiet, sehr unterschiedlich in ihrer Intensivität aus. **25:** Nach Angaben des Fotografen zeigt diese Abbildung einen Lear-Ara (*Anodorhynchus leari*). Die Farbzeichnung dieses Tieres spricht aber eindeutig für einen Meerblauen Ara (*Anodorhynchus glaucus*), da der Lear-Ara einen größeren Blauanteil im Gefieder aufweist. **26:** Bei diesem Ararauna verursacht ein Pigment, daß die sonst blaue Gefiederzeichnung dauerhaft eine bräunlich schwarze Färbung annimmt.

23

24

25

26

27

28

29

30

31

32

Aras zu entdecken, ein prachtvoller großer blauer Vogel (74 cm Gesamtlänge), der bisher nur aus Gefangenschaft bekannt war. Schon zweimal hatte ich vergeblich gesucht. Diesmal kam ich genau an die richtige Stelle, den Raso da Catarina, N-Bahia, der letzte Platz, der nach meinem Ermessen noch übrig blieb, wo sich dieser Vogel verbergen konnte.
Seit 1856 zerbrechen sich die Wissenschaftler den Kopf über dieses Problem. Da es nicht möglich war, den Vogel in der Natur zu finden, stellte einer der besten heutigen Ornithologen, ein Holländer, kürzlich die Theorie auf, daß es diese ›Art‹ überhaupt nicht gäbe: die gelegentlich im Tierhandel auftauchenden Exemplare (große Seltenheit; September 1977 flog ich extra von San Francisco nach San Diego, in dessen berühmten Vogelzoo ein Pärchen war; auch Walsrode hat oder hatte den Lear's Ara) seien Bastarde aus zwei längst bekannten anderen Arten, was sehr intelligent erschien. Daß das nicht der Fall sein konnte, war mir nicht im geringsten zweifelhaft, es war die Idee eines Museumsmannes, der keine lebenden Vögel kennt. Ich habe ein prachtvolles, sorgfältig präpariertes Exemplar mitgebracht, das erste Stück, das aus freier Wildbahn in ein Museum kommt (Rio). Wir sahen bis zu 21 Stück zusammen fliegen und kamen an die Schlaf- und Nistplätze in unerreichbaren Felshöhlen der canyonartig eingeschnittenen Trockenflußtäler. Es ist die einzige Ara-Art, die dort vorkommt.
Die Reise war nicht einfach, selbst für einen Gesunden und junge Leute (meine Assistenten sind 20 und 21 Jahre alt). Endlose Ritte auf Lasttieren – nicht auf einem Sattel, sondern auf einem Holzgestell, zum Anhängen der Lasten und ohne Steigbügel; die haltlos über die scharfen Holzleisten herabbaumelnden Beine ›schlafen ein‹, die Gefäße des Oberschenkels werden abgequetscht. Gleich an einem der ersten Reisetage hatte ich übrigens einen Malaria-Anfall. Meine Assistenten hatten öfters Fieber, Durchfälle, Verbrennungen und Verletzungen durch Pflanzen etc., Allergien usw.; für sie war die Reise ein fabelhaftes Abenteuer – auch ich genoß sie in diesem Sinn, aber für mich war es doch mehr bitterer Ernst.
Nach einem stundenlangen (unsere Führer hatten sich verirrt) Nachtmarsch im tiefsten lockeren Sand durch die weglose Dornbusch-Caatinga kam ich dermaßen an den Rand der Erschöpfung, daß ich dachte, es könnte nun endlich aus sein, der große Erfolg war bereits errungen. Meine Toyota-Mercedes-Diesel, Vierradantrieb, das stärkste Fahrzeug, das es in Brasilien gibt, haben wir in dem straßenlosen Raso da Catarina weitgehend ruiniert – macht nichts, ich hatte sie ja dafür gekauft und das große Resultat ist da. Am Ende mußten wir die Toyota stehen lassen und auf dem

27 + 30: Der Goldnackenara (*Ara auricollis*) war bis 1970 eine äußerst selten gehaltene Spezies in der Hand von Vogelliebhabern. Nachdiesem Zeitpunkt wurde er aber häufig importiert, und so konnte zwischenzeitlich ein guter Volierenbestand mit dieser Art aufgebaut werden. **28:** Diese im Vogelpark Walsrode gehaltenen Gelbbrustaras (*Ara ararauna*) sind von Frühjahr bis Herbst, auch tagsüber, in der Freianlage untergebracht. **29 + 32:** Einer der seltensten Papageien ist der Blaulatzara (*Ara glaucogularis*). Bis vor wenigen Jahren bestand ein großer Zweifel an dem monotypischen Status dieser Art, da man ihn als Unterart des Gelbbrustaras (*Ara ararauna*) einordnete.
31: Dieser Rotbugara (*Ara severa*) sitzt in typischer Ruhestellung da.

Verbreitungsgebiet des Lear-Ara (*Anodorhynchus leari*).

Kastenanhänger eines Traktors weiterfahren (ich hatte ihn am Rande des Gebiets von einer Regierungsstelle geliehen), wir ritten oder liefen. Nur zu oft blieb auch der Traktor stecken und wir mußten ihn mühsam wieder ausgraben.
Der Raso da Catarina ist eines der unzugänglichsten Gebiete Brasiliens, berüchtigt durch den Canudos-Krieg (1897, wir fanden eine deutsche Militärpistole, Brasilien bekam alles Kriegsmaterial von Deutschland, sogar Krupp-Kanonen wurden in die Caatinga geschleppt, wo sie sich als gänzlich unbrauchbar erwiesen) und die erfolglose Jagd auf den Banditen Lampiao (Anfang der 30er Jahre, ein brasilianischer Film ›O Cangaceiro‹, diesen Stoff behandelnd, wurde in Berlin preisgekrönt).
Im Canudos-Krieg, Revolte einer ganz kleinen Gruppe religiöser Fanatiker gegen die Republik, kamen über 1000 Soldaten, Elitetruppen aus Rio, São Paulo usw. um; es heißt, daß die meisten verdursteten.
Wir hatten 60 Liter Wasser bei uns, was zu äußerster Sparsamkeit zwang (mit den Führern 4 bis 5 Mann).
Meine Hoffnung, im Leari-Gebiet andere vollständig unbekannte Vögel zu finden, erfüllte sich bisher nicht. Die interessanteste Art war ein sehr versteckt auf dem Boden lebender Töpfervogel, leider bereits aus anschließenden Gebieten bekannt, wenn auch selten.
Durch meine unglaubliche Stimmenkenntnis finde ich sofort heraus, was sich hartnäckig verbirgt und das interessanteste zu sein pflegt. Die Stimme des genannten Töpfers war die einzige mir in jenem Gebiet unbekannte Stimme. Diese Technik ist nicht anwendbar z.B. bei Kolibris, die im ›Raso‹ vielversprechend sind. Wir entwickeln ein Programm für weitere Besuche der Gegend. Vielleicht können wir einen Helikopter von der Regierung bekommen.
Die erste Mitteilung über die Entdeckung des Lear-Ara wird in ›Alauda‹ (Frankreich) erscheinen, dessen Herausgeber Jacques Vielliard, der mich auf meiner ersten Suche nach *leari* begleitete und jetzt wieder in Brasilien ist, mir zu einer möglichst schnellen Veröffentlichung verhelfen kann.
Nach Abschluß des Ara-Programms (1 1/2 Monate) begriff ich, daß ich für den 2. Teil der Reise (weitere 1 1/2 Monate, Bearbeitung des äußerst seltenen Hokkohuhns in Alagoas, Nachbarstaat von Bahia, ich hatte darüber auf dem Berlin-Kongreß berichtet) nicht mehr imstande war. Wir hatten inzwischen Recife (Pernambuco) erreicht.
PS., Rao. In den heißesten Stunden hielten es auch meine Begleiter oft nicht aus, weiter herumzulaufen. Wir suchten uns ein bißchen Schatten und legten uns in den Sand oder auf die Steine – nur sich nicht bewegen müssen.
An meinem Geburtstag, 10. 1., der 69., saß ich in einem der Ara-Canyons und beobachtete die zum Schlafen ankommenden Tiere, mindestens 15, in meinem neuen Riesenfernrohr, mir wenige Tage vor meiner Abreise nach Bahia vom Bras. Forschungsdienst zugestellt, nach jahrelangem Kampf von der Ost-Zeiss importiert. Das Blickfeld umfaßte genau ein Paar der stolzen Vögel (ohne den langen Schwanz). Sie waren von einem dichten Schwarm von Fliegen umgeben und kratzten sich manchmal nervös am Kopf. Es war sicher der denkwürdigste Geburtstag meines Lebens.«
Prof. Dr. H. Sick erhielt für seine Arbeit, die er auf dem 1. Ibero-amerikanischen Ornithologen-Kongreß in Buenos Aires,

Argentinien, über die Entdeckung der Herkunft des Lear-Ara vortrug, die Goldmedaille für Brasilien.
Ein von der Stadtverwaltung von Santo Antao in Pernambuco gezeigter Lear-Ara soll in der Gegend von Juazeiro, einer kleinen Stadt am linken Ufer des São Francisco (Fluß, der Pernambuco und Bahia voneinander trennt), gefangen worden sein. Ansonsten sind über den Lear-Ara keine Freilandbeobachtungen aufgezeichnet. Über Brutgewohnheiten gibt es ebenfalls keine Angaben. Es ist anzunehmen, daß das Verbreitungsgebiet dieser Aras nur wenigen Einheimischen bekannt ist und die manchmal in Zoologischen Gärten ausgestellten Vögel nur durch besondere Umstände dorthin gelangen.
Haltung/Zucht: Der Lear-Ara ist, wie wir erfahren haben, ein äußerst seltener Vogel. Vereinzelte Exemplare kamen nur zufällig nach Nord-Amerika bzw. Europa. Vor Jahren, als aus Brasilien noch Papageien ausgeführt werden durften – die brasilianische Regierung hat bereits vor Jahren ein generelles Handelsverbot erlassen –, gelangten ganz selten Lear-Aras mit Hyazintharas (*Anodorhynchus hyacinthus*) in die Anlagen europäischer oder nordamerikanischer Zoologischer Gärten. Im letzten Jahrhundert wurden vereinzelte Exemplare im Londoner Zoo ausgestellt, wobei sogar ein 57,0 × 38,4 mm großes Ei, das sich heute in der Sammlung des Britischen Naturhistorischen Museums befindet, gelegt wurde. In den letzten Jahren konnten in den Zoologischen Gärten von San Diego, Los Angeles und Brookfield, USA, sowie in Kopenhagen, Basel und Walsrode meistens nur Einzeltiere bewundert werden. Ob sich Lear-Aras in der Hand privater Vogelliebhaber befinden, ist fraglich und wäre auch sehr bedauerlich.
In der Vogelanlage des Baseler Zoologischen Gartens soll das Lear-Arapaar vor einigen Jahren eine Brut durchgeführt haben. Das Jungtier starb aber ehe die Nestlingszeit zu Ende war. Zwischenzeitlich verstarb auch einer der Altvögel, so daß nur noch ein Exemplar dieser seltenen Spezies in Basel vertreten ist.
T. Silva (persönlicher Kommentar) informierte den Verfasser, daß 1982 dem Bush Garden in Tampa, Florida (USA), in Zusammenarbeit mit dem Parrot-Jungle die Aufzucht eines Lear-Aras gelang. Der Parrot-Jungle in Miami, der ein einzeln gehaltenes Männchen besitzt, stellte dem Bush Garden, in dessen Anlage ein Weibchen vorhanden ist, den Lear-Arahahn für Zuchtversuche zur Verfügung. Das Zusammenbringen der Aras führte zum Erfolg und es schlüpfte ein Küken. Um dem Jungtier die größtmöglichste Überlebenschance zu geben, wurde es sofort zur Handaufzucht nach Miami, an den Parrot-Jungle, übergeben. In Miami hatte man in den Vorjahren schon gute Ergebnisse bei der Handaufzucht mit anderen Araarten erzielt, und so blieb es nicht aus, daß auch diese Seltenheitszucht erfolgreich zum Abschluß gebracht werden konnte. Im September 1982 schlüpfte ein zweites Küken. Der Nachwuchs verblieb bei den ca. 30jährigen Altvögeln, die dann problemlos ihr Junges aufgezogen haben.
Dr. J. M. Lernould, der Direktor des Parc Zoologique et Botanique in Mulhouse, Frankreich, teilte dem Verfasser mit, daß es in Frankreich vermutlich 2 Lear-Aras gibt. Einer soll sich in der Ménagerie in Paris, der zweite im Privatbesitz befinden.
Der Lear-Ara ist im Anhang I des Washingtoner Artenschutzabkommens aufgeführt.

Im September 1929 gelangte ein 1,0 Lear-Ara vom Frankfurter Zoo aus in das Forschungsinstitut und Naturmuseum Senckenberg, Frankfurt. Vermutlich wurde der Vogel aber als *Anodorhynchus glaucus* (Meerblauer Ara) im Frankfurter Zoo ausgestellt, da der Ara ursprünglich so bezeichnet war.

Spix-Blauara

Gattung *Cyanopsitta* (Bonaparte, 1854)

Die Gattung *Cyanopsitta* zeigt starke verwandtschaftliche Beziehung zur Gattung *Anodorhynchus.* Die Gattung selbst besteht mit dem Spix-Ara nur aus einer Art mit mittlerer Größe. Das gattungsspezifische Merkmal sind der unbefiederte Augenring und der nackte Zügelbereich. Die unbefiederten Zonen lassen die dunkelgraue Haut erkennen. Die Gefiederfärbung ist einheitlich blau bis grau. Geschlechtsspezifische Merkmale zwischen männlichen und weiblichen Vögeln sind ebensowenig erkennbar wie der Unterschied zwischen jungen und alten Tieren.

Die Gattung *Cyanopsitta* ist als vermittelnde Gattung zwischen *Anodorhynchus* und *Ara* anzusehen.

Spix-Ara (Kleiner Blauer Ara)
Cyanopsitta spixii (Wagler, 1832)
engl.: Spix's Macaw

Kennzeichen: Größe ca. 56 cm; dunkel kobaltblau; Kopf, Wangen, Ohrgegend graublau, zum Nacken und zur Brust in gräulich grünblau übergehend; nackte Hautzone vom Zügel bis ums Auge grau; Schwanzfedern auf der Unterseite dunkelgrau; Iris hellgrau; Schnabel schwarz; Füße grauschwarz.
♀: vermutlich wie ♂.
Jungtiere: vermutlich wie Altvögel.
Verbreitung: S-Piaui, W-Pernambuco, N-Bahia und evtl. südlichstes Maranhao in Brasilien.
Anmerkung: Johann Georg Wagler (1800 bis 1832), mit jungen Jahren bereits Professor der Zoologie an der Münchner Universität, benannte kurz vor seinem Tode den kleinen dunkelblauen Ara nach seinem Entdecker, Dr. Johannes Baptist von Spix (1781–1826) – Sittace Spixii, Wagler; Königl. Bayer. Akad. d. Wissensch.; Math.-Phys. Kl.; 1, 1832, Seite 675 –. Spix bereiste 1817–1820 mit dem Botaniker Dr. C. F. P. Martius Teile Brasiliens und fand hierbei auch den Spix-Ara. Mit einer großen Präparatesammlung kehrte er an das Münchner Museum zurück.
Lebensweise: Die Heimat des Spix-Ara ist im nördlichen brasilianischen Bergland. Das Klima dieser Region ist tropisch, da die Niederschläge allerdings oft unregelmäßig fallen, kommt es zu langanhaltenden Dürreperioden. Die Vegetation in der Caatinga-Trockenlandschaft hat sich den Niederschlägen angepaßt, sie ergibt eine karge Buschlandschaft. Im Bereich der Flüsse werden kleine Galeriewälder und Sumpfwälder angetroffen. Die landwirtschaftliche Erschließung dieser Region ist weder für den Ackerbau noch für die Viehzucht interessant und deshalb nach kurzen Versuchen wieder fallen gelassen worden. Die Caatinga zeigt sich im wesentlichen unberührt und bietet somit dem Spix-Ara einen intakten Lebensraum. Obwohl damit für den Spix-Ara zur Zeit noch ideale Lebensbedingungen bestehen, ist er ein rarer Spezies in seinem Verbreitungsgebiet. Der Spix-Ara ist in freier Natur ebenso selten wie die drei ihm verwandten Blau-Ara-

Verbreitungsgebiet des Spix-Blauara (*Cyanopsitta spixii*).

arten, so wie dies besonders für den Meerblauen Ara (*Anodorhynchus glaucus*) und den Lear-Ara (*Anodorhynchus leari*) gilt. Der Verfasser glaubt, daß im Caatinga-Gebiet die Natur durch die extremen klimatischen Bedingungen den Tierbestand der einzelnen Arten auf einem niederen Stand hält. Die im selben Biotop lebende Gelbbauch-Amazone (*Amazona xanthops*) ist gleichfalls äußerst selten anzutreffen und bestätigt die These, daß der Artenreichtum im Caatinga-Gebiet zwar vielseitig ist, aber auch, daß die einzelnen Arten jeweils nur in geringen Beständen vertreten sind. Die Spix-Aras leben in den offenen, mit Galeriewäldern durchzogenen Strauchlandschaften und halten in jedem Fall sehr große Fluchtdistanzen ein, so daß sie wohl nur durch Zufall zu beobachten sind. Die Brutzeit, Aufzeichnungen darüber liegen keine vor, dürfte im Dezember beginnen und bis zum Flüggewerden der Jungen ca. 4 Monate lang andauern. Denkbar ist auch, daß sich die Spix-Aras beim Brutgeschäft nach den unterschiedlichen Niederschlagsperioden richten und bei günstigstem Pflanzenwachstum mit dem Brüten beginnen. Ein Ei im Britischen Naturhistorischen Museum in London hat die Größe von 34,9 × 28,7 mm.

Haltung/Zucht: Der Spix-Ara wird im Anhang des Washingtoner Artenschutzabkommens und somit auch im Anhang der Bundesartenschutzverordnung geführt und darf nur mit besonderen amtlichen Genehmigungen gehandelt werden.

Nur sehr wenigen Vogelliebhabern war es möglich, den seltenen Spix-Ara zu pflegen. Nur einzelne Vogel- und Tierparks konnten die Vögel bisher ausstellen. 1893 gelangten nachweislich die ersten Spix-Aras in den Berliner Zoo. Heutzutage können die Spix-Aras in einigen amerikanischen und europäischen Vogelparks, so unter anderem in Walsrode, wo er als Einzeltier (früher waren es zwei Exemplare) gezeigt wird, und im Zoo von Neapel bewundert werden. Im Zoo von Rio de Janeiro, der mit seinem umfangreichen Bestand an einheimischen Papageien immer ein lohnendes Ziel für Papageienliebhaber darstellt, sind zwei Spix-Aras zu sehen. Dr. H. Strunden berichtet in der ›Gefiederten Welt‹, 6/74, Seite 104–105, über diese beiden Vögel: »In ihrem großen Gehege waren beide Vögel sehr lebhaft und warteten mit einer beträchtlichen Auswahl ihrer Verhaltensweisen auf, von der gegenseitigen Gefiederpflege bis zum handfesten Streit, wobei sich der Schwächere schließlich am Boden auf dem Rücken liegend mit Schnabel und Füßen und lautem Gekreisch seiner Haut und der Federn zu wehren wußte.«

1975 konnte der Vogelpark Walsrode zwei junge Spix-Aras erwerben. Nachdem sich dann noch herausstellte, daß es sich um ein Paar dieser äußerst seltenen Spezies handelte, keimte die Hoffnung auf eine eventuelle Nachzucht. Leider starb 1978 der Hahn, und die Erwartungen, die man auf die Spix-Aras setzte, mußten begraben werden. Das einzeln lebende Weibchen im Vogelpark, mit seinem tadellosen Gefieder, ist ein wirklich ansprechendes Exemplar seiner Art. Das Tier kennt keine Langeweile, es beschäftigt sich die ganze Zeit selbst, entweder durch intensive Gefiederpflege oder durch das Beobachten der Papageien in den Nachbarvolieren und durch ausgiebiges Benagen der Äste und Stämme. 1981 gelang es dem Vogelpark nach vielen Bemühungen, aus England von Dr. G. A. Smith zur Zuchtgemeinschaft ein Männchen zu erhalten. Leider ist das Männchen körperlich behindert, aber trotzdem ist zu hoffen, daß die beiden

Tiere miteinander harmonieren und daß sich möglichst in naher Zukunft Zuchterfolge einstellen werden.
Frau Wenner, die Leiterin der Vogelabteilung des Zoos von Neapel, teilte dem Verfasser mit, daß ein Paar dieser seltenen Spezies in der Vogelanlage in einer Außenvoliere mit gemauertem Schutzteil untergebracht ist; der weibliche Vogel befindet sich seit 1954, das Männchen seit 1974 im Zoo. Die Voliere hat eine Gesamtgröße von 4,30 × 1,20 m als Grundfläche und eine Höhe von ca. 1,70 m. Von den zwei angebotenen Nistkästen wurde der im Innenraum auf dem Boden stehende ausgewählt. In den Brutblock in der Größe von 35 × 35 × 45 cm wurde eine Schicht Torf eingestreut. Auf die Torfschicht wurden von den Vögeln kleine Steine, die sie selbst eingetragen haben, gelegt. – Als Frau Wenner sich vor mehreren Jahren in Brasilien aufhielt, wurde ihr von Leuten berichtet, die sich im Lebensraum des Spix-Aras auskannten, daß ein Großteil des Gebietes undurchdringliches Sumpfland sei. Die vielen abgestorbenen Bäume, die in den Sümpfen stehen, würden den Spix-Aras als Nistplatz dienen. Zum Schutz vor eindringendem Regenwasser tragen die Spix-Aras anscheinend eine Schicht kleiner Steine in die Nisthöhle ein, so daß diese Steinschicht wie eine Drainage wirkt. – Erst 1980 zeigte das Araweibchen Interesse für das Männchen. Vorher war es einem in der Nachbarvoliere untergebrachten Hyazintharahahn (*Anodorhynchus hyacinthinus*) mehr zugetan. Tagsüber hingen der große und der kleine ›Blaue‹ am Gitter und kraulten sich gegenseitig das Gefieder. 1980 kam es dann doch zur ersten Eiablage. Das erste Ei wurde im Nistkasten abgelegt. Das zweite Ei lag zerbrochen unter der Sitzstange. Das zuerst gelegte Ei wurde kurze Zeit später im Nistkasten zerdrückt. 1981 legte das Weibchen wieder zwei Eier, die aber wie im Vorjahr auf der Steinchenunterlage zerbrachen. Hoffentlich klappt es 1982 besser. Es wäre schön, wenn es gelingen würde, diese seltenen Vögel zur Nachzucht zu bringen.
H. H. Jacobsen aus Risskov/Dänemark teilte dem Verfasser mit, daß T. Silva aus den USA über eine Brut und Aufzucht des Spix-Aras bei Alvaro Cavalhaes in den 60er Jahren informiert wurde. Leider wurden keine Einzelheiten über den wohl ersten Gefangenschafts-Zuchterfolg festgehalten.
Der verstorbene jugoslawische Staatspräsident Tito soll zwei bis vier Spix-Aras in seinem Privat-Zoo gehalten haben. Nähere Einzelheiten über diese Tiere sind aber nicht bekannt.
Die Spix-Aras werden wohl auch zukünftig äußerst seltene Gäste in den Volieren von Vogelliebhabern und Zoologischen Gärten sein. Es ist sogar zu befürchten, daß die Vögel bald vollständig aus den Anlagen verschwunden sein werden.

Aras

Gattung *Ara* (Lacépède, 1799)

Das Erkennungsmerkmal aller Arten der Gattung *Ara* ist der nackte Bereich der Wangen-, Schnabel- und Augenregion. Die Ausdehnung der Nacktzone fällt verschieden groß aus und ist auch bei einigen Arten unterschiedlichst mit Federreihen

33: Die Kopfstudie dieser beiden Rotbugaras (*Ara severa*) zeigt deutlich die Anordnung der schwarzen Federreihen auf der nackten Wangenzone.

34

35

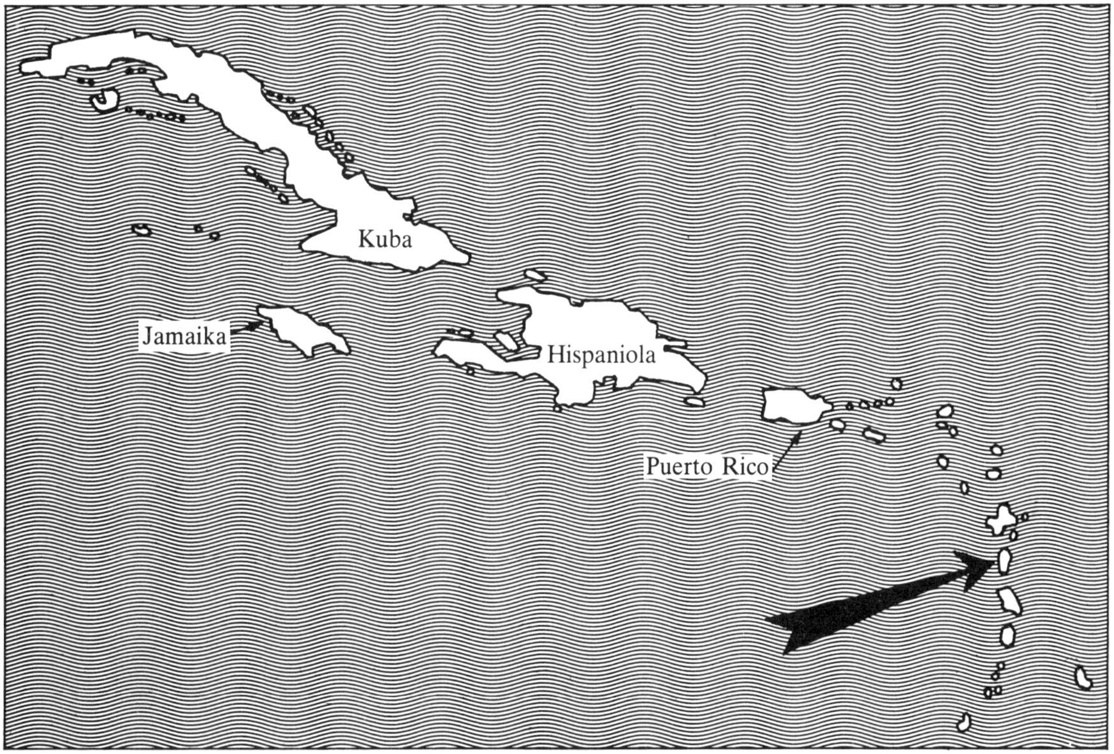

Verbreitungsgebiet des Unbekannten Grünen Ara (*Ara atwoodi?*).

durchzogen. Die Gattung vereinigt Arten in der Größe von ca. 38 cm bis ca. 90 cm. Nahezu alle Arten weisen keine geschlechtsspezifischen Merkmale auf, dagegen sind Jungtiere oft an der Färbung der Augeniris erkennbar. Insgesamt vereinigt die Gattung *Ara* 12 lebende Arten.

34 + 35: Der Populationsbestand wildlebender Rotohraras (*Ara rubrogenys*) wird auf maximal 3000 Tiere geschätzt. Nachdem in den letzten Jahren eine große Anzahl dieser Papageien für Exportzwecke gefangen wurde, muß man befürchten, daß diese Art bald ausgerottet sein wird. Ein absolutes Fang- und Abschußverbot bietet dem Rotohrara die einzigste Überlebenschance.

Unbekannter Grüner Ara
Ara atwoodi? Clark, 1908
engl.: Mythical Macaw from Dominica

Verbreitung: Dominica.
Anmerkung: Clark beschrieb 1908 nach einer unbestätigten Aussage des Thomas Atwood den *Ara atwoodi.* Nach T. Atwood, 1791, lebte auf Dominica, W.I., ein Papagei, der größer als die normalen Papageien (vermutlich sind Sittiche gemeint) und hauptsächlich grün und gelb gefärbt ist. An der Kopfpartie soll der Vogel rote Farbabzeichen besitzen. Flügel- und Schwanzfedern sind verschiedenfarbig gefärbt. Ob es sich bei *Ara atwoodi* tatsächlich um einen endemischen Vertreter der Gattung *Ara* oder ob es sich evtl. um entkommene

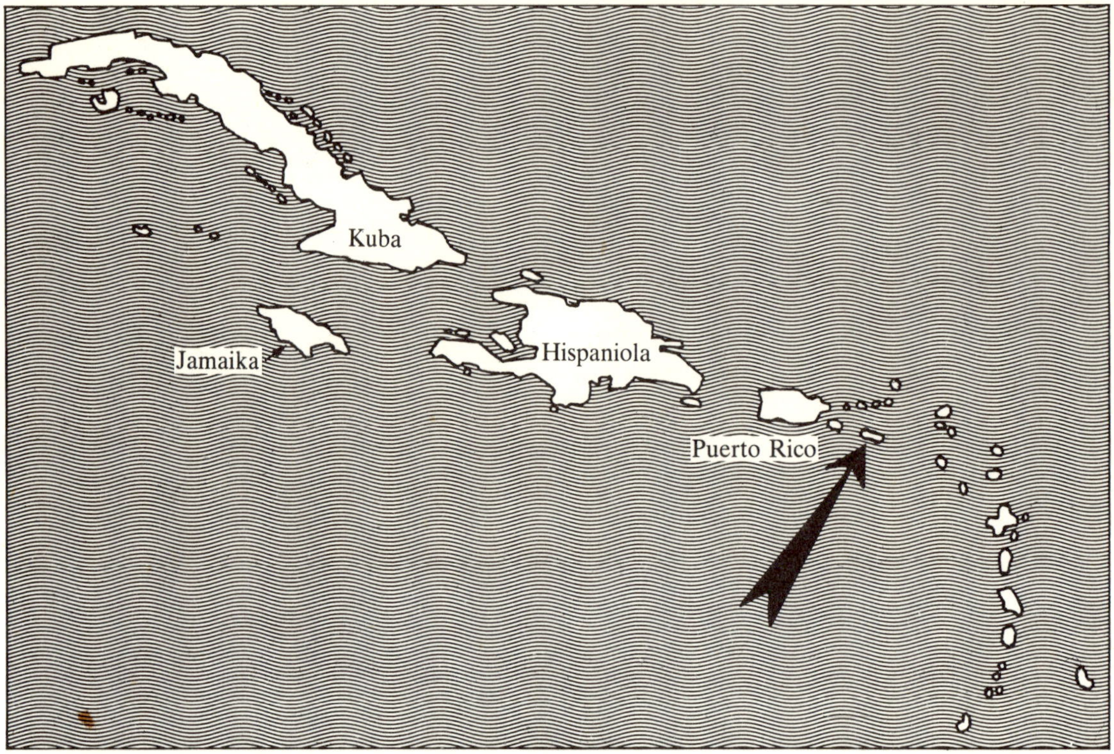

Verbreitungsgebiet des St. Croix-Ara (*Ara autocthones*).

oder ausgesetzte Käfigvögel des Kleinen Soldatenaras (*Ara militaris*) oder Großen Soldatenaras (*Ara ambigua*) gehandelt hat, läßt sich anhand der aufgefundenen Notizen nicht mehr belegen. Unwahrscheinlich ist das Vorkommen von Araarten auf den karibischen Inseln keineswegs, zumal ja auf Kuba und Isla de Pinos eine einheimische Araart (Kuba-Ara/*Ara tricolor*) belegt ist.
Ara atwoodi (Clark), Auk, 25, 1908, p. 310. (Based on Atwood, Hist. Id. Dominica, etc. 1791, p. 29.)

St. Croix-Ara
Ara autocthones Wetmore, 1937
engl.: St. Croix Macaw

Verbreitung: St. Croix (Insel der Virgin Islands), Westindien.
Anmerkung: Skelettreste einer Araart sollen in einem Küchenabfallhaufen gefunden worden sein. Vermutlich handelt es sich um einen nach St. Croix verbrachten Ara, der dort verspeist wurde.
Einen sicheren Nachweis über die tatsächliche Existenz von Aras auf St. Croix, West Indien, gibt es nicht.
Ara autocthones Wetmore, Journ. Agr. Univ. Puerto Rico, 21, p. 12, 1937.

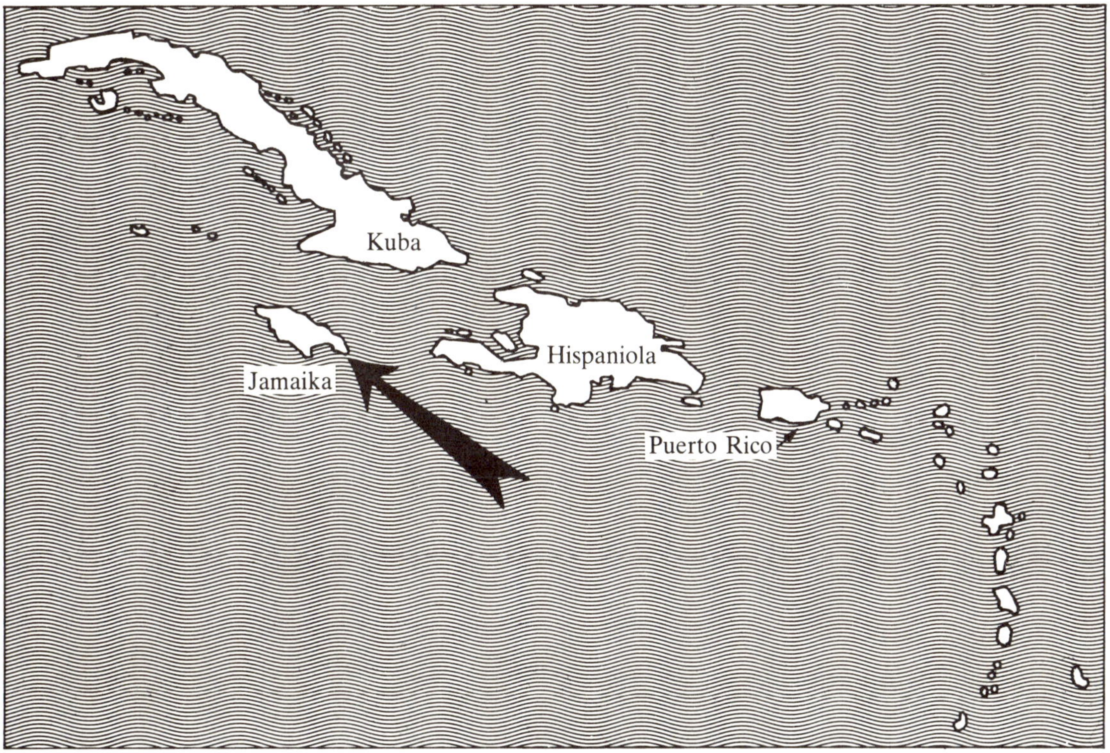

Verbreitungsgebiet des Unbekannten Blaugelben Ara (*Ara erythrura*).

Unbekannter Blaugelber Ara
Ara erythrura Rothschild 1907
engl.: Mythical Blue and Yellow Macaw

Verbreitung: Westindien.
Anmerkung: Bei diesem Ara handelt es sich um eine äußerst fragwürdige Art, deren Lebensraum mit West Indien und im besonderen mit Jamaika angegeben wird.
Die Namensgebung geht auf die Aufzeichnungen aus dem 17. Jahrhundert zurück.
Evtl. ist dieser unbekannte Ara identisch mit dem Martinique Ara (*Ara martinica*).
Professor Salvadori machte 1906 in Ibis, Series 8, Vol. VI, ›Notes on Parrot‹, Seite 451, Rothschild auf seinen Fehler der falschen Artbeschreibung von *Anodorhynchus coeruleus* aufmerksam. In ›Extinct Birds‹, 1907, Seite 54, gibt Rothschild nun die genaue Beschreibung dieses Aras:
»Die Farbkennzeichen zeigen eine sehr große Ähnlichkeit zum *Ara ararauna* auf.«
Auf Seite 53 führt Rothschild an, daß in der Nähe des Hafens von St. James auf Jamaika von einem Herrn Coward zwei große, blaugelbe Aras gesehen worden sind. Rothschild glaubt, daß diese Vögel ›seine‹ *Ara erythrura* sind, deren Verbreitungsgebiet Westindien sein soll.
De Rochefort, Histoire Nat. & Mor. des Iles Antilles, & c. (1658), p. 154, Art. IX (Des Arras).
Anodorhynchus coeruleus (non Gmelin) Rothschild, Bull. B.O.C., XVI, p. 15 (1905).

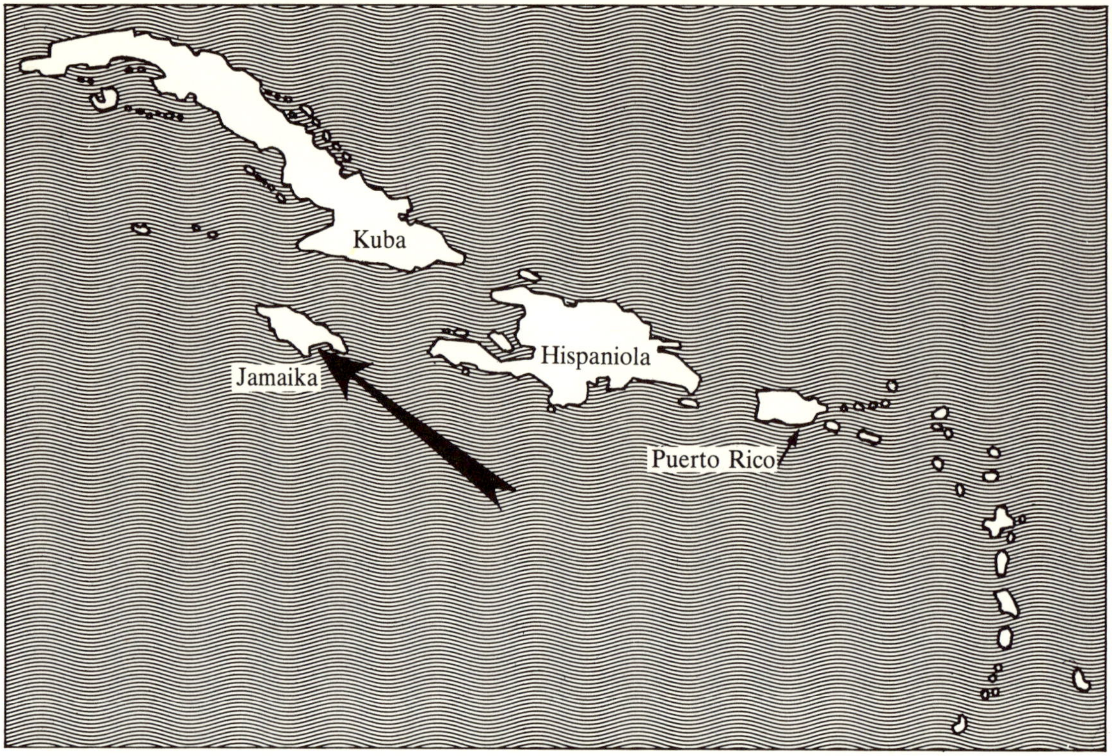

Verbreitungsgebiet des Rotkopfara (*Ara erythrocephala*).

Ara erythrura Nom. Nov. in Rothschild's Extinct Birds, S. 54, Bild 15, 1907.

Rotkopfara
Ara erythrocephala Rothschild, 1905
engl.: Mythical Macaw from Jamaika

Verbreitung: Jamaika.
Anmerkung: In St. Ann und Trelawney, am nördlichsten Fuße des Central Range auf Jamaika, in einer sehr niederschlagsreichen Gegend, wurden im 18. Jahrhundert von Mr. Hill einige Aras gesehen, die eine gewisse Ähnlichkeit zum Großen und Kleinen Soldatenara (*Ara ambigua* und *Ara militaris*) erkennen ließen. Vermutlich sind die Vögel noch im selben Jahrhundert ausgestorben.

Ara militaris Gosse, Birds of Jamaika, p. 261 (1847).
Ara erythrocephala Rothschild, Bull. B.O.C., XVI, p. 14 (1905); Proc. IV Orn. Congr., p. 201 (1907).

Gelbstirnara
Ara gossei Rothschild, 1905
engl.: Gosse's Macaw

Verbreitung: Jamaika.
Anmerkung: Der Gelbstirnara, der auch Jamaika-Ara genannt wird, soll dem Dreifarbenara (*Ara tricolor*) von Kuba sehr ähnlich gewesen sein. Der Lebensraum des *Ara gossei* erstreckte sich vermutlich auf den nordwestlichen Teil von Jamaika. Nach Angabe von Gosse (1847) wurde der letzte

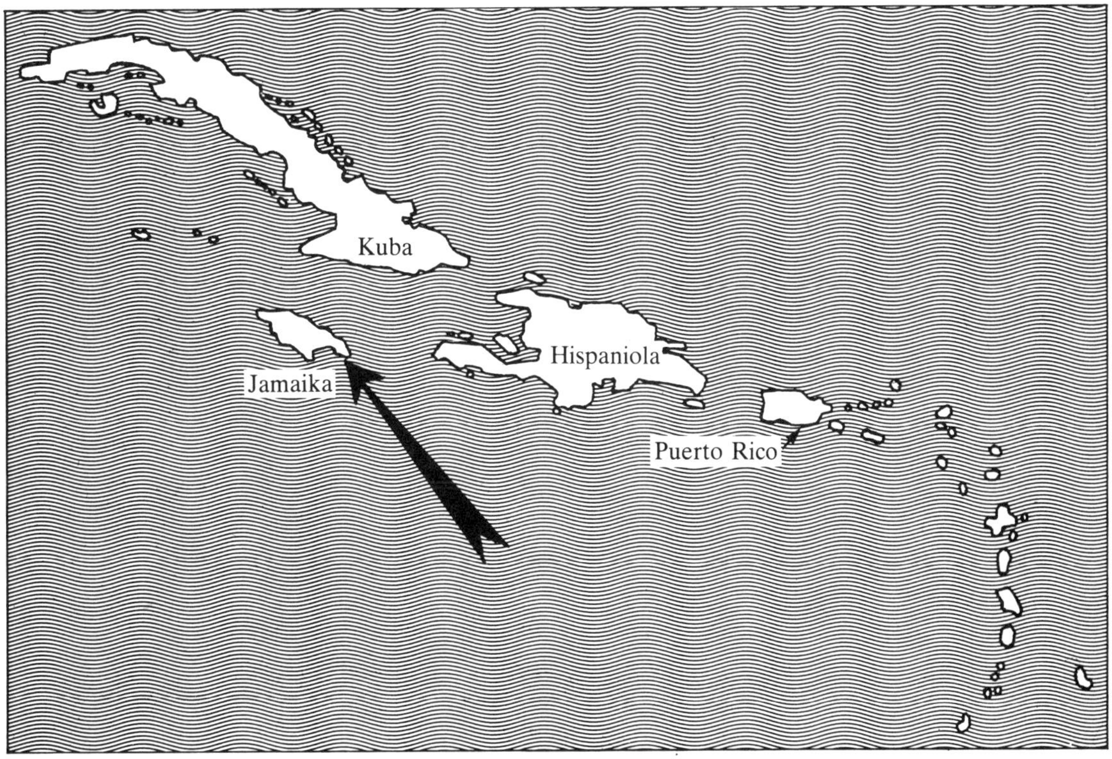

Verbreitungsgebiet des Gelbstirnara (*Ara gossei*).

Gelbstirnara 1765 in der Nähe von Lucea abgeschossen.
Nach Gosse's Aussage unterscheidet sich der *Ara gossei* durch die gelbe Kopfplatte vom *Ara tricolor.* Aus anderen Aufzeichnungen geht hervor, daß auf Haiti (Hispaniola) ein dem *Ara tricolor* ähnlicher Ara gelebt hat. Es ist durchaus möglich, daß auf Kuba, Jamaika und Haiti der *Ara tricolor* vertreten war und Inselrassen gebildet hat:

1. *Ara tricolor tricolor*
   Kuba und Isle of Pines
2. *Ara tricolor gossei*
   Jamaika
3. *Ara tricolor haitius*
   Hispaniola

Yellow-headed Macaw Gosse, Birds of Jamaika, p. 260 (1847).
Ara gossei Rothschild, Bull. B.O.C., XVI, p. 14 (1905); Proc. IV. Orn. Congr., p. 201 (1907).
Ara tricolor (non Bechstein) Clark, Auk 1905, p. 348.

Guadeloupe-Ara
Ara guadeloupensis Clark, 1905
engl.: Guadeloupe Macaw

Verbreitung: Westindien.
Anmerkung: Der von Clark 1905 beschriebene *Ara guadeloupensis* soll auf den Westindischen Inseln Guadeloupe, Martinique und evtl. Dominica gelebt haben. Bereits 1496 berichtet Columbus von roten Papageien, die von Karib-Indianern auf Martinique gehalten wurden.

Verbreitungsgebiet des Guadeloupe-Ara (*Ara guadeloupensis*).

Der Guadeloupe-Ara zeigte nach der Beschreibung von DuTertre eine gewisse Ähnlichkeit zum Arakanga (*Ara macao*) und zum Kuba-Ara (*Ara tricolor*).
Vermutlich ist der Guadeloupe-Ara bereits zum Anfang des 18. Jahrhunderts ausgestorben bzw. ausgerottet worden.
Les Arras DuTertre, Hist. gen. des Antilles, Vol. II, p. 248 (1667).
Ara Rouge D'Aubenton, Pl. Enl. 12 (1779).
Ara guadaloupensis Clark, Auk, XXII, p. 272 (1905).

Martinique-Ara
Ara martinica Rothschild, 1905
engl.: Mythical Macaw from Martinique

Verbreitung: Martinique.
Anmerkung: Die Beschreibung des Martinique-Aras stützt sich auf sehr alte Beschreibungen früherer Jahrhunderte. Es soll sich hier um eine Art gehandelt haben, die sehr nahe verwandtschaftliche Beziehungen zum Ararauna (*Ara ararauna*) erkennen ließ (Aussage von Père Bouton).
Vermutlich sind die Tiere bereits im 17. Jahrhundert ausgestorben.
Les Aras Père Bouteon, Rel. de l'étab. d. Français dep. 1635, en l'ile Martinique, pp. 71, 72 (1640).
Anodorhynchus martinicus Rothschild,

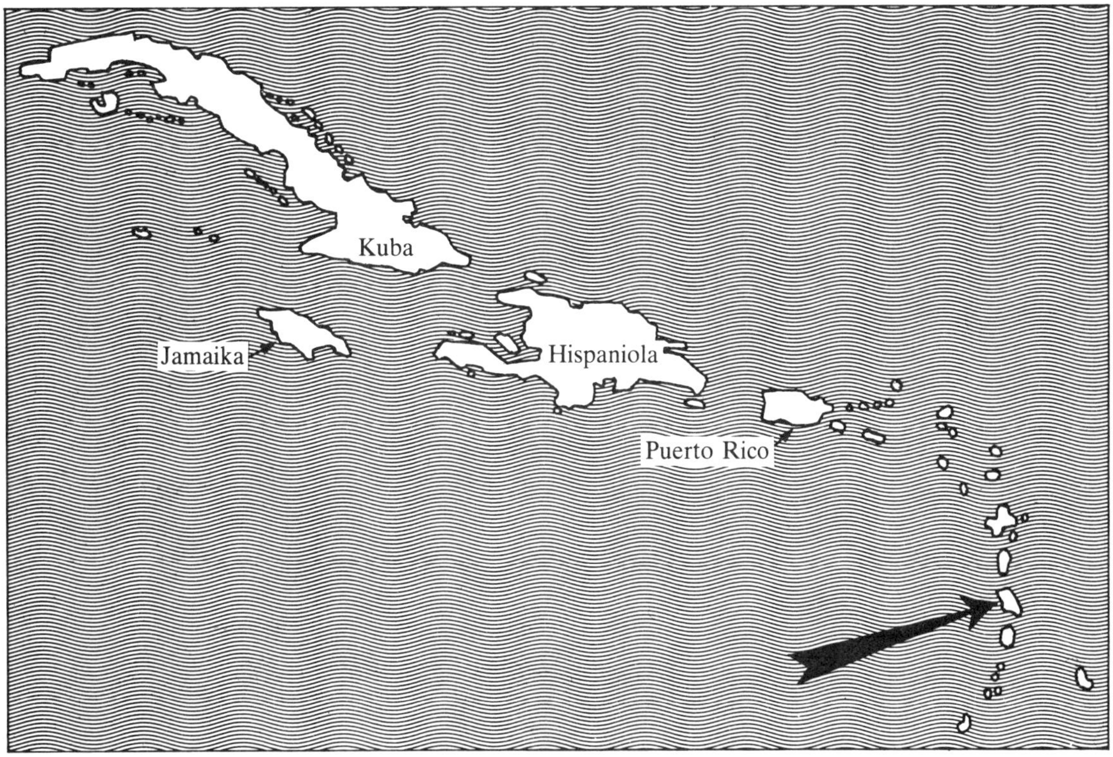

Verbreitungsgebiet des Martinique-Ara † (*Ara martinica*).

Bull. B.O.C. XVI, p. 14 (1905); Proc. IV Orn. Congr., p. 202 (1907).
Ara martinicus (*Ara martinica*) Rothschild, Extinct Birds, S. 53, Bild 14, 1907.

Dreifarbenara (Kuba-Ara) † ca. 1885
Ara tricolor (Bechstein, 1811)
engl.: Cuban Red Macaw; Cuban Macaw

Verbreitung: Mittlerer und westlicher Teil von Kuba; Isle of Pines.
Kennzeichen: Größe ca. 45–50 cm; scharlachrot, Unterseite dunkler rot; Oberkopf gelblich rot; Nacken gelb; Oberrücken zimtrot, grün gesäumt; Bürzel und Oberschwanzdecken hellblau; Flügel purpurblau; kleine Flügeldecken blau, bräunlich rot gesäumt; Schwanzfedern rotbraun, an der Wurzel rot, zur Spitze hin blau; kleiner nackter Bereich um die Augen bis zum Schnabel ausgedehnt mit wenigen Federn strichförmig rot und schwarz markiert; Schnabel schwarzgrau; Füße gräulich.
Lebensweise: Über die Verhaltensweise des Dreifarbenaras liegen nur äußerst spärliche Informationen vor. Bereits um 1850 soll es nur noch wenige Exemplare in der Nähe des Zapata-Sumpfgebietes gegeben haben. Bekannt ist, daß dem Kuba-Ara durch die einheimische Bevölkerung stark nachgestellt wurde. Viele Vögel wurden zu Nahrungszwecken abgeschossen, andere wurden als Nestlinge aus den Bruthöhlen genommen, um als Käfigvögel gehalten

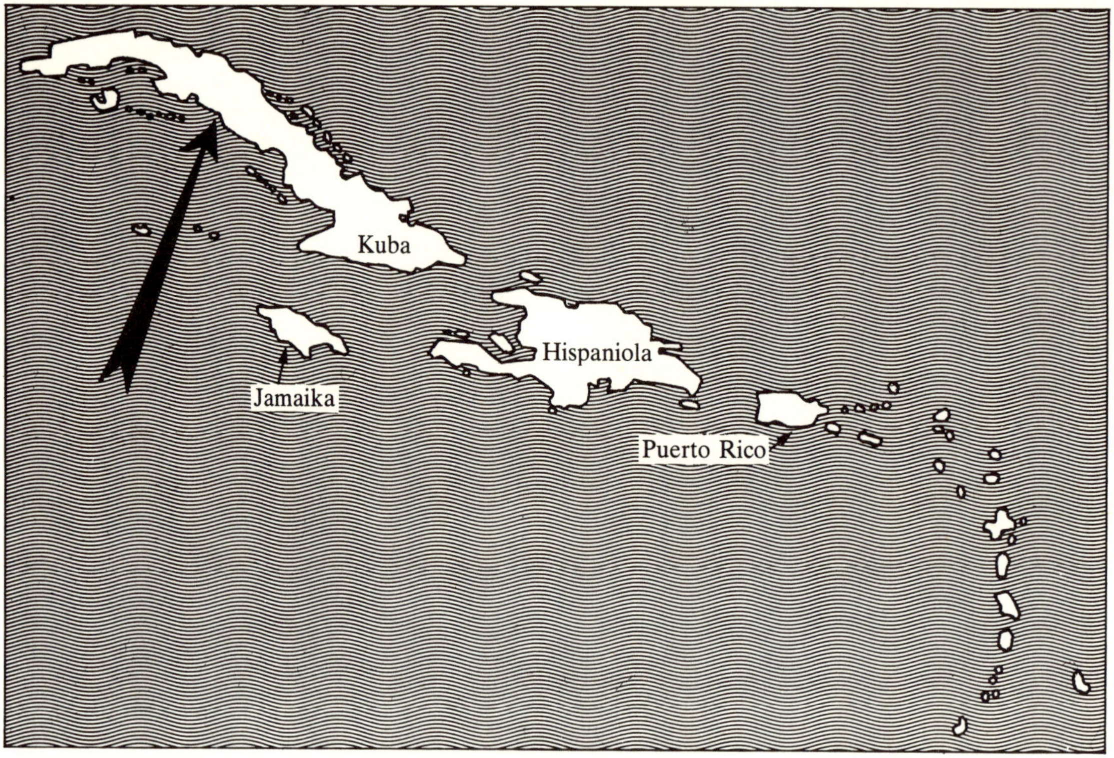

Verbreitungsgebiet des Dreifarbenara (*Ara tricolor*).

zu werden. Allein der Abschuß und die Nesträuberei durch die Bevölkerung kann aber nicht der einzige Grund sein, der innerhalb kürzester Zeit zum Aussterben der Art führte. Ein wesentlicher Grund, der das ›Verschwinden‹ des Dreifarbenaras forciert haben kann, ist die intensive Plantagenwirtschaft. Seit dem 18. Jahrhundert werden alle zugänglichen Tieflandzonen durch den Anbau von Zuckerrohr genutzt. Es ist anzunehmen, daß dem Kubaara, der vermutlich ein reiner Tieflandbewohner war, dadurch der zur Verfügung stehende Lebensraum eingeengt bzw. entzogen wurde. Als letzte Zufluchtsstätte diente den Vögeln das für landwirtschaftliche Zwecke unbrauchbare Zapata-

36 + 39: Franz Veser besitzt wohl das ›erfolgreichste‹ Arazuchtpaar. Zweimal im Jahr kommt es zu Zuchterfolgen, wobei in der Regel 4 oder 5 Junge ausschlüpfen und vom Zuchtpaar problemlos aufgezogen werden. Bild 39 zeigt das Zuchtpaar Rotrückenaras (*Ara maracana*) mit seinen 4 Nachwuchsvögeln (rechts sitzend).
37: Die Abbildung zeigt die zweite Unterart des Kleinen Soldatenaras, den *Ara militaris mexicana,* der im nördlichen Zentralamerika beheimatet ist. **38:** Die sichtbaren Verhaltensweisen, Abducken des links sitzenden Vogels, und Aufrechtsitzen mit Abstellung der Körperfedern des anderen Tieres lassen die Vermutung zu, daß es sich bei den beiden Rotbugaras (*Ara severa*) um ein Paar handelt. Links ♀, rechts ♂.

36

37

38

39

Sumpfgebiet. Da aber auch andere höhlenbrütende Vogelarten durch den Zuckerrohranbau aus ihrem ursprünglichen Verbreitungsgebiet vertrieben wurden, ist anzunehmen, daß im Zapata-Sumpfgebiet nur den anpassungsfähigen Vogelarten eine Überlebenschance geboten wurde. Wesentlich dürften im Endstadium die Kuba-Amazonen (*Amazona leucocephala*), die damals noch in großen Populationen vertreten waren, das Verschwinden des Dreifarbenaras beschleunigt haben, denn die im Zapata-Sumpfgebiet zur Verfügung stehenden Nistbäume wurden wohl hauptsächlich von dieser Art genutzt. Inwieweit andere Faktoren zur Ausrottung der Art beitrugen, läßt sich nicht mehr feststellen. Man vermutet, daß der letzte Kuba-Ara ca. 1885 ausstarb.
Die Lebensweise des Dreifarbenaras dürfte der der mittel- und südamerikanischen verwandten Formen entsprochen haben. So sollen die Vögel in Paaren oder kleinen Familienverbänden umhergestreift sein und sich von Früchten, Sämereien und Pflanzenteilen ernährt haben.
Museumsstücke des Dreifarbenaras sollen sich in den Museen von Frankfurt/Main, Dresden und Berlin (DDR), Leyden (Niederlande), Liverpool und London, Wien, Paris, Stockholm, Cambridge

40: Rotbauchara (*Ara manilata*). Dieser Ara ist ein Futterspezialist. Durch seine Freßgewohnheiten – er nimmt nur die Früchte der Buriti-Palmen (*Mauritia* spec.) als Nahrung auf – unterscheidet er sich merklich von den anderen Ara-Arten, die man durchaus als Nahrungsgeneralisten bezeichnen darf. Aufgrund seiner differenzierten Nahrungsansprüche ist es sehr schwierig, ihn an Gefangenschaftsverhältnisse anzupassen.

(USA), New York, Washington und Havanna befinden.
Der vermutlich ehemals auf Jamaika vertretene *Ara gossei* könnte eine Unterart des *Ara tricolor* sein (s. *Ara gossei*).
Le petit Ara D'Aubenton, Pl. Enl. 641.
L'Ara tricolor Le Vaillant, Perr. 1, p. 17, pl. 5 (1801).
Psittacus tricolor Bechstein, Kurze Üb. p. 64, pl. 1 (1811).
Sittace? lichtensteini Wagler, fide Bp. Naumannia, 1856, Consp. Psitt.

Blaulatzara; ex: Caninde-Ara
Ara glaucogularis Dabbene, 1921;
ex: *Ara caninde* (Wagler) 1832
engl.: Blue-throated Macaw;
ex: Caninde Macaw

Kennzeichen: Größe ca. 75 cm; Oberseite von Stirn bis zur Schwanzspitze blau, wobei Stirn und Vorderkopf grünlichblau schimmern; nackte rötliche Wange-Augenregion mit mehreren grünblauen Federreihen durchzogen; von der unteren Ohrgegend bis zur Kehle (Latz) blaugrün; schmaler gelboranger Streifen von der Ohrgegend bis zur Schulter, übergehend auf orangegelbe Unterseite; Flügel blau, Flügelunterseite orangegelb; Unterschwanzdecken blau; Unterseite der Schwanzfedern orangegelb; Iris gelblichweiß; Schnabel schwarzgrau; Zehen braunschwarz.
♀: vermutlich wie ♂, evtl. Kehle mehr bläulich.
Jungtiere: wie Altvögel, aber Iris bräunlich; etwas schmächtiger im Körperbau.
Verbreitung: SO-Beni und westliches Santa Cruz in Bolivien; fragliches Vorkommen in SO-Tarija, Bolivien und N-Salta, W-Formosa und NW-Chaco in Argentinien.
Anmerkung: Johann Ingels, Kenneth C. Parkes und John Farrand jr. führten aus-

Verbreitungsgebiet des Blaulatzara (*Ara glaucogularis*).

führliche Recherchen über den ›Caninde-Ara‹ durch, dessen eigenständiger Status viele Jahre angezweifelt wurde. Nach Auswertung aller vorliegenden Berichte und Befunde wurde festgestellt, daß der von Wagler 1832 beschriebene Ara – ›*Sittace caninde*‹ – der bereits 1805 von Azara als ›Caninde‹ aufgelistet war, nicht der ›Caninde-Ara‹ sein kann.

Der Name ›*Sittace caninde*‹ (Wagler) 1832 ist im letzten Jahrhundert wohl hauptsächlich für den Ararauna (*Ara ararauna*) aus dem südlichsten Verbreitungsgebiet verwendet worden. Dabbene, ein argentinischer Ornithologe, stellte als erster Widersprüche in Azara's Ausführungen fest. Gleichzeitig berichtete ihm W. Bertoni, der das angebliche Lebensgebiet des ›Caninde-Aras‹, Nord-Paraguay, durchforschte, daß er dort nur *Ara ararauna* angetroffen habe. Nach Aussage Bertoni's kann Azara die zweite Form (›Caninde-Ara‹) des Ararauna niemals gesehen haben. Außerdem wird von der brasilianischen Bevölkerung der Name Caninde in der Umgangssprache für den *Ara ararauna* angewendet.

Dr. König vom Rosensteinmuseum Stuttgart bestätigt diese Aussage. Ch. Cordier weist darauf hin, daß die Guarani-Indianer den Hyazinthara (*Anodorhynchus hyacinthinus*) als Caninde bezeichnen.

Alle von Dabbene glaubhaft vorgebrachten Recherchen verdeutlichen klar, daß der von Wagler aufgestellte ›*Ara caninde*‹ ein Synonym für *Ara ararauna* (Linnaeus) 1758 ist. 1921 bestimmte Dabbene eindeutig den Blaugelben Ara und gab ihm die charakteristische Bezeichnung *glaucogularis* = Kehle und Oberseite von gleicher blaugrüner Färbung. Da Dabbene kein Musterexemplar festgelegt hatte, dies aber als eines der maßgeblichen Kriterien zur Bestimmung der zoologischen Nomenklatur verlangt wird, wurde nachträglich das Exemplar bestimmt, welches Dabbene untersucht hat. Es handelt sich hierbei um das Exemplar 296 im Museo Argentino de Ciencias Naturales in Buenos Aires, das von S. Martin in Santa Cruz de la Sierra, im bolivianischen Department Santa Cruz gefangen wurde. Dieser Fundort gilt gleichzeitig als typischer Standort für *Ara glaucogularis.*

Nach den Ausführungen von J. Ingels, K. C. Parkes und J. Farrand jr. ist bewiesen, daß der ›Caninde-Ara‹ jahrzehntelang falsch benannt war.

Der genaue Lebensraum des Blaulatzaras ist noch nicht vollständig bekannt, was wohl auch auf die ehemalige falsche Namensbezeichnung bzw. auf die Verwechslungen mit dem *Ara ararauna* zurückzuführen ist. Man darf deshalb frühere Aussagen, wie z. B. die von Lynch Arribálzaga (1920) anzweifeln, nach denen dieser Ara im Gebiet des Rio Bermejo, der die argentinischen Departments Formosa und Chaco trennt, verbreitet ist. Andere Ornithologen und Autoren nannten Verbreitungsgebiete in Misiones (äußerstes NO-Argentinien) und Paraguay oder auch Tarija in S-Bolivien. C. C. Olrog (1979) nennt in seiner neuen Liste (Nueva lista de la avifauna argentina) ein Vorkommen im bolivianisch-argentinischen Grenzgebiet in der Nähe der Stadt Yacuiba. G. Hoy (1969) registrierte drei Ara-Paare in einem Tal des Rio Carapari in N-Salta, nahe der bolivianischen Grenze, wobei er aber nicht bestimmt aussagen kann, ob es *Ara ararauna* oder *Ara glaucogularis* waren. R. S. Ridgely, der 1977 von Mai bis August Bolivien, Argentinien und Paraguay durchsuchte (The Current Distribution and Status of Mainland Neotropical Parrots, in: Conservation of New World Parrots; International Council for Bird Preservation Technical Publication No. 1, St. Lucia, 1980, Seite 244–246) konnte die Aussagen von Hoy und Olrog nicht bestätigen, da er keine Aras in diesen Regionen antraf. Ridgely nennt die Gebiete von Chuquisaca und Tarija in Bolivien als spekulative Lebensräume und führt gleichzeitig als tatsächlichen Lebensraum der Blaulatzaras den Großraum um die Stadt Trinidad bzw. südöstlich dieser Stadt, entlang des Rio Mamoré an.

Die bekannten Museumsexemplare des *Ara glaucogularis* stammen alle, abgesehen von den Exemplaren, die nachträglich örtlich bestimmt wurden, aus der von Ridgely genannten Region. Dabbenes Exemplar stammt aus Santa Cruz, 17° 45′ S und 63° 14′ W. Die beiden von J. Steinbach gesammelten Exemplare im Carnegie Museum of Natural History, Pittsburgh, USA, stammen aus der gleichen Gegend, 17° 28′ S und 63° 37′ W. Die in den letzten Jahren nach Mitteleuropa und den USA ausgeführten Blaulatzaras stammen angeblich alle aus dem Gebiet des oberen Rio Mamoré in der Nähe der Stadt Trinidad im Department Beni, Bolivien.

Über die Eigenständigkeit des Blaulatzaras, die jahrelang angezweifelt wurde, bedarf es wohl keinerlei weiterer Diskussion. Der Verfasser konnte in letzter Zeit ca. 10 Blaulatzaras in verschiedenen Anlagen beobachten und dabei die Feststellung machen, daß sie merklich kleiner sind als die Ararаunas, d. h., sie sind weitaus schlanker im Körperbau und in ihrer Kopf- und Schnabelform. Die Federzeichnung auf der nackten Zügel-/Wangen- und Augenregion ist anders angelegt. Vier Federreihen, die unter der Nasenwurzel beginnen und sich über die obere Wangenregion zum Ohr hin erstrecken, sind sehr engstehend. Der Ararauna hat nur drei Federreihen. Die im Zügelbereich senkrecht verlaufenden Federreihen stehen ebenfalls dichter zusammen. Zwischen den Nasenlöchern reicht die Befiederung der Stirn bis zur Schnabelwurzel; beim Ararauna ist dieser Bereich mehrere Millimeter breit unbefiedert. Die beim Gelbbrustara nackte untere Wangenregion, die an der Wurzel des Unterschnabels beginnt, ist beim Blaulatzara vollständig blaugrün befiedert.

Sehr erwähnenswert ist auch die Tatsache, daß nahezu bei allen vom Verfasser gesehenen Tieren der durchschimmernde nackte Hautbereich fleischfarben bis rötlich war. Beim Gelbbrustara färben sich diese Hautpartien nur bei Erregung oder Freude rötlich, ansonsten sind diese Zonen weißlich. Vielleicht ist die Rosatönung der nackten Wangen beim Blaulatzara das Merkmal der Jungtiere. Leider sind bis heute über die Brutgewohnheiten der Blaulatzaras keine Daten und Verhaltensweisen bekannt geworden, so daß man keine direkten Vergleiche zum Brutverhalten des Ararаunas hat. Ein weiterer Beweis für den monotypen Status des Blaulatzaras ist, daß die Spezies in ihrem Lebensraum, zumindest in einem Teil ihres Verbreitungsgebietes, gemeinsame kleine Schwärme mit dem Ararauna, evtl. sogar auch mit dem Arakanga (*Ara macao*) bildet.

Lebensweise: Mehrere Jahrzehnte lang gab es viele Rätsel um den Blaulatzara. Sein Verbreitungsgebiet war ebensowenig bekannt wie sein eigenständiger Status. Wie die vor kurzer Zeit angestellten Nachforschungen aufzeigten, wurde der Blaulatzara jahrelang in den südlichen Verbreitungsgebieten des Ararаunas mit diesem verwechselt, und daher wurde auch als sein Lebensraum Paraguay, S-Bolivien und das äußerste NW-Argentinien angegeben.

Wie bereits zuvor erwähnt, konnte dieser Irrtum inzwischen endgültig geklärt werden. Der bis jetzt bekannte Verbreitungsraum des Blaulatzaras erstreckt sich in geringer Ausdehnung von SO-Beni, südöstlich der Stadt Trinidad (Hauptstadt des Departamento Beni), in südöstlicher Richtung entlang des Rio Mamoré und dessen Nebenarmen bis nach dem mittleren, westlichen Santa Cruz, nördlich der Städte Santa Cruz und Buena Vista. Der Lebensraum des Blaulatzaras schließt sich an die Yungas, die Nebelwälder an den Ausläufern der Ostkordilliere, an. Landschaftlich kann man die Gegend als Llanos bezeichnen. Dieses warme, mit Sumpfgebieten durchzogene Tiefland – offener Wald, der nach Süden hin in Waldinseln (Montes) und Galeriewälder, die mit Grassavannen durchsetzt sind, übergeht – ist der natürliche Lebensraum des Blaulatzaras. Die Blaulatzaras leben in diesem Gebiet parallel mit dem Gelbbrustara (*Ara ararauna*) und dem Hellroten Ara (*Ara macao*). Mit Sicherheit besetzt der Blaulatzara die gleiche ökologische Nische wie die beiden anderen Ara-Arten, wobei das zum Rückschluß führt, daß im genutzten Lebensraum ein ausreichendes Futterangebot zur Verfügung steht. Der Blaulatzara ist in dem ca. 3000 qkm großen Verbreitungsgebiet eine seltene Spezies, wobei man annimmt, daß der Ararauna hundertmal häufiger ist als der Blaulatzara.
Romero teilte Ridgely mit, daß der Blaulatzara oftmals mit dem Gelbbrustara gemeinsame Schwärme bildet.
Der Lebensrhythmus dieses äußerst seltenen Aras entspricht wohl dem der verwandten Arten. Die Brutzeit dürfte im Dezember beginnen und bis zum Ausfliegen der Jungvögel im April andauern.
Es ist denkbar, daß sich der Lebensraum des Blaulatzaras über Santa Cruz südlich über SO-Chuquisaca und O-Tarija in SO-Bolivien bis evtl. nach N-Salta, NW-Formosa und ins äußerste NW-Chaco in Argentinien und evtl. ins bolivianische-paraguayische Grenzgebiet im äußersten SO-Bolivien fortsetzt. Allerdings liegen aus letzter Zeit keinerlei Bestandsmeldungen aus dieser Gegend vor, und die in früheren Jahren gemachten Aussagen lassen nicht klar erkennen, ob es sich um *Ara glaucogularis* oder um *Ara ararauna* handelte.
Haltung/Zucht: Die Blaulatzaras galten bis vor kurzer Zeit als ›Fabelvögel‹. Nur vereinzelte Präparate in wenigen naturhistorischen Museen, u. a. im British Museum (Natural History), London, zeugten von der Existenz dieser Vögel. Dem Vogelpark Walsrode gelang es als erstem Zoologischen Garten, die Blaulatzaras zu erwerben und im Papageienhaus auszustellen. Daraufhin konnte etwas Licht in das Dunkel, das diese Papageienart umgab, gebracht werden. Bald wurde klar, daß es sich bei diesen Aras nicht um Jungvögel des Araraunas handelte. Man vermutete ursprünglich, daß der Blaulatzara eventuell die Jugendform einer Ararauna-Unterart darstellte. 1979 und 1980 konnten noch einige dieser Aras eingeführt werden, wobei sich der Preis für ein Exemplar auf etwa DM 10000,– einpendelte. Der geschätzte Bestand an diesen Aras in der Bundesrepublik liegt etwa bei 15 bis 20 Vögeln, die sich in der Hand von Züchtern sowie im Vogelpark Walsrode und dem Zoologischen Garten Berlin befinden.
Der Blaulatzara ist ein sehr lebhafter Vogel und ist weitaus agiler als die Spezies der anderen großen Ara-Arten. Im Frühjahr 1981 konnte der Verfasser im Vogelpark Walsrode eine Vierergruppe dieser Aras

beobachten. Drei Vögel vertrugen sich sehr gut miteinander und nur der vierte Ara hatte sich abgesondert, vielleicht wurde er von den drei anderen nicht geduldet, und fraß ohne Unterlaß an seinem Schultergefieder. Da der Vogel die ganze Zeit am Frontgitter der Voliere hing, konnte man ihn genauestens beobachten; er konnte durch nichts von seinem Tun abgehalten werden. Nahezu krankhaft knabberte er an seinen Federn herum und zog sich die darunter liegende Haut ab. Welche Ursache dieses abnormale Verhalten hatte, war nicht erkennbar. Möglicherweise lag eine Pilzerkrankung mit extremer Hautreizung vor, oder es war eine rein psychische Störung, die den Vogel veranlaßte, seine Federn und die Haut zu beknabbern.
Es ist zu hoffen, daß den wenigen Liebhabern, die im Besitz dieser seltenen Aras sind, bald Zuchtversuche mit diesen Tieren gelingen mögen, so daß die bereits gesammelten Erfahrungswerte ergänzt und bereichert werden können.

Ararauna (Gelbbrustara, Blaugelber Ara)
Ara ararauna (Linnaeus, 1758)
engl. Blue and Yellow Macaw,
Yellow Breasted Macaw

Kennzeichen: Größe ca. 90 cm; Oberseite blau, Unterseite gelb; Stirn und Vorderkopf grün, dann in blau übergehend; die nackte Augen-/Wangenregion reicht von der Schnabelwurzel des Ober- und Unterschnabels bis zur vorderen Ohrgegend; im oberen Bereich der nackten Zone ziehen drei schwarze Federreihen von der Wurzel des Oberschnabels bis zur Ohrgegend, im Zügelbereich verlaufen mehrere Federreihen senkrecht zur Stirn; der untere Wangenbereich ist vollständig nackt; von der unteren Ohrgegend bis zur Kehle olivgrünes bis schwarzes Band; Ohrregion, Halsseite, Brust und Bauch gelb bis orangegelb; Hinterkopf, Nacken, Rücken, Flügel, Bürzel, Unterschwanzdecken und Schwanzoberseite blau; Flügelunterseite olivgelb; Iris gelb; nackte Gesichtszonen weiß; Schnabel schwarz; Zehen grauschwarz.
♀: etwas schmächtiger in der Statur; Kopf- und Schnabelform flacher; Stirn grünbraun verwaschen (ist als geschlechtsspezifisches Merkmal noch nicht bestätigt).
Jungtiere: farblich wie Altvögel, kleiner, Iris braun.
Verbreitung: O-Panama; Kolumbien, westlich und östlich der Anden; südlich entlang der Anden bis SO-Bolivien; östlich von Venezuela, südlich des Orinocos über Trinidad, Guyana, Surinam, Französisch Guayana, südlich bis nördliches Paraguay, evtl. nördliches Chaco in Argentinien und SO-Bolivien.
Anmerkung: Bis vor kurzer Zeit war unklar, ob der Ararauna im südwestlichen Teil seines Lebensraumes durch eine Unterart, dem ›Caninde-Ara‹, abgelöst wird. Die neuesten Untersuchungsergebnisse zeigen eindeutig den eigenen Status beider Arten auf (s. *Ara glaucogularis* – Blaulatzara, Seite 93).
Vermutlich bildet auch der Ararauna in seinem flächenmäßig sehr ausgedehnten Lebensraum mehrere Rassen. Dem Verfasser ist aufgefallen, daß die Vögel aus dem Nordwesten Südamerikas durch eine starke oranggelbe Färbung des Brustgefieders merklich von den Vögeln der südlicheren Verbreitungszone abweichen, denn bei ihnen ist die Färbung gelblicher. Außerdem sind die NW-Vögel weitaus größer und kräftiger im Körperbau.
Lebensweise: Der Ararauna fällt in seinem

Verbreitungsgebiet des Ararauna (*Ara ararauna*).

riesigen Verbreitungsraum durch seine Färbung auf und wird örtlich noch öfters angetroffen. Allerdings wird er in den letzten Jahren immer mehr aus seinem ursprünglichen Lebensraum vertrieben, und so ist er in manchen Gegenden, in denen er früher häufig anzutreffen war, ausgestorben.
In Panama, östlich der Kanalzone, besiedeln die Gelbbrustaras die Flußtäler der Cordillera de San Blas, der Serrania del Darién und der Serrania del Sapo. Dieses Gebiet, das nur etwa bis 1000 m ansteigt, bietet landschaftlich sehr abwechslungsreiche Biotope. Die Araraunas leben hier in Mangrovensumpfgebieten, Urwäldern und Savannen, die nur ganz selten von Pflanzungen unterbrochen werden. In Kolumbien sind die Gelbbrustaras hauptsächlich im Mündungsdelta des Atrato am Golfo de Urabá und weiter südlich in den Flußtälern der westlichen Andenhänge anzutreffen. An der Pazifikseite erstreckt sich sein Vorkommen bis in die Provinz Narino, die an Ecuador grenzt. In NO-Kolumbien halten sich diese Aras speziell im Einzugsbereich des Magdalena mit seinen Seitentälern auf. Die Sierra de Perijy und die Sierra Nevada de Santa Marta bilden die natürliche Grenze des Lebensraumes zu NW-Venezuela. In O- und SO-Kolumbien findet man die Aras in den Tiefebenen der Orinoco- und Amazonasquellflüsse östlich der Andenkette. In südlicher Richtung setzt sich ihr Lebensraum östlich der Anden bis nach S-Bolivien, eventuell sogar bis in die Provinz Chaco in Argentinien fort. Aus den Gebieten O-Kolumbien, O-Peru und O-Bolivien gibt es nur sehr wenige spärliche Berichte über das Vorkommen der Araraunas. Sicherlich ist in diesen riesigen unzugänglichen Gebieten eine Beobachtung der Vögel in Freiheit ein äußerst abenteuerliches Unternehmen, aber trotz dieser Einschränkung muß man die Vermutung anschließen, daß die Gelbbrustaras in den eben erwähnten Gebieten lange nicht so häufig angetroffen werden wie etwa in N-Kolumbien oder Guyana.
In SO-Beni und im westlichen Santa Cruz in Bolivien lebt der Ararauna neben dem Arakanga (*Ara macao*) und dem Blaulatzara (*Ara glaucogularis*) im selben Gebiet und schließt sich in dieser Region mit diesen zwei Arten zu kleinen Trupps zusammen. Auch hier sind, wie im größten Teil der Verbreitungszone des Araraunas, Buritisais (Palmenhaine) oder einzeln stehende Buriti-Palmen (*Mauritia* spec.) überwiegend, deren halbreife und reife Fruchtstände als Nahrungsgrundlage des Aras dienen. Hier im ›Beni-Gebiet‹ kommt es oftmals zu Hybridenzuchten wild lebender Araraunas und Arakangas.
In Paraguay erreichen die Araraunas in der zentralen Tiefebene zwischen dem Paraná und dem Paraguay den südlichsten Raum ihres großen Verbreitungsgebietes. In den Neembucú-Sümpfen ist der ursprüngliche Lebensraum noch voll erhalten, da hier eine Besiedelung oder landwirtschaftliche Nutzung aussichtslos ist. Ebenso wird nördlich der Hauptstadt Asuncion sowie in dem westlich angeschlossenen Chaco von den Tieren ein noch intakter Lebensraum besiedelt. Einige Ornithologen nehmen an, daß der Ararauna in Paraguay bereits ausgestorben wäre. Über ganz Brasilien, ausgenommen die Provinzen Rio Grande do Norte, Paraiba, O-Pernambuco, Alagoas und Sergipe sowie den atlantischen Küstenstreifen in südlicher Richtung, sind die Gelbbrustaras heimisch. Ebenso wie in den übrigen Verbreitungsräumen besiedelt der Ararauna auch in Brasilien hauptsächlich die bewaldeten Flußlandschaften, wobei

große zusammenhängende Waldgebiete gemieden werden. In den unbesiedelten Gebieten von Zentral-Goias sowie von S-Mato Grosso sind die Araraunas die am stärksten vertretenen Aras ihrer Gattung und sind nach Meinung von Pinto und Camargo in großen Gebieten von Mato Grosso die einzig vorkommende Araart.

P. Roth hat am Rio Aripuanã, über einen längeren Zeitraum hinweg, eingehend die Freßgewohnheiten der dort heimischen Papageien untersucht. Im Gelbbrustara sieht er einen Futtergeneralisten, der Ansätze zur Spezialisation zeigt. Er führt an: »Der Gelbbrustara (*Ara ararauna*) hat das Hauptgewicht seiner Ernährung bei den Früchten von Palmenarten. Wichtig sind vor allem die Inajá-Palme (*Maximiliana regia*) und die Tucumã-Palme (*Astrocaryum* spec.). Von der Tucumã-Palme wird sowohl die ölige Flüssigkeit im Kern unreifer Früchte als auch das Fruchtfleisch vollreifer Früchte gefressen. Eine gewisse Rolle spielt eventuell auch die Buriti-Palme (*Mauritia* spec.), da ich ein Paar von *Ara ararauna* des öfteren im gleichen Buritisal beobachtete, den *Ara manilata* als ›Hauptquartier‹ hatte. Ich konnte zwar nie meine Vermutung durch eine direkte Freßbeobachtung erhärten.«

Den Mineralienbedarf, besonders Natrium, decken die Araraunas in der Trockenzeit an den Steilufern des Rio Branco's, wo mineralhaltige Erde an den sogenannten Barreiros offen zu Tage tritt.

In Franz. Guayana, Surinam und Guyana leben die Gelbbrustaras in den hinteren, mit Mangrovensümpfen überzogenen Küstenregionen sowie in den bewaldeten Flußtälern im Hinterland. In Venezuela ist das Vorkommen dieser Aras auf die südlich des Orinocos gelegenen Landstriche sowie das Orinoco-Delta beschränkt.

Auf Trinidad sind die Araraunas nur noch in äußerst geringer Stückzahl vertreten. Ffrench (1976) führt an, daß bis 1959 öfters kleine Schwärme, bis zu 15 Vögeln, zu beobachten waren, danach ging der Bestand drastisch zurück. Heute ist zu befürchten, daß in naher Zukunft die Gelbbrustaras auf Trinidad ausgerottet sein werden. Noch gibt es auf der Insel einige wenige Aras, die von der Regierung vollständig unter Schutz gestellt wurden, die Frage ist aber, wer die Einhaltung eines solchen Gesetzes in diesem Land überwachen soll. Der Verfasser bereiste mehrmals in den vergangenen Jahren Trinidad, konnte jedoch im Narivaswamp, einem kleinen Mangrovensumpfgebiet im Ostteil der Inseln, das als letztes Aufenthaltsgebiet der Aras gilt, keine Aras mehr beobachten. Vermutlich ist der erschreckende Rückgang der Aras auf Trinidad zu 80 % auf die Nesträuberei zurückzuführen. Da es sehr leicht ist, die Tiere während ihres Fluges zu orten, zumal sie beim Fliegen immer wieder ihre lauten Rufe ertönen lassen, ist es auch ein leichtes, die Brutplätze aufzuspüren und die Jungvögel aus den Nestern zu nehmen. Bei mehreren einheimischen Tierliebhabern und einem Tierhändler konnte der Verfasser Araraunas sehen. Der Händler teilte mit, daß er heutzutage keine Aras mehr aus Trinidad angeboten bekäme, und daß die Araraunas, die er manchmal verkauft, ihm immer von Fischern, die vor der Küste von Venezuela und Guyana auf Fang gehen, mitgebracht werden. Allein daran ist zu erkennen, daß den Araraunas auf Trinidad eine Überlebenschance nicht gegeben ist. Selbst wenn man davon ausgeht, daß vielleicht noch zwei bis drei Zuchtpaare vorhanden sind, was allerdings bezweifelt werden muß, und diese Zuchtpaare jährlich durch Nesträuberei oder Umwelteinflüsse

ihren Nachwuchs verlieren, so ist das Aussterben der Art in jedem Fall vorprogrammiert und nicht abwendbar.
Auf der Insel Tobago, dem Nordosten von Trinidad vorgelagert, hält ein Vogelliebhaber mehrere Ararauna im Freiflug – auf Tobago gibt es keine wildlebenden Gelbbrustaras. Die Vögel sind nahezu reine Selbstversorger und werden nur zusätzlich mit einigen Körnern und Nüssen, die im Garten des Besitzers angeboten werden, versorgt. Die Tiere werden vollständig frei gehalten und streifen oft über einen Teil der kleinen Insel hinweg. Der Verfasser konnte die Aras bei ihren Flügen beobachten und kann durchaus verstehen, daß Haverschmidt (1954) den Flug der Araraunas als besonders beeindruckend schildert. Mit langsamen Flügelschlägen, die nicht über Rumpfhöhe hinausgehen, und mit dem langen, nachfließenden Schwanz, dem im Sonnenlicht strahlenden blauorangenen Gefieder, bieten sie dem Auge des Betrachters immer ein sehenswertes Schauspiel.
Die auf Tobago und Trinidad gehaltenen Aras zeigten alle eine sehr intensive Orangefärbung des Brust- und Bauchgefieders. Bei in Europa gehaltenen Araraunas konnte der Verfasser noch nie eine solche farbliche Intensität dieser Gefiederpartien beobachten, obwohl ein Großteil der bei uns gehaltenen Vögel aus demselben tropischen Verbreitungsraum – meistens Guyana – stammen. Denkbar ist, daß die ständig hohe Luftfeuchtigkeit, verbunden mit den hohen Tages- und Nachttemperaturen, die Farbgebung zu größter Entfaltung kommen läßt. Auf dem südamerikanischen Festlandsockel sind die Araraunas nicht in dem Ausmaß wie z. B. auf Trinidad bedroht, aber ein Rückgang wird aus allen Teilen ihres Verbreitungsgebiets gemeldet. Ursache dafür ist in erster Linie, wie auch bei den anderen Tier- und Pflanzenarten, die permanente Änderung (Zerstörung) der Umwelt. Ein weiterer Faktor, der zur Bedrohung des Ararauna-bestandes beiträgt, ist die Tatsache, daß die Vögel nicht nur in Nordamerika und Europa wegen ihres ›umgänglichen‹ Wesens gern als Käfig- oder Volierevögel gehalten werden, sondern genauso gern in Südamerika, und dort nach Meinung des Verfassers die in Gefangenschaft am stärksten vertretenen Großpapageien sind.
Die ›Nachfrage‹ nach Haustieren ist natürlich nicht ohne Auswirkung auf den wildlebenden Bestand. Solange der Lebensraum noch intakt ist, bedeutet es jedoch im allgemeinen noch keine Gefahr für die Population, wenn gelegentlich Tiere für Liebhaber aus dem Bestand gefangen werden. Die Hauptgefahr stellt noch immer der Raubbau an der Natur in Form von Umweltveränderungen dar.
Die Araraunas sind gesellig lebende Vögel, die tagsüber in kleinen Schwärmen oder paarweise umherziehen, und dabei auf Nahrungssuche gehen. Am späten Nachmittag werden die Schlafbäume angeflogen, um hier die Nacht zu verbringen. An solchen Plätzen sind oft über 100 Aras versammelt, die durch ihr großes Geschrei über eine weite Entfernung zu hören sind.
Die Brutzeiten der Araraunas finden, bedingt durch den großen, ausgedehnten Lebensraum, zu unterschiedlichen Zeiten statt. In den nördlichsten Zonen, wie Panama, Trinidad, Guyana usw., beginnt die Brutzeit in den Monaten Februar, oftmals auch erst im März. In den südlicheren Verbreitungsgebieten konnten in den Monaten Dezember und Januar Paarungen beobachtet werden. Im nördlichen Paraguay, eine der südlichsten Lebenszonen,

beginnen die Aras etwa Ende Oktober/ Anfang November mit der Nistplatzsuche, wobei es dann ab Mitte November zur Eiablage kommt. In der Regel werden, meistens in Baumhöhlen, 2–4 Eier gelegt und etwa 27 Tage lang vom Weibchen bebrütet. Der Hahn beteiligt sich nicht am Brutgeschäft. Die Ablage der Eier erfolgt in einem Abstand von 2 bis 3 Tagen, wobei dic Henne in der Regel nach dem Ablegen des zweiten Eis mit dem Brüten beginnt. Die Aufzucht der Jungen dauert ca. 80–90 Tage, wobei sich beide Elternteile in die Jungenfütterung teilen. Nach dem Verlassen des Nestes sind die Jungtiere bereits voll flugfähig und in den ersten Tagen nur durch den etwas kürzeren Schwanz von den Altvögeln zu unterscheiden. Der Nachwuchs wird noch mehrere Wochen von den Eltern gefüttert und betreut. Kurze Zeit nach Verlassen der Nisthöhle werden die Jungen bereits in den Araverband eingeführt. In den ersten Wochen leben die Alt- und Jungvögel nach sehr eng zusammen, man erkennt dies daran, daß sie meist sehr eng beieinandersitzen oder zusammen ausfliegen.
P. Roth, der längere Zeit in einem Teil des Lebensraumes von *Ara ararauna,* am Rio Aripuanã in N-Mato Grosso, Verhaltensweisen der dort lebenden Papageien aufzeichnete, teilte dem Verfasser mit (persönlicher Kommentar), daß er bereits Mitte November von Indios einen Jungvogel im Alter zwischen 70 und 80 Tagen erhielt. Roth gibt als Brutzeit der Araraunas, im Gebiet von W-Mato Grosso, an: im Juli/ August beginnend und etwa bis zum Jahresende hin beendend.
Haltung/Zucht: Der Gelbbrustara ist einer der beliebtesten Stubenvögel und neben dem Graupapagei (*Psittacus erithacus*) und einigen Amazonenarten (*Amazona*) einer der am häufigsten gehaltenen Großpapageien. Mit seiner ansprechenden Gefiederfärbung, einer relativ guten Sprechbegabung und vor allen Dingen wegen seines ›liebenswürdigen Wesens‹ konnte der Ararauna sehr viele Freunde finden. Die meisten der vom Zoohandel angebotenen Tiere sind Jungvögel und bereits zahm. Da den einzeln gehaltenen Tieren der Partner fehlt, schließen sie sich dem Menschen an und sehen in ihm den Partnerersatz. Da die Araraunas sehr gesellig leben, ist es erforderlich, daß der oder die Pfleger so viel als möglich in der Nähe des Vogels sind. Sobald der Ara alleine gelassen wird, ruft er nach seinem Partner, dem Pfleger. Außerdem zeigt der Gelbbrustara nach Eintritt der Geschlechtsreife eine besonders starke Beziehung zu einer Person. Dieses Verhalten ist bei männlichen Tieren noch stärker ausgeprägt als bei den Weibchen. Araraunas sind sehr verspielte Vögel und können sich stundenlang mit einem Gegenstand beschäftigen. Wer seinen Ararauna im Garten einen ›Ausflug‹ gestattet, kann beobachten, wie der Ara über den Rasen watschelt und dann an irgend einer Stelle, meistens in der Nähe von Baumstämmen, auf einmal anfängt, mit seinem Schnabel ein Loch ins Erdreich zu graben und sich lange Zeit damit beschäftigt. Der Verfasser konnte schon Gelbbrustaras sehen, die mit Hunden Freundschaft schlossen und mit ihnen stundenlang spielten.
Die Araraunas sind eine der wenigen Araarten, die relativ leicht zur Brut schreiten. Karl Neunzig berichtete bereits 1921 im ›Handbuch für Vogelliebhaber‹ von erfolgreichen Araraunazuchten. In Frankreich, in Caën, zog ein Gelbbrustara in den Jahren 1818–1822 in 19 Bruten (!) 25 Junge groß. Das Weibchen legte zu jeder Jahreszeit bis zu 6 Eier, wobei im Zeitraum von

dreieinhalb Jahren 62 Eier gelegt wurden. Dieser Erfolg erscheint angesichts der Tatsache, daß die Vögel nur in einem Käfig gehalten wurden, um so bemerkenswerter. Die Brutzeit der Araraunas gibt Neunzig mit 20–25 Tagen an. Heute wissen wir, daß die Brutzeit bei normalem Ablauf zwischen 25 und 30 Tagen beträgt. Die Nestlingszeit der ›französischen‹ Aras betrug ca. 90 Tage und deckt sich also mit unseren heutigen Erkenntnissen. Ständig gelangen Zuchterfolge in europäischen Ländern und in Nordamerika, wobei sie meist in Zoologischen Gärten erzielt wurden. In den Tierparks kam es speziell zu Mischlingszuchten, da hier die verschiedenartigsten Aras zusammen gehalten wurden. Der Zoologische Garten der Stadt Wuppertal erzielte hierbei einen besonderen Erfolg. Ein Zuchtpaar, Ararauna + Dunkelroter Ara, hat seit 1963 bis 1980 40 Jungvögel aufgezogen. Bei der Artenbeschreibung des Grünflügelaras (*Ara chloroptera*) wird auf diese Hybridenzuchten näher eingegangen. 1978 (Linn) glückte erstmals die Reinzucht von Gelbbrustaras in Deutschland. Zwei in eine Voliere zusammengebrachte Araraunas, die beide handzahm waren, fingen an, miteinander zu balzen. Beide Vögel wurden dem Pfleger gegenüber aggressiv und versuchten, ihm Schnabelhiebe zu versetzen. Als die beiden Aras sich auch bei den anderen Vögeln in der Voliere recht angriffslustig zeigten, wurden sie umgesetzt und erhielten in ihrer neuen Behausung einen Nistkasten in der Größe von 45 × 45 × 110 cm. Der Nistblock war für die beiden Tiere von größtem Interesse und wurde sofort nach dem Aufstellen eingehendst untersucht. Am 1. Februar, etwa einen Monat nach Anbringung des Nistkastens, kam es zur Ablage des ersten Eis (36,0 × 50,0 mm). Das zweite und dritte Ei wurde in Abständen von jeweils drei Tagen gelegt. Da die Voliere nicht beheizt war und Außentemperaturen von –15 °C herrschten, blieb das Brüten ohne Erfolg. Eine Kontrolle des Geleges ergab 3 unbefruchtete Eier, die 30 Tage nach Beginn des Brütens entfernt wurden. In denselben Zeitabständen wie bei der ersten Eiablage wurden ab dem 16. März erneut 3 Eier gelegt. Kopulationen konnten wie beim ersten Mal nicht beobachtet werden. Eine am 18. Tag durchgeführte Kontrolle ergab, daß alle Eier befruchtet waren. Nach einer Brutzeit von 30 Tagen schlüpfte das erste Junge. Das zweite Junge schlüpfte 6 Tage später. Ein Embryo war abgestorben. Da ab dem ersten Tag der Eiablage intensiv gebrütet wurde, betrug die Brutzeit genau 30 Tage, wobei das zweite Ei nicht zum Schlupf kam. Die Jungen waren vollständig nackt. Der Oberschnabel war hell und ragte in den zur Schaufel ausgebildeten, ebenfalls hellen Unterschnabel hinein. Die Färbung des Schnabels setzte erst am 15. Lebenstag ein. Im Alter von 25 Tagen stießen die ersten Federkiele durch. Im Alter von 9 bzw. 8 Wochen wurden beide Jungtiere gewogen und brachten ein Gewicht von 1125 bzw. 1075 Gramm auf die Waage. Zu diesem Zeitpunkt machte auch die Befiederung sehr rasche Fortschritte. Der Appetit der Jungen schien grenzenlos, denn es mußte die zehnfache Menge an Futter gereicht werden. Zu dem üblichen Körnerfutter, Obst, Beeren und Zwieback wurde noch ein mit Bio-Hundeflocken gemischtes Eifutter gereicht. Nach dem reibungslosen Ablauf der Jungenaufzucht verließ der Nachwuchs im Alter von 90 Tagen die Nisthöhle. Obwohl die Jungtiere sofort selbständig fraßen, wurden sie von den Alten weiterhin gefüttert. Drei Wochen nach dem Ausfliegen griff der

Zuchthahn einen der Jungvögel an und steigerte in den Folgetagen seine Aggressivität gegenüber diesem Jungen. Um Verletzungen zu vermeiden, mußte das Junge abgetrennt werden; vermutlich war es ein Männchen, in dem der Zuchthahn einen Rivalen erkannte.
In der Schweiz gelang 1972 (Kirchhofer; 1973) die Aufzucht eines Jungtieres.
In eine Innenvoliere, in der Größe von 3 cbm, und einer Außenvoliere, 7×4 m und 3,5 m hoch, wurden zwei Gelbbrustaras eingesetzt. Dabei zeigte sich, daß die Aras jeden bevorstehenden Wetterumschwung mit Gekreische ankündigten. Obwohl die Hoffung bestand, daß es sich bei den beiden Ararauna eventuell um ein Paar handelte und damit vielleicht ein Bruterfolg zu erzielen wäre, dachte man mit Schaudern daran, daß ihr Gekreische durch eine Zucht noch zunehmen könnte und schließlich der Geduldsfaden der Nachbarn reißen würde. Ein in etwa 2 m Höhe angebrachtes 80-l-Weinfaß mit einem 15 cm großen Einschlupfloch erweckte das größte Interesse bei den Vögeln. Die Paarung selbst konnte nur gelegentlich beobachtet werden. Beide Vögel hingen dann mit einem Fuß am Deckengitter der Voliere, während sie sich mit dem anderen Fuß gegenseitig festhielten und sich dabei die Bauchunterseite gegeneinanderrieben. Der Verfasser konnte solche Paarungen bereits bei anderen goßen Araarten beobachten. Ebenso findet während der Paarung ein beeindruckendes Spiel mit den Augen statt. Hierbei wird die Pupille bis auf Stecknadelkopfgröße verengt und der Partner dann unter leichtem Ausstellen der Flügel mit dem Schnabel angestoßen, wobei jedes Mal ein zufriedenes ›ooh‹ zu hören ist. Das erste Gelege der ›Schweizer‹ Gelbbrustaras war unbefruchtet. Beide Eier, die jeweils 28 g wogen, wurden entfernt. Dem zweiten Gelege dagegen war ein Erfolg beschieden, ein Junges wurde groß und hat sich prächtig entwickelt. Während der Brut- und Nestlingszeit verhielten sich die Alttiere äußerst ruhig, um ja keine Feinde auf sich und den Nachwuchs aufmerksam zu machen; das ist ein Verhalten, das den Tieren in freier Natur die größtmögliche Überlebenschance bietet.
Nicht immer übernehmen die Elternvögel die Aufzucht der Jungen. Besonders die jungen Paare, die die erste Brut durchführen, verhalten sich oft etwas ungeschickt. Gelbbrustaras werden im Alter von etwa 6 Jahren geschlechtsreif, d.h., daß in Menschenhand großgewordene Ararauna-hennen erst im sechsten Lebensjahr die ersten Eier legen. Balzspiele konnte der Verfasser bereits bei weitaus jüngeren Tieren beobachten. Es ist fast eine Regel, daß das erste abgelegte Gelege unbefruchtet ist. Ebenfalls verläuft die erste Jungenaufzucht meistens mit Komplikationen; die Jungen werden nicht ausreichend gefüttert oder es hält sich das Weibchen zu oft außerhalb des Nistkastens auf, so daß die Jungen nicht genügend gewärmt werden, oder es werden die Jungtiere durch das noch etwas unbeholfene Verhalten der jungen Eltern erdrückt oder verletzt.
Der englische Züchter J. M. Edgar schilderte in der Fachzeitschrift ›Cage & Aviary Birds‹ die mit einem unglaublichen Einsatz von Zeit und Geduld erfolgte Handaufzucht eines Ararauna vom ersten Lebenstag an. Bis zum 18. Lebenstag wurde das Junge im Abstand von 2 Stunden gefüttert. Da sich der kleine Vogel ständig in seiner künstlichen Nestmulde und auch bei der Fütterung beschmutzte, mußte er jedes Mal gesäubert werden. Vom 19. bis 25. Lebenstag des Kükens erfolgte die

Fütterung im Dreistundenrhythmus und danach in Vierstundenintervallen. Edgar hielt die Entwicklung des Jungen chronologisch fest. Am zweiten Lebenstag wog das Küken 17 g, am fünften 30 g, am siebten 50 g, am elften 70 g, im Alter von zwei Wochen bereits 85 g, mit drei Wochen schon 220 g und im Alter von acht Wochen brachte es schon 380 g auf die Waage. Gelbbrustaras können ein Gewicht von 1300 g erreichen. Jungtiere verlassen meistens nach 90 Tagen mit einem Gewicht von 800 bis 1000 g das Nest.
Einem der erfolgreichsten deutschen Ara-Züchter (49 Rotrücken-Aras bis Ende 1981), Herrn Veser aus Tettnang, gelang 1981 ebenfalls eine Araraunazucht. 1976 wurde das ca. siebenjährige Paar, die Tiere kamen aus Kolumbien, angeschafft. Die Vögel behausen eine doppeltvergitterte Innenvoliere mit den Maßen 2,6 × 1,2 × 2,0 bis 2,5 m hoch und eine 4,0 × 1,2 × 1,8 m hohe Außenvoliere. Die einzigen Merkmale zwischen Hahn und Henne, nach denen man die Tiere unterscheiden kann, ist der breitere, längere und stärkere Schwanz des Hahnes sowie das geringere Gewicht der Henne. Das Weibchen wiegt 1,0 kg und der Hahn 1,2 kg. Drei Jahre lang wurde mit allen Mitteln versucht, den Aras für die Brut optimale Bedingungen zu schaffen. 1978 bezogen die Vögel den in der Innenvoliere angebrachten Nistkasten. Im März kam es zur Eiablage. Ergebnis: die Eier waren befruchtet, wurden beschädigt und starben ab. 1979 erfolgte wiederum bei einer Innentemperatur von 20°C die Eiablage im März. Um die Luftfeuchtigkeit zu erhöhen, wurde der Nistkasten ständig mit Wasser befeuchtet. Wiederum war dem Gelege kein Erfolg beschieden. 1980 legte die Henne ebenfalls im März ihre Eier. Der Brutblock wurde feucht gehalten, zusätzlich wurde die Innenvoliere ständig ausgespritzt. Wiederum verlief der Versuch ergebnislos. 1980/81 wurden die Vögel kalt überwintert. Der jetzt in der Freivoliere angebrachte Nistkasten, 45 cm im Durchmesser und 70 cm hoch (jeweils innen) und mit einem 16 cm großen Einschlupfloch, wurde mit dem Bodenteil in die Erde eingegraben und zusätzlich mit einer zeitgeschalteten Beregnungsanlage ausgestattet, die sich regelmäßig um 13 Uhr und 16 Uhr für kurze Zeit einschaltete. Um die Eiablage zu verzögern, wurden im Frühjahr geringe Vitamin-E-Gaben verabreicht. Im Juni kam es dann zur Eiablage. Die sonst handzahmen Araraunas wurden dabei sehr aggressiv und bissig. Nur mit List und Tücke konnte dann die Voliere betreten werden, um die Fütterung und Nistkasteninspektionen durchzuführen. Der Hahn stellte sich bei Störungen immer vor die Henne, um die vermeintlichen Feinde zu schrecken und abzuwehren. Obwohl mehrmals täglich Paarungen zu beobachten waren – die Vögel sitzen nebeneinander, halten sich dann gegenseitig mit den linken und rechten Zehen fest und reiben den After gegeneinander –, war nur ein 49 × 40 mm großes Ei befruchtet. Während der Brutzeit saß der Hahn immer in Nähe des Nistkastens und hielt Wache. Bei Störungen wurde mörderisch geschrien, wobei die Henne aus dem Kasten kam und den Hahn beim Schreien kräftig unterstützte. Wenn die Voliere betreten wurde, zogen sich beide Tiere in den Nistkasten zurück, um das Gelege zu verteidigen. Nach einer Brutzeit von 27 Tagen schlüpfte am 19. Juli das 30 g schwere Junge. Bereits am 1. Lebenstag hatte es einige weiße Flaumfedern auf dem Unterrücken und wenige am Kopf. Nach 14 Lebenstagen wog das Küken 69 g. Zu diesem

Zeitpunkt waren alle Flaumfedern abgestoßen. Jetzt stießen die Federkiele durch die Haut. In der ersten Lebenswoche des Kükens fütterte der Hahn nur die Henne, später dann auch das Junge. Beim Jungtier nahm die Befiederung nach dem 20. Lebenstag rasch zu. Die Schwung- und Steuerfedern sowie die Federn am Kopf wuchsen weitaus schneller als die übrigen Federn. Nach 55 Tagen, die Schwanzfedern waren etwa 10 cm lang, wog der Kleine bereits 1100 g. Am 12. Oktober, knapp drei Monate nach dem Schlupf, flog das Junge mit einem Gewicht von 1000 g aus. Nach dem Ausfliegen wurde das Junge noch drei Monate lang von den Alten, obwohl es selbständig war, gefüttert.
Die Familie Bleil besitzt seit längerer Zeit ein vollkommen normal gefärbtes Ararauna-Zuchtpaar. Bei der ersten Brut dieser Tiere wurden zwei Eier gelegt. Beide Eier kamen zum Schlupf und die beiden Jungtiere wurden von den Altvögeln problemlos aufgezogen. Ein Jungtier aus der Brut zeigte die natürliche Färbung, aber bei dem zweiten Jungtier waren alle sonst blauen Gefiederteile braunschwarz. Bei der zweiten Brut wiederholte sich dieser Vorgang. Bei der dritten Brut wurde nur ein Junges großgezogen, dieses war aber auch, wie die beiden Jungvögel aus der ersten und zweiten Brut, braunschwarz gefärbt. Diese ›abartige‹ Gefiederfärbung ist eindeutig auf Melanose (griech. Melanismus) zurückzuführen. Melanose kann auch bei Menschen auftreten und verursacht Dunkelfärbung der Haut oder Schleimhäute durch Ablagerung von Melanin oder ähnlichen Farbstoffen bei Basedowscher Krankheit, Schwangerschaft usw. Die braunschwarz gefärbte Gefiederzeichnung bei Vögeln wird durch ein Pigment verursacht. Hauptsächlich bekannt wurde diese Form der Melanose durch den Papualori (*Charmosyna papou goliathina*) aus dem Bergland von Zentral-New-Guinea, bei dem sonst alle roten Federpartien braunschwarz ausfallen. Die abnorme Federzeichnung konnte aber auch schon bei freilebenden Königs-Amazonen (*Amazona guildingii*) auf St. Vincent, Westindien, beobachtet werden.
Der Zoologische Garten von Baranquilla in Kolumbien ist im Besitz eines Araraunas, dessen Brustgefieder weiß ist. Gleichzeitig pflegt der Zoo eine Panama-Amazone (*Amazona ochrocephala panamensis*), deren sonst übliches grünes Gefieder vollständig blau ist.
Mischlingszuchten fanden schon sehr häufig statt. Zoologische Gärten melden immer wieder erfolgreiche Hybridenzuchten mit dem Grünflügelara (*Ara chloroptera*) und dem Arakanga (*Ara macao*), seltener mit dem Großen und Kleinen Soldatenara (*Ara ambigua* und *A. militaris*).

Rotohrara (Rotstirnara)
Ara rubrogenys Lafresnaye, 1847
engl.: Red-fronted Macaw; Red-cheeked Macaw; Lafresnaye's Macaw

Kennzeichen: Größe ca. 60 cm; olivgrün; Kopf- und Nacken mehr gelbolivgrün; Stirn bis Oberkopf dunkelrot; Ohrfleck dunkelrot; unbefiederter Gesichtsbereich äußerst gering ausgedehnt, nur schmaler, nackter Streifen zwischen Schnabelwurzel und Auge; nackter Hautbereich mit dunklen Federstreifen markiert; Flügelrand, Flügelbug und Schulterdecken orangerot; Hand- und äußere Armschwingen auf den Außenfahnen blau; Handschwingen auf den Innenfahnen in schwarz übergehend; Flügelunterseite olivgrün; Brust und Bauch oft mit roten Federn fleck-

förmig gekennzeichnet; Schenkel orangerot; Schwanzfedern olivgrün, zur Spitze hin blau, auf der Unterseite an der Wurzel dunkel olivgrün, danach in schwarz übergehend; Iris orange; nackter Hautbereich ums Auge weiß; Schnabel schwarz; Zehen schwarzbraun.
♀: evtl. etwas schmächtiger im Körperbau; das Rot der Stirn-/Kopfpartie evtl. nicht so intensiv; nackter Hautbereich zwischen Schnabel- und Auge evtl. nicht so eng mit dunklen Federreihen durchzogen, wirkt ewas unbefiederter.
Jungtiere: vermutlich wie Altvögel.
Verbreitung: Bolivien, in SO-Cochabamba und evtl. in SW-Santa Cruz.
Lebensweise: Alten Aufzeichnungen, die in äußerst spärlicher Anzahl vorliegen, ist zu entnehmen, daß die seltenen Rotohraras in den Nebelwäldern der Yungas, in den fruchtbaren Hochtälern der Ostandenhänge in der Provinz Cochabamba, im zentralen Bolivien, leben würden. Der Habitat des Rotohraras zeigt aber einen anderen Charakter, denn er erstreckt sich auf die Trockentäler der südlichen Ost-Kordilliere, im südöstlichen Teil der Provinz Cochabamba und evtl. äußerst bis SW-Santa Cruz. In dieser Region, in der die seltenen Spezies in Höhen zwischen 1300 bis 2200 m leben, wird überwiegend Trokkenwald und Kakteen bestandene Trockenbuschvegetation angetroffen. Nur in der Regenzeit führen die sonst meist trockenen Fluß- und Bachläufe größere Regenwassermengen in Richtung Gran Chaco.
In den cañonartigen Tälern der sogenannten ›zerschnittenen Puna‹ leben die Rotohraras außerhalb der Brutzeit in Trupps von bis 80 Exemplaren, wobei sie ihren kleinen Lebensraum, den Ridgely auf eine Größe von 50 × 100 km schätzt, nomadisch durchstreifen, um der Nahrungssuche nachzugehen. Baum- und Strauchfrüchte, aber auch die Fruchtstände einiger Kakteen, liefern den Hauptanteil im Nahrungsspektrum. Rotohraras kommen zur Futteraufnahme aber auch auf den Erdboden herab, wobei sie sich hier merklich von den anderen Arten der Gattung, die sich hauptsächlich nur von Früchten der Bäume und Palmen ernähren, unterscheiden. In kleinen besiedelten Gebieten im Biotop des Rotohraras erfolgt landwirtschaftlicher Anbau von Erdnüssen und Mais, wobei die Aras zum Zeitpunkt der Fruchtreife in die Felder einfallen. Mit ihren Schnäbeln graben sie die unterirdisch wachsenden Erdnüsse aus und hinterlassen dabei einen merklichen Schaden und sind dadurch ungern gesehene ›Gäste‹. Die in diesem Gebiet lebende indianische Bevölkerung stellt deshalb auch den Aras sehr stark nach. Aber nicht nur wegen ihres landwirtschaftlichen Schadens, den sie anrichten, auch wegen ihrer Federn und ihres Fleisches verfolgt man die Tiere.
Die Brutzeit der Rotohraras beginnt bei Einsetzung der Regenzeit im Oktober.
Als Nistplätze dienen hauptsächlich Felshöhlen an den steilen, cañonartigen Berghängen.
Die Nestgewohnheiten sind nicht bekannt, obwohl professionelle Tierfänger in den letzten Jahren eine große Anzahl von Alt-

41–43: Bei dem Großen Soldatenara (*Ara ambigua*) ist es äußerst schwierig, eine genaue Unterarten-Bestimmung vorzunehmen. Es bereitet schon Schwierigkeiten, die Arten *Ara ambigua* und *Ara militaris* (s. Bild 37) präzise einzuordnen. Gemeinsame Gefiederpflege (Bild 42) ist ein wichtiger sozialer Aspekt im Leben der Aras. Der Dunkelrote Ara (*Ara chloroptera*) genießt diese Prozedur sichtlich mit Wohlbehagen.

41

42

43

44

45

46

47

48

49

50

und Jungtieren gefangen haben bzw. den Fang veranlaßt haben und somit Einblick in die Lebensgewohnheiten der Vögel nehmen konnten. Leider schweigen sich solche ›Spezialisten‹ aus; der Profit hat eben Vorrang.

Haltung/Zucht: Vermutlich war es Charles Cordier, ein wissenschaftlich geschulter Tierfänger, der Anfang der 70er Jahre die ersten Rotohraras nach Europa sandte (Cordier hielt sich in Cochabamba, Bolivien, auf, um einige Anden-Felsenhähne der Rasse *Rupicola peruana saturata* zu fangen). Dr. Burkard, Zürich, erhielt 1972 ein Paar Rotohraras, das Cordier fangen konnte. Das ♂ hatte einen gebrochenen Flügel und wurde in einem im Freien aufgestellten Käfig gepflegt. Bald besuchte das ♀ seinen Partner und konnte ebenfalls gefangengenommen werden. Zu gleicher Zeit, oder etwas später, erhielten der Vogelpark Walsrode, der Wuppertaler Zoo sowie der Zoologische Garten von Berlin diese seltenen Aras. Auch in England und in den USA wurden ab diesem Zeitpunkt die Rotohraras in Zoologischen Gärten ausgestellt. Wenige Jahre später wurden die Vögel im Tierhandel angeboten. Der Preis für diese Aras ist sehr hoch, ähnlich wie für die Hyazintharas (*Anodorhynchus hyacinthinus*).

R. S. Ridgely (nach Nilsson und Mack, 1980) führt an, daß in den letzten Jahren große Mengen dieser Vögel gefangen wurden. Allein in die USA gelangten 1977 16 Tiere, 1978 waren es 82 und 1979 waren es bereits 125 Exemplare, die in den ersten acht Monaten eingeführt wurden. Bei einem wildlebenden Populationsbestand von maximal 3000 Tieren ist es unverantwortlich, eine so hohe Anzahl lebender Arten für Exportzwecke zu entnehmen. Während der Eingewöhnungszeit sind die Rotohraras sehr empfindlich. Der Verfasser erwarb einmal einen Rotohrara, der gerade aus der Quarantäne entlassen war. Nur mit größten Schwierigkeiten konnte der Vogel eingewöhnt werden, außerdem fraß er anfangs nur Sonnenblumenkerne, die er sofort erbrach, sobald er beim Fressen gestört wurde. Erst im Laufe der Zeit und nur mit ganz kleinen Fortschritten konnte der Vogel an andere Futtersorten gewöhnt werden. Mais, besonders im halbreifen Zustand, wurde dann zum bevorzugten Futter. Sehr lange dauerte es, bis der Vogel seine Scheu ablegte. Zahm wurde er nie, immer hielt er eine größere Fluchtdistanz ein. Hagebutten, die leider nur sehr kurze Zeit zur Verfügung stehen, wurden zum erklärten Lieblingsfutter, aber niemals wurden sie, wenn man sie mit der Hand reichte, abgenommen. Der Vogel war ruhig, auch ließ er sich durch das Geschrei anderer Aras niemals zum Mitschreien animieren. Nachdem kurzfristig kein geeignetes Partnertier gefunden werden konnte, wurde der Vogel an einen Schweizer Papageienliebhaber, der einen Rotohrarabestand aufbaute, abgegeben. Zu Zuchtversuchen ist es bis jetzt aber noch nicht gekommen (1981).

Das Balzverhalten der Rotohraras ist ein interessantes Schauspiel. Mit hängenden Flügeln, der orangerote Flügelbug kommt dabei voll zur Geltung, spaziert der Hahn auf dem Ast (Sitzstange) hin und her und stößt dabei schrille Pfeiflaute aus. Die Pupille wird dabei so stark verengt, daß die

44: Grünflügelaras (*Ara chloroptera*). **45:** Arakanga (*Ara macao*). **46:** Grünflügelara. **47:** Arakangas. **48:** Kopfstudie eines Grünflügelaras. **49:** Arakanga. **50:** Grünflügelara-Weibchen mit zwei Küken.

Verbreitungsgebiet des Rotohrara (*Ara rubrogenys*).

Iris leuchtend orange hervorsticht. Die Balz kann 10 bis 15 Minuten andauern und endet mit der Fütterung der Henne durch den Hahn und anschließender Kopulation.
Das einzig bekannte Rotohrara-Zuchtpaar besitzt der Zoologische Garten der Stadt Wuppertal. 1978 kam es erstmals zur Zucht. Herr Dr. Schürer vom Zoologischen Garten teilte dem Verfasser mit, daß 1978 vom Tierpflegerehepaar Bock drei Rotohraraküken künstlich aufgezogen wurden. 1979 zog das Arapaar zwei Junge selbständig auf. Auch 1980 kam es wiederum zur Aufzucht von zwei Jungtieren durch das Elternpaar, aber leider ging ein Junges kurze Zeit nach dem Ausfliegen ein, weil es nicht richtig gefüttert wurde. Im Frühjahr 1981 hatte der Zoo eine Anzahl von zehn Rotohraras in seinem Bestand, von denen sechs Vögel in Wuppertal gezogen wurden. Die Wilhelma, der Stuttgarter Zoologische Garten, zeigt in seiner neuen Papageienanlage einige Exemplare der ›Wuppertaler‹ Nachzucht.
Erfreulich ist die Tatsache, daß einige deutsche Papageienliebhaber in den letzten Jahren einen kleinen Bestand an Rotohraras zusammenfügen konnten, so daß in naher Zukunft mit erfolgreichen Nachzuchten zu rechnen ist.

Rotbugara (Severa-Ara)
Ara severa (Linnaeus, 1758)
engl.: Chestnut-fronted Macaw

2 Unterarten

1. *Ara severa severa* (Linnaeus)

Kennzeichen: Größe ca. 46 cm; grün; Stirn rötlichbraun; Vorderkopf bläulichgrün; bräunlicher Streifen, vom Kinn zur Ohrgegend verlaufend, begrenzt die nackte Wangenregion; Flügelbug, Flügelrand und untere Flügeldecken scharlachrot; Außenfahne der Hand- und Armschwingen blau; die äußeren Federn der großen Handdecken auf der Außenfahne blau; Flügelunterseite rötlichbraun; die untersten Federn an den Schenkeln rot; Unterschwanzdecken blaugrün; Schwanzfedern rotbraun, an der Wurzel grünlich; Unterseite der Schwanzfedern dunkel orangerot; nackte Wangen-Augenregion gelblichweiß mit vielen schwarzen Federreihen durchzogen; Iris rotbräunlich; Schnabel schwarzgrau; Füße grau.
♀: wie ♂, aber rötlichbraunes Stirnband schmäler, in der Statur etwas schmächtiger.
Jungvögel: wie Altvögel, die rötlichbraune Stirn ist jedoch bei den jungen Weibchen noch nicht vorhanden, da die Ausfärbung der Stirn erst im zweiten bis dritten Lebensjahr abgeschlossen ist; die Iris ist bräunlich, wird dann hell und danach rotbräunlich.
Verbreitung: Vom mittleren nördlichen Venezuela östlich bis Französisch-Guayana, südlich bis NW-Mato Grosso, N-Goias und NW-Bahia in Brasilien.

2. *Ara severa castaneifrons* Lafresnaye

Kennzeichen: wie 1. Unterart, aber größer.
Verbreitung: O-Panama; Kolumbien entlang des Atrato und der karibischen Küste sowie östlich der Anden südwärts über O-Peru bis N-Bolivien, W-Venezuela südlich bis NW-Mato Grosso in Brasilien.
Lebensweise: Der Rotbugara ist in seinem Lebensraum ein Vogel, der stellenweise noch recht häufig angetroffen wird. Als Bewohner rein tropischer Landschaftszonen bevorzugt er die Urwälder entlang der Flußläufe. Der feststehende Tagesablauf läuft wie bei den verwandten Arten ab. Am Morgen wird der über längere Zeit

genützte Schlafplatz, meistens freistehende große Laubbäume oder Palmen, von kleinen Schwärmen in unterschiedlicher Richtung verlassen. In Trupps zwischen 5–20 Tieren erfolgt dann im größeren Umfang um den Schlafplatz die Nahrungssuche.
P. Roth hat am Rio Aripuanã im äußersten N-Mato Grosso, im Überschneidungsgebiet der beiden geographischen Rassen, u. a. die Freßgewohnheiten von *Ara severa* untersucht. Roth registriert, daß der Rotbugara als Nahrungskonkurrent der dort anwesenden Großaras (*A. ararauna, A. chloroptera* und *A. macao*) und auch des Rotbaucharas (*A. manilata*) auftritt, da seine Ernährung größtenteils aus den Früchten vieler Palmen besteht, die diese Aras aufnehmen. Gleichzeitig geht *Ara severa* an Früchte, die von *Pyrrhura-, Aratinga-, Pionus-, Amazona-* und anderen Arten gefressen werden.
Sehr gerne fallen die Vögel auch in Obstplantagen ein, wo sie teilweise einen erheblichen Schaden anrichten. Als sogenannte landwirtschaftliche Schädlinge werden die Rotbugaras von den Landwirten rücksichtslos gejagt, wobei sehr gerne Schrotflinten eingesetzt werden. Allerdings kommt den Vögeln zugute, daß sie bei der Nahrungsaufnahme oder beim Ausruhen und sich Putzen nur sehr schwer zu erkennen sind, da sie sich dabei äußerst lautlos verhalten. Nur während des Fluges stoßen sie ihre Schreie aus, was wohl dem Zusammenhalten des Schwarmes dient. Tagsüber werden von den Aras keine größeren Flüge mehr unternommen, es sei denn, sie werden durch Feinde wie zum Beispiel durch Menschen oder Greifvögel gestört. Sobald sich die Vögel im Blattwerk niedergelassen haben, sind sie durch ihre Grünfärbung kaum noch auszumachen. In den späten Nachmittagsstunden erfolgt der Rückflug zum Nachtsammelplatz. Da die Schlafbäume oft von über 100 Vögeln genutzt werden, entsteht meistens unter großem Geschrei ein Streit um die besten Schlafplätze, wobei jeder Trupp, der später hinzustößt, für neue Unruhe sorgt.
In Panama leben die Rotbugaras östlich und südlich der Kanalzone in den unerschlossenen tropischen Urwaldgebieten. Nördlich und westlich des Panamakanals konnten die Vögel nicht mehr festgestellt werden (Eisenmann und Loftin, 1968), obwohl sie früher auch dort anzutreffen waren. Im südwestlichen Panama hat man die Rotbugaras zusammen mit Schwarzohrpapageien (*Pionus menstruus rubrigularis*) beobachtet. In Panama fällt der Beginn der Brutzeit in die Monate Februar und März. Im nördlichen Kolumbien schreiten die Rotbugaras bereits im Januar/Februar zur Brut. Häufig dienen als Nistplätze verlassene Spechthöhlen oder die Höhlen in abgestorbenen Palmen. In Kolumbien sind die Aras mehr östlich der Anden, im Bereich der Quellflüsse des Orinokos, zu finden. Südlich dieses Gebietes erstreckt sich das Vorkommen bis nach Madre de Dios in Peru und Beni in N-Bolivien, wobei hier die Flußtäler der Amazonasquellflüsse als Lebensraum dienen. Auch in Brasilien, Venezuela, Guyana, Surinam und Französisch-Guayana sind die Palm- und Urwälder entlang der Flußläufe sowie die bewachsenen tropischen Sumpfgebiete in Höhen bis ca. 600 m der beliebteste Aufenthaltsort der Rotbugaras. In einzelnen besiedelten Teilen des Lebensraumes ist durch die Ausdehnung der landwirtschaftlichen Nutzflächen, durch Brandrodungen und das Vordringen der Holzindustrie bereits ein merklicher Rückgang des Bestandes zu verzeichnen, wobei in einigen Gebieten, ähnlich wie westlich und nördlich

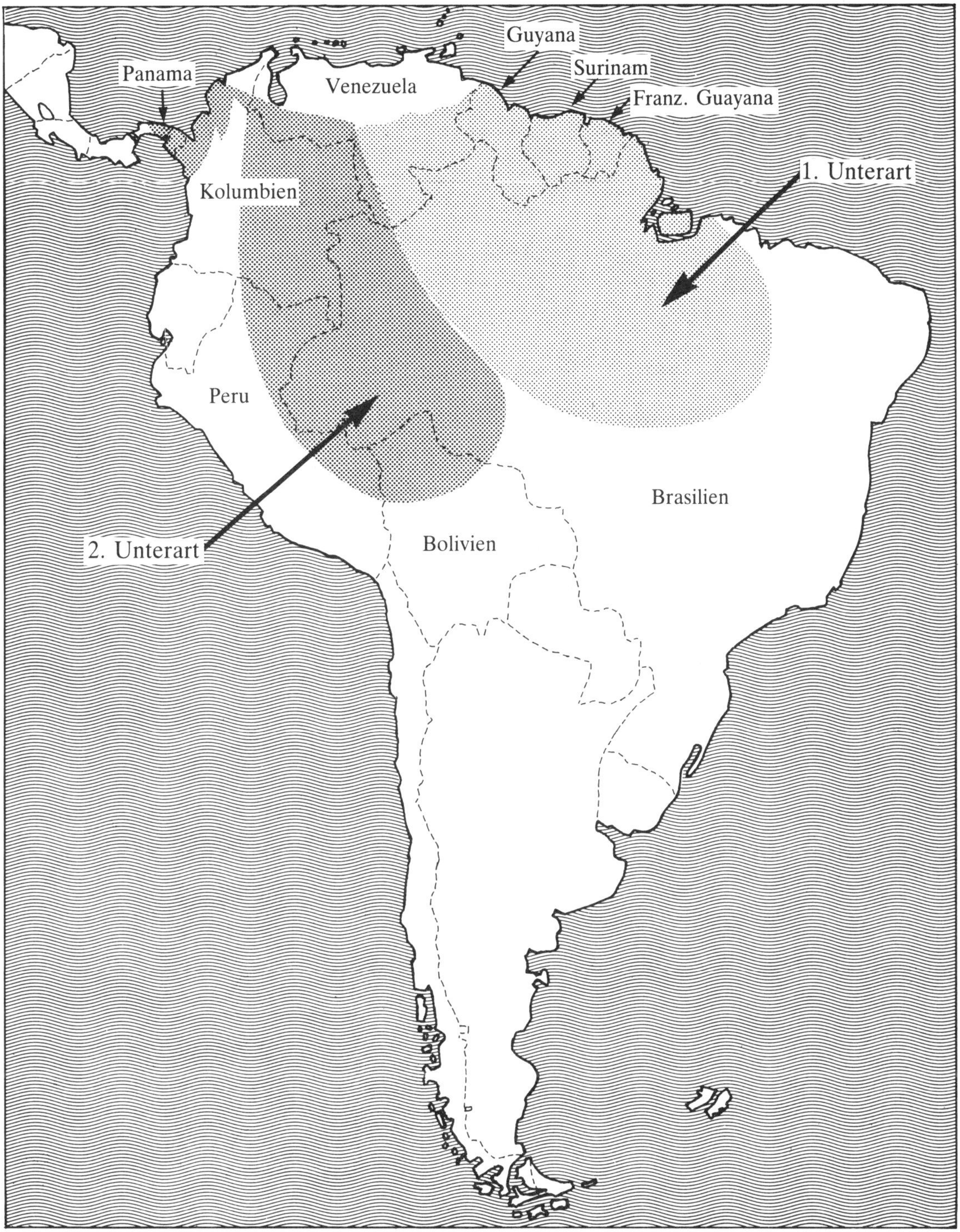

Verbreitungsgebiet des Rotbugara (*Ara severa* und *Ara severa castaneifrons*).

der Panamakanalzone, bereits über einen längeren Zeitraum die Vögel nicht mehr anzutreffen waren und somit dort bereits ausgestorben sind.
Die Brutzeiten der Rotbugaras beginnen im Süden ihres Lebensraumes ungefähr im November und verlagern sich in den nördlichen Zonen in die Folgemonate. Es werden bis zu fünf Eier, ca. 38 × 30 mm groß, gelegt und etwa 26–28 Tage lang bebrütet. Die Jungvögel verlassen nach ca. 70 Tagen die Nisthöhle und werden noch längere Zeit von den Altvögeln geführt.
Über die Brutperiode im Rio-Aripuanã-Gebiet kommentiert P. Roth (persönlicher Kommentar): »Die Brutzeit dauert in der Region von Anfang November bis Ende Januar. In einem 30 m hohen, auf einer Rodung stehenden Baum, hatte *Ara severa* in einer Höhe von 23 m, in einem abgestorbenen Seitenast, eine Nisthöhle, die regelmäßig besucht wurde und vermutlich Junge enthielt, im Januar in Benutzung.
Im November desselben Jahres (1978) wurde beobachtet, wie zwei Rotbugaras in einem Pará-Nußbaum, in Höhe von 28 m, eine Höhle bezogen. Der Stamm hatte in dieser Höhe noch einen Durchmesser von über 150 cm. Am 24. Dezember wurde der Baum bestiegen und der Brutplatz inspiziert. Zwei Junge und ein beschädigtes Ei wurden festgestellt. Der ältere Jungvogel war etwa drei Wochen alt, der andere war ca. 4–6 Tage jünger.
Im selben Baum befanden sich die Bauten von Baumtermiten. Diese Höhlen wurden zu einem etwas früheren Zeitpunkt von 2–4 Paaren Goldflügelsittichen (*Brotgeris chrysopterus chrysosema*) als Brutplätze auserkoren. Ein ca. 1,2 m unter der ›Arahöhle‹ liegender Nistplatz wurde kurze Zeit später von einem Paar Pavuasittiche (*Aratinga leucophthalmus*) bezogen.«

Haltung/Zucht: Die Rotbugaras werden gelegentlich vom Tierhandel eingeführt und dann zu relativ günstigen Preisen angeboten (die Unterarten *A. s. severa* und *A. s. castaneifrons* werden gleichermaßen angeboten). Da zwischen den Rassen kein farblicher Unterschied besteht, empfiehlt es sich, den Importeur nach der Herkunft der Tiere zu befragen. Der geringe Größenunterschied beider geographischer Rassen läßt keine genaue Bestimmung zu. Der Verfasser konnte bereits mehrere Rotbugaras pflegen und stellte dabei fest, daß diese kleinen Papageien schnell zutraulich werden. Einer zeigte sich sogar recht sprachbegabt, hatte etliche spanische Wörter in seinem Repertoire und lernte schnell noch einige deutsche Worte dazu sowie unglücklicherweise auch Amazonenschreie.
Einzeln gehaltene Rotbugaras schließen sich bald an den Pfleger an und können sehr zahm werden.
Die erste nachgewiesene Gefangenschaftszucht mit dem Rotbugara gelang im Jahre 1940 dem Zoologischen Garten in San Diego, USA. Karl Neunzig (1921) berichtet zwar, daß bei einem Züchter namens Sharland ein Paar Rotbugaras zur Brut schritt, aber infolge eines Gewitterregens die Embryos in den Eiern abstarben. Das Arapaar soll zu einer zweiten Brut geschritten sein. Wie erfolgreich die zweite Brut verlief, teilt Neunzig leider nicht mit. Die erste belegte europäische Erstzucht gelang 1954 in Kopenhagen. Ein Junges war nach einer Nestlingszeit von acht Wochen ausgewachsen. Nach dem Ausfliegen wurde der Jungvogel noch 6 Wochen von dem Elternpaar gefüttert. 1958 zog dasselbe Zuchtpaar aus fünf Eiern vier Junge groß. 1964 glückte K. Oehler in Deutschland eine Mischlingszucht zwischen dem Rotrückenara (*Ara maracana*) und dem Rotbugara.

Die Brutzeit soll 23–24 Tage (?) und die Nestlingszeit sechs Wochen (?) betragen haben.

Goldnackenara
(Gelbnackenara, Halsbandara)
Ara auricollis Cassin, 1853
engl.: Yellow-colared Macaw, Golden-naped Macaw, Cassin's Macaw

Kennzeichen: Größe ca. 38 cm; dunkelgrün; Stirn und Oberkopf grünbräunlich schwarz; Hinterkopf bläulichgrün; schwärzlich grüner Federsaum, die untere nackte Wangenregion begrenzend; Nakkenband goldgelb; Handschwingen blau; äußere Armschwingen auf der Außenfahne blau; äußere Federn der großen Handdecken auf der Außenfahne blau; Flügelunterseite grün; Schwanzfedern bräunlichrot, zur Spitze hin blau; Unterseite der Schwanzfedern olivgrün; nackter Augen-Wangenbereich gelblich weiß; Iris rötlichbraun; Schnabel schwarz, Oberschnabel zur Spitze hin gräulich; Zehen hell fleischfarben.
♀: wie ♂, evtl. goldgelbes Nackenband etwas schmäler.
Jungvögel: wie Altvögel, aber heller grün; Nackenband mehr gelblich, weniger ausgeprägt; manchmal vereinzelt gelbe Federn auf dem Brust- und Bauchgefieder.
Verbreitung: Brasilien in SO-Rondonia und Mato Grosso; W-Paraguay; in Bolivien, von der nordöstlichen Provinz Beni südwärts, immer östlich der Anden bis NO-Salta und evtl. NW-Formosa in Argentinien.
Lebensweise: Der Lebensraum des Gelbnackenaras umfaßt die unterschiedlichsten Landschaftsformen im Inneren des südamerikanischen Kontinents. In Brasilien erstreckt sich das Vorkommen der kleinen grünen Aras auf das Hochland von Mato Grosso im Bundesstaat Mato Grosso. Gomez teilte dem Verfasser 1978 mit, daß die westlichen Nebenflüsse des Parana und die Sumpfgebiete des Araguaia nach Osten hin die natürliche Grenze im Verbreitungsraum bilden. Nach Gomez leben die Gelbnackenaras in den Galeriewäldern der Flußtäler und in deren Sumpflandschaften. Die Dornbuschsavannen, die außerhalb der Flußtäler liegen, werden bei der täglichen Nahrungssuche überflogen. Westwärts erstreckt sich der Lebensraum bis an die östlichen Andenausläufer in den bolivianischen Provinzen Beni, NO-Cochabamba, Santa Cruz, O-Chuquisaca und O-Tarija. In Teilen des bolivianischen Verbreitungsgebietes leben die Aras zeitweise in Trokkensavannen, sind aber auch in großer Anzahl in den Urwaldgebieten entlang der Flüsse Rio Mamoré, Rio Blanco und Itenes o Guaporé und deren Nebenflüssen anzutreffen. Südwestlich dringen die Vögel bis NO-Salta in Argentinien vor. In Paraguay leben die Goldnackenaras in dem riesigen Sumpfgebiet der westlichen Paraguay-Niederung. Aber auch in W-Paraguay, im trocken-heißen Chaco kommen kleine Schwärme der Aras vor.
Die Goldnackenaras zeigen außerhalb der Brutzeit dasselbe Gruppen- und Schwarmverhalten wie ein Großteil der anderen Araarten. Gomez sah Schwärme bis zu 500 Exemplaren, die sich auf den Schlafbäumen versammelten. Ständig kamen aus allen Himmelsrichtungen kleine Trupps von 6–20 Vögeln hinzu. Der Streit um die besten Sitzplätze erfolgte unter großem Geschrei, und ständig begann das Gezeter aufs neue. Noch lange Zeit nach Einbruch der Dunkelheit waren die Sitzplatzstreitereien nicht beendet. In den frühen Morgenstunden, kurz nach Sonnenaufgang, ver-

Verbreitungsgebiet des Goldnackenara (*Ara auricollis*).

lassen kleine Trupps das Nachtquartier, um gemeinsam auf Nahrungssuche zu gehen. Palmfrüchte und Feigen sind ein wesentlicher, vermutlich der Hauptbestandteil der täglichen Nahrung. Blatt- und Blütenknospen werden aber keinesfalls verschmäht.
Zu Beginn der Brutzeit scheren die adulten Paare aus dem Schwarm aus. Die Balz beginnt in der südlichsten Verbreitungszone kurze Zeit nach Einsetzen der Regenzeit. Die Eiablage erfolgt im Abstand von zwei Tagen. Etwa Anfang Dezember ist das Gelege vollständig, wobei in der Regel drei Eier gelegt werden. Gegen Norden hin verlagert sich die Brutzeit um wenige Wochen, beginnt aber spätestens Anfang Januar. Vermutlich beteiligen sich die Hähne am Bebrüten der Eier. Die Brutzeit dauert etwa 27–28 Tage, die Nestlingszeit der Jungen ca. 10–11 Wochen.
Haltung/Zucht: Bis vor wenigen Jahren waren die Goldnackenaras eine absolute Rarität in Liebhaberhand. Auch nur wenigen Zoos und Vogelparks war es möglich, diese Tiere in den Ausstellungsgehegen dem Publikum zu präsentieren. In Deutschland waren diese Aras bis 1970 vermutlich in keinem Tierbestand zu verzeichnen. Die Anfang der 70er Jahre nach Deutschland vereinzelt eingeführten Exemplare galten als einmalige Seltenheit und dementsprechend war der geforderte Preis. Aber bereits kurze Zeit später gelangten die Gelbnackenaras häufiger in den Handel, so daß es auch einigen Liebhabern möglich war, sich diese interessanten Papageien anzuschaffen.
Der Verfasser konnte bereits einige Gelbnackenaras pflegen, wobei er feststellte, daß die Tiere sehr schnell zahm wurden. Bereits nach kurzer Eingewöhnungszeit nahmen die Vögel, obwohl sie im Schwarm (zeitweise über 10 Exemplare) gehalten wurden, Leckerbissen aus der Hand an. Ein in einer Zimmervoliere gehaltener Ara war bereits nach einer Woche so zahm, daß er sich anfassen ließ. Sein größtes Vergnügen war, wenn man ihn auf den Rücken legte und am Bauch kraulte. Seine Zahmheit wurde beinahe zur Last, denn es war kaum mehr möglich, ihn von der Schulter zu bekommen. Frauen gegenüber war er weitaus reservierter, nur wenn keine Männer als ›Ansprechpartner‹ zur Verfügung standen, gab er sich mit ihnen ab. In bezug auf das Lernen von Geräuschen, Pfiffen oder Worten war er vollkommen unbegabt und ließ keinerlei Sprachtalent erkennen. Viele einzeln gehaltene Gelbnackenaras sind dagegen sehr sprechbegabt. Der Verfasser sah einige Aras, die als Hausgenossen am Familienleben teilnahmen und ein umfangreiches Repertoire an Worten und Pfiffen von sich gaben.
Gelbnackenaras, auch wenn sie noch so zahm sind, schreien recht häufig. Oft ohne erkennbaren Grund erheben sie ihre Stimme und lassen ihre schrillen Schreie ertönen. Wenn die Aras in einer Freivoliere bzw. auf Balkon oder Terrasse untergebracht sind, muß man auf tolerante Nachbarn hoffen, denn die Aras verkünden die Morgendämmerung mit freudigem Geschrei, und nicht jeder Nachbar, mag er auch sonst ein großer Vogelfreund sein, wird das gewünschte Verständnis für ein so geräuschvolles Hobby anderer Leute aufbringen. Eine Freivoliere mit angeschlossenem Innenraum, dessen Fenster mit Fensterläden oder Jalousien versehen sind und dadurch eine Verdunkelung zulassen, sind der beste Unterbringungsort für Gelbnackenaras.
Zusammen mit anderen Papageienarten sollte man die Gelbnackenaras nicht unter-

bringen. Der Verfasser sammelte dabei recht unangenehme Erfahrungen. Ihr aggressives Verhalten gegenüber anderen Vogelarten empfiehlt es, sie nur mit ihresgleichen zu halten. Bei Haltung in einer Volierenanlage sollten die Flugabteile durch Doppelgitter voneinander getrennt sein.
Die erste Zucht mit den Gelbnackenaras in Deutschland gelang in der Voliere von Herrn Klaus Maaß. Herr Maaß teilte dem Verfasser mit, daß er im Januar 1976 zwei Gelbnackenaras erwarb. Die Vögel wurden in die Voliere eingesetzt. Beim Umbau der Volierenanlage konnte am 10. 7. 1978 ein Ei im Nistkasten entdeckt werden. Zwei Tage später kam es zu Ablage des zweiten Eis. Nach einer Brutzeit von 27 Tagen schlüpfte am 6. 8. 1978 ein Junges. Bereits 3–4 Stunden nach dem Schlupf war das Küken auf unerklärliche Weise verschwunden. Daraufhin wurde der Nistkasten verlassen und das zweite Ei nicht mehr bebrütet. 1979 wurde das Arapaar aus Platzgründen in eine kleinere Voliere umgesetzt. Bereits ab dem 19.5. hielten sich beide Aras im Nistkasten, einem Naturstamm mit 70 cm Höhe und 35 cm Durchmesser, auf. Eine Brutblockkontrolle am 3. 6. ergab ein Gelege von drei Eiern. Jetzt wurde der Nistkasten täglich mit bis zu einem Liter Wasser besprüht, um die Luftfeuchtigkeit innen im Nistblock auf einen höheren Wert zu bringen. Am 26., 27. und 28. Juni wurde erstmals an den Bettellauten festgestellt, daß die Küken geschlüpft waren. An eine Kontrolle des Nistkastens war nicht mehr zu denken, denn beim Betreten der Voliere gingen die Vögel sofort zum Angriff über. Eine Beringung oder gar das Fotografieren der Jungen war daher absolut aussichtslos. Ab Mitte August zeigten sich die kleinen Aras ab und zu am Einschlupfloch der Nisthöhle und in der 11. Lebenswoche haben sie den Nistkasten verlassen. 1980 kam es zu einem erneuten Zuchterfolg mit diesen Gelbnackenaras. Nachdem die erste 80er-Brut wegen einer Volierenreparatur scheiterte, kamen bei der zweiten Brut zwei Junge aus dem Nistkasten. Die Jungen waren nur durch die leicht hellere Grünfärbung, durch das schmälere gelbe Nakkenband und durch vereinzelte gelbe Federn im Brustgefieder von den Altvögeln zu unterscheiden. Herr Maaß gab während der Brutzeit neben dem üblichen Papageienmischfutter ein Aufzuchtfutter, das als Brei gereicht wurde und aus einem Ei, zwei Eßlöffel Honig-Kindergrieß, einem Eßlöffel Paniermehl, einem Eßlöffel gekochtem Reis, zwei Eßlöffel gekochtem Mais, zwei Eßlöffel Latz Hunde-Fertigfutter, einem halben Teelöffel Dextropur, eineinhalb Teelöffel Karottencreme mit Eigelb (Alete) und zwei mittelgroßen, zerkleinerten Möhren bestand.
Einen weiteren Zuchterfolg mit einem Gelbnackenarajungen gab es 1978 in der Schweiz. In den USA sind bereits 1968 erfolgreich Junge großgezogen worden. Die erste englische Gelbnackenara-Zucht gelang im Zoologischen Garten von Bristol, wo zwei Gelbnackenaras groß wurden. 1981 wurden in der Volierenanlage eines norddeutschen Vogelliebhabers (Ploog) drei Goldnackenaras aufgezogen. Aus einem Bestand von vier Aras sonderte sich das angehende Zuchtpaar ab. Aber auch die beiden anderen Vögel harmonierten miteinander, so daß die Vermutung naheliegt, nachdem auch bereits drei unbefruchtete Eier gelegt wurden, ein weiteres Paar im Bestand zu pflegen. Im Frühjahr 1981 konnte die Balz und auch ein Tretakt registriert werden, und bald darauf verschwand die Henne in der Niststammhöhle (Höhe

100 cm, Durchmesser 30 cm). Eine im Mai durchgeführte Nistkastenkontrolle ergab drei befruchtete Eier. Am 5. Juni schlüpfte das erste Junge. Die beiden anderen schlüpften fünf bzw. elf Tage nach dem ersten Küken. Dieser relativ große Schlüpfabstand ist wohl auf ein weniger intensives Brüten in den ersten Tagen nach der Eiablage zurückzuführen. Die Aufzucht gelang ohne Komplikationen, und am 13. August kam das älteste Junge zum ersten Mal aus dem Brutblock. Die Nestlingszeit betrug demnach 69 Tage. Die beiden anderen Jungen folgten bald nach. Noch einen Monat lang nach dem Ausfliegen wurden die jungen Aras von ihren Eltern gefüttert.

Blaukopfara (Gebirgsara)
Ara couloni Sclater, 1876
engl.: Blue-headed Macaw;
Coulon's Macaw

Kennzeichen: Größe ca. 41 cm; grün; Vorderkopf und Wangen blau; Hinterkopf türkisblau; Brust und Bauch olivgrün; Handschwingen und äußere Armschwingen blau; äußere große Flügeldecken blau; Flügelrand blau; Oberseite der Schwanzfedern rotbraun, zur Spitze hin blau; Schwanzunterseite gelbgrün; Iris gelb; nackte Augen-Wangen-Region von geringer Ausdehnung, graublau; Schnabel schwarz, auf First und zur Spitze hin hell hornfarben; Zehen fleischfarbig.
♀: vermutlich wie ♂.
Jungtiere: vermutlich wie Altvögel.
Verbreitung: Mittlerer Teil der Provinz Loreto in Peru; äußerste westliche Teile der Provinzen Amazonas und Acre in Brasilien.
Anmerkung: Dr. P. L. Sclater erhielt 1876 ein Präparat des Blaukopfaras von Paul-Louis de Coulon und benannte ihm zu Ehren den Blaukopfara nach dessen Namen: *Ara couloni*; Sclater; Proc. Zool. Cociete London, 1876, S. 255.
P.-L. de Coulon (1804–1894) war Leiter des Naturhistorischen Museums von Neuchâtel, Schweiz.
Einige Ornithologen sehen den Blaukopf- oder Gebirgsara als Unterart des Rotrükkenaras (*Ara maracana*) an, dessen Lebensraum sich südöstlich und östlich an das Verbreitungsgebiet des Blaukopfaras anschließt. Der Unterschied beider Arten läßt durchaus keine Zweifel an deren Eigenständigkeit aufkommen.
Lebensweise: Die Heimat des Blaukopfaras sind die teilweise unerforschten Urwälder an den im Osten der Ostkordillere in Peru gelegenen Montana Bergland, einer Landschaft, die kaum Höhen über 500 m erreicht. Den Verbreitungsraum des seltenen Aras vermutet man in einem Gebiet, das im Norden vom Huallaga und Maranon begrenzt wird. Im Westen bilden die Ostausläufer der Ostkordillere im Tal des Apurimac und Ucayali die Grenze des natürlichen Lebensraumes. Die Cordillera de Dios sowie die Landesgrenze zu Brasilien begrenzen das Verbreitungsgebiet des Blaukopfaras im Süden bzw. Osten.
Über das Freileben des Blaukopfaras ist im einzelnen noch nichts bekannt. Obwohl heutzutage bereits auch im unbesiedelten Osten Perus, im gigantischen Amazonasurwaldgebiet, Bulldozer Fuß fassen konnten, ist der Lebensraum des Blaukopfaras noch nahezu ein weißer Fleck auf der Landkarte. Nicht nur in der Regenzeit, die in die Monate Oktober bis April fällt, sind die riesigen Urwaldzonen unpassierbar, sondern auch die Trockenzeit, wenn man in diesem Gebiet überhaupt von einer Trokkenzeit reden kann, läßt ein Vorwärtskommen mit normalen Hilfsmitteln nicht zu.

Verbreitungsgebiet des Blaukopfara (*Ara couloni*).

Die extreme Hitze, gepaart mit einer bald 100%igen Luftfeuchtigkeit, lassen bereits nach wenigen zurückgelegten Metern jeglichen Forschergeist erlahmen. Dies mag wohl auch der Grund für die äußerst mageren Freilandbeobachtungen sein. O. Neill (1969) berichtet, daß am Curanja-Fluß in Balta, in einem Gebiet von 300 m über dem Meeresspiegel, diese Aras paarweise und in Dreiergruppen beobachtet werden konnten.
Die Regenzeit im Lebensraum der Blaukopfaras fällt in die Monate Oktober bis April. Inwieweit die Aras die Brutzeit an die Regenzeit anpassen, ist nicht bekannt. Durchaus denkbar ist, daß die Paarungs-, Brut- und Nestlingszeit direkt in die Monate Oktober bis April fällt. Die Nestlingszeit der Jungen dürfte wie bei den verwandten kleineren Arten etwa zwei Monate andauern.
Haltung/Zucht: Beim Blaukopfara gibt es kaum Haltungshinweise und schon gar nicht über Zuchtversuche zu berichten.
So spärlich wie die Berichte über das Freileben sind, so mager sind die Informationen über das Gefangenschaftsleben. Vermutlich gelangte der sehr seltene Gebirgsara nur vor dem Ersten Weltkrieg nach Deutschland. In der Sammlung des Berliner Zoos war er zu diesem Zeitpunkt vertreten.
Der Amerikaner David West ist wohl einer der wenigen Liebhaber, dem es möglich war, einen ♂ Blaukopfara in Gefangenschaft zu pflegen. Selbst dem so renommierten Zoologischen Garten von San Diego, USA, sowie Walsrode war es nicht möglich, diese seltenen Tiere für ihre Sammlungen zu bekommen. Selbst in seinem Lebensraum wird er nach Aussage R. S. Ridgely's nicht als Käfigvogel von der Bevölkerung gehalten.
Ein Balg des Gebirgsaras befindet sich in der Sammlung des Museums Senckenberg in Frankfurt a. M. Der Vogel wurde am 18. November 1961 am Rio Pachitea (Nebenfluß des Ucayali), Hacienda Flor bei Puerto Victoria, ca. 350 m ü. d. M., im tropischen Regenwald gesammelt:

Geschlecht:	♂
Gewicht:	267,0 g
Größe:	39,5 cm
Flügel:	24,0 cm.

Rotrückenara (Maracana)
Ara maracana (Vieillot, 1816)
engl.: Illiger's Macaw; Blue-winged Macaw

Kennzeichen: Größe ca. 43 cm; grün; Stirn rot; Vorder- und Oberkopf, Kehle, Hals und Brust bläulichgrün; roter V-förmiger Bauchfleck zwischen den Schenkeln; Unterrücken rot; Handschwingen blau; Armschwingen und große Flügeldecken blaugrün, gelblich grün gesäumt; Flügelunterseite olivgrün; Schwanzfedern rotbraun, zur Spitze hin blau; Unterseite der Schwanzfedern gelblichgrün; nackte Augen-Wangenregion weißlich mit sehr dünnen dunklen Federreihen leicht durchzogen; Iris orangebraun; Zehen hell fleischfarben.
♀: wie ♂, aber die roten Gefiederzonen von geringerer Ausdehnung und mehr orangerot.
Jungvögel: wie Altvögel, aber blassere Gefiederfarben; rote Gefiederzonen von geringerer Ausdehnung.
Verbreitung: Brasilien in SO-Para, S-Maranhao, S-Piaui, W-Pernambuco, Bahia, Goias, O-Mato Grosso, Minas Gerais, São Paulo, Parana, Catarina und nördliches Rio Grande do Sul; östliches Paraguay und Misiones in Argentinien.

Lebensweise: Der Lebensraum des Rotrückenaras erstreckt sich über das Brasilianische Bergland sowie über einen Teil des Hochlandes von Mato Grosso. Im Norden endet die Verbreitungszone da, wo das urwaldreiche Amazonastiefland beginnt. Große Teile des Verbreitungsraumes des Rotrückenaras werden land- und forstwirtschaftlich sowie industriell genutzt und die Folge daraus ist, daß die Aras bereits aus vielen Gegenden ihres natürlichen Lebensraumes verdrängt wurden und in einigen Zonen bereits ausgestorben sind. Besonders aus dem eng besiedelten atlantischen Küstenstreifen wurden die Vögel vertrieben und ins Hinterland abgedrängt.

Obwohl das Brasilianische Bergland in seinem geologischen Aufbau eine Einheit bildet, sind doch sehr unterschiedliche Landschaftsformen im Laufe der Zeit entstanden. Der nördliche Teil des Berglandes, das auch gleichzeitig die nördliche Grenze der Verbreitungszone bildet, ist eine tropische Landschaft, die durch unregelmäßig fallende Niederschläge gekennzeichnet wird. Trockenheiße Buschlandschaften prägen den Charakter der Biotope. Der westliche Lebensraum der Aras, der sich in das Hochland von Mato Grosso fortsetzt, ist landschaftlich ähnlich geformt und wird nur durch die Galeriewälder entlang der Flußläufe unterbrochen. Der südliche Teil des Heimatgebietes in den Provinzen Rio Grande do Sul, Santa Catarina, Parana und São Paulo wird von den riesigen Wäldern geprägt, die aber schon zum großen Teil dem Fortschritt geopfert wurden und landwirtschaftlichen Betrieben weichen mußten. Überhaupt ist der südöstliche Lebensraum des Rotrückenaras sehr stark besiedelt und von vielen Industriezonen überdeckt, so daß man befürchten muß, daß die Vögel in naher Zukunft in diesen Regionen vollständig verschwunden sein werden. Gomez teilte dem Verfasser mit, daß er noch Anfang der 60er Jahre große Flüge dieser Aras im Hinterland von São Paulo sehen konnte, aber in den letzten Jahren nur kleine Gruppen mit maximal 20 Vögeln ausmachte. Im Waldgebiet um die Wasserfälle des Rio Iquacu, der oberhalb seiner Mündung in den Rio Parana über eine 4 km breite und 80 m hohe Schwelle hinabstürzt und mit 130–180 Millionen cbm Wasser pro Stunde der größte Wasserfall der Erde ist, sind nach Angaben von Gomez die Rotrückenaras noch häufiger anzutreffen. Nachdem das Gebiet um die Iquacu-Fälle im Dreiländereck zwischen Brasilien, Argentinien und Paraguay zum Naturschutzgebiet erklärt wurde, ist anzunehmen, daß der von den Vögeln genutzte Lebensraum zukünftig intakt und in ursprünglicher Form erhalten bleibt.

Im Landschaftsschutzgebiet konnte Gomez in großer Höhe eines abgestorbenen Baumes Ende Dezember 1979 eine Bruthöhle ausfindig machen. Nachdem die Altvögel öfters den Nistplatz anflogen, muß angenommen werden, daß sich Junge darin befanden, die gefüttert wurden.

Forshaw (1973 und 1977) berichtet, daß man im nördlichen Verbreitungsgebiet die Rotrückenaras zahlreich antrifft und sich ihr Lebensraum auf die Wälder entlang der Flußläufe erstreckt.

Nähere Einzelheiten über die Brutgewohnheiten konnte der Verfasser nicht in Erfahrung bringen. Mit Sicherheit beginnt die Brutzeit im Süden des Lebensraumes etwa Ende Oktober, die Aussage Gomez bestätigt diese Annahme. Nach den nördlichen Verbreitungsgebieten hin wird sich der Beginn geringfügig um wenige Wochen in den Folgemonaten verlagern.

Verbreitungsgebiet des Rotrückenara (*Ara maracana*).

Das Verhalten der Rotrückenaras gleicht dem der kleinen verwandten Arten und ist demselben Tagesrhythmus unterworfen.
Haltung/Zucht: Gelegentlich gelangen Rotrückenaras in den Tierhandel. Die Vögel stammen dann ausnahmslos aus Bolivien und Paraguay, da Brasilien den kommerziellen Handel mit Tieren vollständig unterbunden hat.
Rotrückenaras sind empfehlenswerte Pfleglinge, die relativ schnell zahm werden und auch ein wenig Sprechbegabung zeigen. Kurzsilbige Worte, die mit A und O anfangen und enden, lernen die Aras am leichtesten. Bei Einzelhaltung ist unbedingt darauf zu achten, daß der Vogel ständig beschäftigt ist oder daß er von Menschen umgeben wird. Dies gilt übrigens nicht nur für den Rotrückenara, sondern für alle Papageien-Arten, die in Einzelhaltung gepflegt werden.
Die ersten und bestimmt auch die erfolgreichsten Nachzuchten gelangen dem Londoner Zoo. Im Papageienhaus kam es 1931 zur Aufzucht von 2 Jungtieren. In den Folgejahren zog das Zuchtpaar nahezu regelmäßig 2 Junge jährlich auf.
Ab 1960 kam es in einigen europäischen Ländern sowie in den USA vereinzelt zu Erfolgen bei Rotrückenaras-Nachzuchten. Hauptsächlich begannen die Aras im März/April mit dem Balzen. Wenige Zuchtpaare verlagerten das Brutgeschäft in den Januar, aber auch in die Monate August und Oktober. Meistens werden bis zu drei, manchmal bis fünf Eier gelegt. Der Legeabstand beträgt drei Tage. Die Bebrütung erfolgt durch die Henne ab dem ersten Ei, so daß die Küken nach einer Brutzeit von 26/27 Tagen schlüpfen. Nach Mitteilung einiger Züchter beträgt die Nestlingszeit der Jungen etwa 90 Tage. Die angegebenen Nestlingszeiten von etwa 90 Tagen erscheinen dem Verfasser für diese kleine Araart zu lang, eine Zeit von ca. 70 Tagen dürfte wahrscheinlicher sein. Die Fütterung der Jungtiere erfolgt durch beide Elternteile.
Ein erneuter Zuchterfolg mit dem Rotrückenara gelang im Winter 1980/1981 in der Schweiz. E. Grünig konnte 1976 zwei Paare erwerben. Die Tiere kamen zusammen in eine Voliere. Bereits ein Jahr später kam es zu Paarungsversuchen und zu Streitereien zwischen den Hähnen, so daß eine paarweise Trennung vorgenommen werden mußte. In den beiden Innenräumen der Voliere wurden Nistkästen angebracht, die gleich vom ersten Tag an zur Übernachtung aufgesucht wurden.
Im Jahre 1979 kam es bei einem Paar zu einem Gelege mit 5 Eiern, die aber alle nicht befruchtet waren. Dieses Paar wurde kurze Zeit später an einen anderen Züchter

51+52: Hellrote Aras (*Ara macao*) in Freihaltung. **53:** Mais, besonders im halbreifen Zustand, wird sehr gerne von Aras gefressen. Problemlos hält dieser Dunkelrote Ara (*Ara chloroptera*) den Maiskolben und führt ihn mit seinen gelenkigen Zehen zum Schnabel.
54: Dunkelroter Ara auf Nistplatzsuche.
55+56: Der Blaustirn-Zwergara (*Diopsittaca nobilis*) ist die kleinste Art aus der Gruppe der vier Aragattungen. Sein stark gedrückter Unterschnabel zeigt schon deutlich den Übergang zu den *Aratinga*-Arten. Beachtenswert ist auch der farbliche Unterschied zwischen juvenilen und adulten Tieren. Die Abb. 56 zeigt ein Zuchtpaar Hahn's Zwergara (*Diopsittaca nobilis nobilis*) mit seinem Jungtier, links sitzend. Die geografische Rasse *Diopsittaca nobilis cumanensis* (Bild 55) unterscheidet sich durch die hellere Färbung des Oberschnabels von der nominativen Form, außerdem ist diese Unterart merklich größer.

51

52

53

54

55

56

57

58

59

60

6

abgegeben. Das zweite Paar kam im Winter 1979/1980 in Brutstimmung; vier Eier wurden gelegt. In den Morgenstunden löste der Hahn die Henne kurze Zeit beim Brüten ab. Leider kamen die Eier nicht zum Schlupf, obwohl drei Eier vollentwickelte Küken enthielten, das vierte Ei war unbefruchtet. Kurze Zeit später kam es nochmals zu zwei Gelegen, denen aber kein Erfolg beschieden war. Aufgrund der Mißerfolge wurden die Aras in eine andere Voliere umgesetzt, mit der Hoffnung, daß eine ›Ortsveränderung‹ sich positiv im Brutablauf niederschlägt. Die Innenvoliere hatte eine Größe von 80 × 150 × 100 cm; die Außenvoliere war 150 × 200 × 210 cm groß. Im Dezember 1980 beschäftigten sich die Rotrückenaras tagsüber wieder eingehend mit dem Nistkasten aus Limbaholzbrettern, 25 × 28 × 50 cm groß, und bald ließ sich das Weibchen außerhalb des Brutblocks nicht mehr sehen. Nachdem der Hahn ab dem 15. Januar 1981 mehrmals täglich in den Nistkasten stieg, kam die Hoffnung auf, daß sich ein Junges darin befand. Eine am 22. Januar durchgeführte Inspektion ergab, daß die Henne auf zwei Küken und einem unbefruchteten Ei saß. In der ersten Lebenszeit der Jungen fütterte der Hahn das Weibchen und die Küken. Ab der dritten Lebenswoche der Jungen nahm die Henne selbst wieder Futter auf. Die Jungtiere wuchsen prächtig heran und haben am 19. März 1981 den Nistkasten verlassen. Noch lange Zeit nach dem Ausfliegen übernachtete die ganze Familie im Brutblock.

Eines der erfolgreichsten Arazuchtpaare besitzt Herr Veser in Tettnang. Das Rotrückenara-Zuchtpaar wird in einer kombinierten Innen-/Außenvoliere mit den Maßen 2,6 × 1,2 m Grundfläche, 2,0–2,5 m Höhe (innen) und 4,0 × 1,2 m Grundfläche, 1,8 m Höhe (außen) gehalten. In der Zeit von 1974 bis 1981 zog das Arapaar 49 Junge auf:

1974	1 Brut	3 Junge
1975	1 Brut	3 Junge
1976	2 Bruten	4 Junge + 3 Junge
1977	2 Bruten	4 Junge + 3 Junge
1978	2 Bruten	4 Junge + 3 Junge
1979	2 Bruten	4 Junge + 3 Junge
1980	2 Bruten	4 Junge + 3 Junge
1981	2 Bruten	4 Junge + 4 Junge.

Dieses Paar wurde im Herbst 1973, ca. 5 Jahre alt, angeschafft. Der Hahn hat einen etwas ausgeprägteren roten Bauchfleck. Das Gewicht der Vögel beträgt 250 g. Einen Gewichtsunterschied zwischen Hahn und Henne gibt es nicht.

Bereits nach knapp einem halben Jahr nach dem Kauf bezogen die Aras den Nistkasten mit einem Innendurchmesser von 25 cm und einer Innenhöhe von 52 cm. Das Einschlupfloch hat einen Durchmesser von 8,5 cm. Der Nistkasten wurde noch benagt, entsprach aber, trotz seiner geringen Größe, dem Arapaar. Bei allen Bruten wurde dieser Brutblock von den Vögeln benutzt.

Die Eiablage erfolgte in einem Zeitabstand von 1½–2 Tagen, wobei bis zu fünf Eier gelegt wurden. Die Größe der Eier beträgt ca. 33 × 25 mm. Da bereits nach Ablage des ersten Eis intensiv gebrütet wird, schlüpfen die Jungen nach einer Brutzeit von 24 Tagen (lt. Veser) im Rhythmus des Legeabstandes. Der Hahn beteiligt sich nicht am Bebrüten der Eier, sitzt aber ständig auf der Stange am Einschlupfloch und hält Wache. Bereits wenige Tage nach dem

57–61: Die Entwicklungsphase eines Gelbbrustara-Kükens (*Ara ararauna*) mit dem glücklichen Züchter, F. Veser.

Schlupf ist der fleischfarbene Körper der Jungen mit einem weißen Federflaum überzogen. Der in den ersten Lebenstagen hell hornfarbene Schnabel beginnt sich ebenfalls umzufärben. Zuerst wird der Unterschnabel dunkel, danach der Oberschnabel, wobei der Oberschnabel sich von unten nach oben hin verfärbt. Der Oberschnabelfirst ist noch längere Zeit hell, wird aber dann bis zum Ausfliegen ebenfalls schwarz. Die Oberschnabelspitze ist spätestens wenige Tage nach dem Ausfliegen dunkel. Am Kopf, den Schwingen und am Schwanz brechen zuerst die Federkiele auf, und bald sind die Federkennzeichen vollständig zu erkennen. Die Zehen, die in den ersten Lebenstagen fleischfarben sind, werden dunkelgrau und nehmen erst nach dem Ausfliegen die endgültige Färbung an.
Sehr unterschiedlich ist die Entwicklung der orangeroten Stirnpartie. Einige Jungvögel zeigen bereits nach wenigen Wochen einen intensiven Stirnfleck, andere dagegen haben nur vereinzelt orangerote Federn oder nur blaugrüne Federn im Bereich der Stirn.
Nistkastenkontrollen nahmen die Altvögel nie übel. Der Hahn schlüpfte, sobald die Voliere betreten wurde, zur Henne und den Jungvögeln in den Nistkasten. Wenn der Brutblock zur Inspektion geöffnet wurde, legte sich die ganze Gesellschaft auf den Rücken und schrie mörderisch. Die Nachbarvolieren sind mit Doppelgittern abgetrennt, da die Rotrückenaras gegen die Insassen dieser Volieren sehr aggressiv waren.
Die Nestlingszeit beträgt ca. zwei Monate (einige Züchter nennen allerdings längere Zeiten). Nach dem Ausfliegen werden die Jungen der zweiten Brut noch drei Monate lang von den Eltern gefüttert. Die Jungen der ersten Brut werden 6–8 Wochen nach dem Ausfliegen, sobald die Alten die neue Brut beginnen, aus der Voliere genommen.
Veser reicht seinen Rotrückenaras folgende Futtermischung: Papageienmischfutter, dazu CeDe-Futter mit einem zerdrückten hartgekochten Ei, einschließlich Schale, und mit etwas Vitakalk zusammengeknetet, gekeimte Sonnenblumenkerne, Hagebutten (aus der Gefriertruhe), milchigen Mais, viel Obst und Mohrrüben, im Winter viel Salat und ständig frische Obstzweige. Einmal wöchentlich erfolgt eine Vitamingabe über das Trinkwasser, z. B. Multimulsin oder Nekton S. Zur Brutzeit werden das CeDe-Futter, die gekeimten Sonnenblumenkerne sowie die Grünfuttermischung verstärkt gereicht.

Rotbauchara (Manilata, Macawuanna)
Ara manilata (Boddaert, 1783)
engl.: Red-bellied Macaw

Kennzeichen: Größe ca. 48 cm; grün; Stirn und Vorderkopf blau, zum Hinterkopft in Grün übergehend; Rücken- und Bauchgefieder grüngelblich gesäumt; Brustgefieder bläulich grün, grüngelblich gesäumt; dunkelrotbrauner Fleck auf dem Unterbauch, Schenkel bläulich grün, heller gesäumt; kleiner rotbrauner Federsaum am Ende der Schenkel; Handschwingen dunkelblau, auf der Innenfahne blauschwarz gerandet; Armschwingen auf der Außenfahne blau; äußere große Flügeldecken auf den Außenfahnen grünblau; Flügelunterseite gelbgrün; Oberschwanzdecken blaugrün; Schwanzfedern grün; Unterseite der Schwanzfedern gelbgrün; nackte Gesichtszone gelblich; Iris braun; Schnabel schwarz; Zehen dunkelgrau.
♀: vermutlich wie ♂.
Jungvögel: wie Altvögel, aber dunkelrot-

Verbreitungsgebiet des Rotbauchara (*Ara manilata*).

brauner Bauchfleck von geringerer Ausdehnung.
Verbreitung: Trinidad, in südwestlicher Richtung über NO- und S-Venezuela, O-Kolumbien bis NO-Peru; östlich über die Guayana-Staaten bis Piaui in Brasilien und südlich bis N-Mato Grosso, N-Goias und W-Bahia in Brasilien.
Lebensweise: Obwohl der Rotbauchara in freier Natur recht häufig vorkommt und in einem großen Lebensraum zu finden ist, gibt es nur recht spärliche Aufzeichnungen über sein Verhalten. Der Verfasser konnte mehrmals Rotbaucharas in Trinidad und Guyana beobachten, in Gemeinschaft mit Amazonen jedoch nie. Herklots dagegen konnte Rotbaucharas in Schwärmen der Venezuela-Amazone (*Amazona amazonica*) mitfliegen sehen. In Trinidad besiedeln die Aras alle Landschaftszonen bis auf die Hochlandregion Northern Range und dringen sogar bis in den Stadtpark von Port of Spain vor. Die Mangroven-Sumpfgebiete im Osten, Süden und Westen dienen den Vögeln als Übernachtungsquartiere. Tagsüber fliegen die Vögel in die hügeligen, offenen Hinterländer ab. Da der Verfasser Guyana und Trinidad jeweils nur im Frühsommer (Brutzeit) besuchte, war es ihm nie möglich, Schwärme dieser interessanten Tiere zu beobachten.
Herklots führt 1961 weiter an, daß der Bestand der Rotbaucharas auf Trinidad zunimmt. Diese Aussage ist aber heute weitgehend überholt. Durch die Ausdehnung der Industriegebiete im westlichen Küstenbereich, die Erschließung neuer Ölfelder im Landesinneren sowie die Vergrößerung der landwirtschaftlichen Nutzflächen wurde der Lebensraum der Aras stark eingeengt. Einheimische berichteten dem Verfasser, daß der Bestand der Rotbaucharas in den letzten Jahren merklich abgenommen hat und außerhalb der Brutzeit selten größere Schwärme der Vögel gesehen werden. So fordert unsere Neuzeit auch hier ihren Tribut. Im Ostteil der Insel, an der Cocos Bay, konnte der Verfasser zwei Nester im Abstand von ca. 100 m zueinander in abgestorbenen Kokospalmen entdecken. Die Bruthöhlen befanden sich in etwa 10 m Höhe über dem Erdboden. Interessant war, daß die Nistbäume etwa in 80 m Entfernung zum atlantischen Küstenstreifen standen. In der Regel beginnt in den Guayana-Staaten, NO-Venezuela und Trinidad die Brutzeit im Februar, so daß bis zum Beginn der Regenzeit, die oftmals in diesen Breiten bereits schon Mitte Mai und oftmals früher einsetzt, die Jungvögel flügge sind.
Als Nahrung dienen den Rotbaucharas im ganzen Verbreitungsgebiet die Fruchtstände der Mauritia-Palme (*Mauritia flexuosa*). Wo diese Palmen in großer Zahl zu finden sind, sind meist auch die Rotbaucharas vertreten.
In Guyana, Surinam und Französisch-Guayana leben die Aras in dem 15–50 km breiten Küstenstreifen, einer mit Mangrovensümpfen durchzogenen feuchtheißen Tieflandschaft, und in den im Landesinneren gelegenen Savanneninseln, die im Regenschatten der gebirgigen Regenwälder liegen. Im unzugänglichen Küstenhinterland in den Guyana-Ländern, das nur mit kleinen Sportflugzeugen erreicht werden kann, da auf dem Landweg ein Vordringen nahezu unmöglich ist, sind Freilandbeobachtungen daher auch zeitlich sehr aufwendig. Sicherlich sind in diesen unerforschten Regionen noch viele botanische und zoologische Rätsel zu lösen. In Venezuela erstreckt sich der Verbreitungsraum auf den südöstlichen Landesteil.
De Schauensee und Phelps jr. berichten,

daß die Rotbaucharas von Meereshöhe an bis in 500 m Höhe angetroffen werden und daß sie Sumpfgebiete, wie das Orinoko-Delta, und Flußwälder besiedeln. Nördlich des Orinokos, mit Ausnahme des Orinoko-Deltas, sind die Aras nicht vorzufinden. Auch in Venezuela bilden die Früchte der Mauritia-Palme die Hauptnahrung für die Tiere. In SO-Kolumbien sowie NO-Peru sind die Rotbaucharas in den selben Landschaftsformen, wie man sie in Venezuela antrifft, beheimatet. Im nördlichen Brasilien leben die Tiere ausschließlich im Amazonastiefland, das von der Mündung des gewaltigen Stromes, die 200 km breit ist, sich bis nach Peru, Kolumbien und Bolivien hin erstreckt. Das Hochland von Mato Grosso sowie das brasilianische Bergland bilden mit ihren Ausläufern nach Norden bzw. nach Westen die Grenze des Verbreitungsraumes. Der Lebensraum der Rotbaucharas zeigt deutlich an, daß die Vögel rein tropische Tieflandbewohner sind und nur in feuchtheißen Gegenden vorkommen. In trockenheißen Zonen, wie sie nördlich des Orinokos im Llanos del Orinoco oder im Hochland von Mato Grosso angetroffen werden, kommen sie dagegen nicht vor.
Der geregelte Tagesablauf des Rotbaucharas entspricht dem anderer Araarten.
In den frühen Morgenstunden verlassen kleine Trupps, selten mehr als 10 Vögel, den Schlafplatz, um auf Nahrungssuche zu gehen. Während des Fluges werden schrille Rufe ausgestoßen, aber sobald sich die Vögel in Bäumen oder Palmen niedergelassen haben, verstummen sie und lassen nur noch ein leises Plappern hören. Meistens halten sich die Tiere tagsüber im Umkreis der Futterbäume auf. Zwischendurch wird ausführlich das Gefieder geputzt und auch ein Mittagsschläfchen gehalten. Ein kleiner Regenschauer ist oft der Anlaß zu einem ausführlichen ›Duschbad‹. In den späten Nachmittagsstunden erfolgt der Rückflug zu den Schlafbäumen. Die Schlafbäume stehen ausnahmslos in den Sumpfgebieten oder auf kleinen Flußinseln und bieten durch ihren Standort einen sicheren Schutz vor Feinden.
P. Roth führt an, daß die Fruktifikationszeiten der Buriti-Palmen (*Mauritia* spec.) nicht synchronisiert sind, so sind innerhalb eines größeren Gebietes zu jeder Jahreszeit fruchttragende Bestände anzutreffen. Den Rotbaucharas steht somit in ihrem Fluggebiet ein ständig gleichbleibendes Futterangebot zur Verfügung.
Die Brutzeit beginnt in der südlichsten Zone des Verbreitungsgebietes, im Amazonastiefland, etwa Anfang Januar. In den weiter nördlich gelegenen Regionen fällt die Brutzeit in die Monate Februar/März. Nach Angaben von Herklots, 1961, werden 2 Eier gelegt, wobei verlassene Spechthöhlen oder Löcher in Palmen und Bäumen als Nistplatz dienen. Über die Dauer der Brutzeit und Nestlingszeit liegen keine Daten vor, aber es ist anzunehmen, daß keine wesentlichen Unterschiede zu den anderen kleinen Araarten, wie z. B. dem Rotbugara (*Ara severa*), bestehen.
In Aripuanã, im Grenzgebiet zwischen Mato Grosso und Amazonas, hat P. Roth beobachtet, wie sich, im September beginnend, die aus ca. 150 Individuen bestehenden Rotbaucharaschwärme auflösten und bis Dezember/Januar auf ein Minimum von 20 Exemplaren sich reduzierten. Die geschlechtsreifen Paare sind in dieser Zeit ausgeschert und haben sich großflächig verteilt, um dem Brutgeschäft nachzugehen. Sie kehrten ab Februar mit Jungtieren in den Schwarm zurück. Paare, die die Brut abbrechen mußten, kamen eher zurück.

Haltung/Zucht: Der deutsche Name für den Rotbauchara ist wohl nicht ganz treffend gewählt. Oftmals wird der Marakana (*Ara maracana*), der am Unterbauch einen V-förmigen roten Gefiederfleck hat, so daß der Name Rotbauchara für ihn zutreffender wäre, als Rotbauchara bezeichnet. Da der zoologische Fachhandel äußerst selten Zwergaras anbietet, ist man als Liebhaber auf Kaufangebote in Vogelfachzeitschriften angewiesen. Bevor man eine weite Anreise zum Verkäufer antritt, sollte man sich vorher telefonisch oder schriftlich genauestens über das angebotene Tier informieren und sich die Färbung des Gefieders erklären lassen. Namensverwechslungen kommen bei den Zwergaras häufig vor, und der Ärger ist groß, wenn man die Absicht hatte, eine bestimmte Art zu erwerben und man nach ein paar hundert Kilometer Anfahrtsweg feststellen muß, daß es sich gar nicht um die angebotene Art handelt.
Der Rotbauchara wird äußerst selten eingeführt. Tierhändler auf Trinidad und in Guayana erklärten dem Verfasser, daß die Rotbaucharas sehr schwer zu halten und in der Eingewöhnungszeit sehr anfällig sind. Ähnlich äußerten sich auch ein deutscher und englischer Liebhaber, die in ihrem Bestand diese kleinen Aras pflegen und dabei feststellten, daß alle Rotbaucharas sehr temperaturanfällig sind. Bereits bei Temperaturen unter 20 °C traten bei den Vögeln Erkältungskrankheiten auf. Es war nicht möglich, die Vögel im Hochsommer in Freivolieren zu halten, da bereits nach kleinen Temperaturschwankungen Erkältungen und Lungenentzündungen auftraten. Eine ideale Unterkunft für die Rotbaucharas ist eine helle Innenvoliere. Die Tagestemperatur sollte mindestens 25 °C betragen und nachts sollte die Temperatur nicht unter 20 °C abgesenkt werden. Die Luftfeuchtigkeit sollte bei 80 % oder höher liegen. Solche Temperaturen und Luftfeuchtigkeitswerte fördern den Pilzwuchs, eine ständige Pflege und Reinigung der Anlage, möglichst täglich, ist daher Voraussetzung für die Gesunderhaltung der Vögel.
Wie bereits erwähnt, werden die Rotbaucharas, obwohl sie in Freiheit zahlreich vorkommen, sehr selten bei Liebhabern angetroffen. Vermutlich scheuen die Importeure, bei der Anfälligkeit der Vögel, die Einfuhr. Liebhaber, die die Absicht haben, diese schönen Aras anzuschaffen, sollten unbedingt darauf achten, daß die Vögel naturgerecht untergebracht werden, d. h., daß die klimatischen Voraussetzungen, die zum Wohle der Tiere unbedingt erforderlich sind, gegeben sind. Nur so werden sich Verluste verhindern lassen.
Nach Angaben von T. Silva (persönlicher Kommentar) soll dem Amerikaner G. Harrison, Florida, eine Zucht mit *Ara manilata* geglückt sein.

Kleiner Soldatenara
Ara militaris (Linnaeus, 1766)
engl.: Military Macaw

3 Unterarten

1. *Ara militaris militaris* (Linnaeus)
Kleiner Kolumbischer Soldatenara
engl. Military Macaw, Great Green Macaw

Kennzeichen: Größe ca. 70 cm; olivgrün; Stirn und Zügel karminrot; Kopf grün; Kehle bräunlich grün; Hand- und Armschwingen blau; Flügelunterseite grüngelb; Hinterrücken und Oberschwanzdecken blau; Schwanzfedern bräunlichrot, zur Spitze hin blau; nackte Gesichtszone weißlich rosa mit schwarzgrünen Federreihen

durchzogen, über dem Auge rötliche Federreihen; Iris gelblich; Schnabel schwarz; Zehen dunkelgrau.
♀: wie ♂, aber Kopfpartie etwas schmächtiger.
Jungvögel: wie Altvögel, Iris bräunlich.
Verbreitung: Vom nordwestlichen Zuilia in NW-Venezuela und vom südlichen Guajira in Kolumbien südlich bis NO-Ekuador. In Peru in den Provinzen Lambayeque und Cajamarca.

2. *Ara militaris mexicana* Ridgway
Kleiner Mexikanischer Soldatenara
engl.: Mexican Military Macaw

Kennzeichen: Wie 1. Unterart, aber merklich größer.
Verbreitung: Zentrales Mexiko von SO-Sonora und SW-Chihuahua südlich bis zum Isthmus von Tehuantepec und von S-Nuevo Leon und S-Tamaulipas südlich bis zur Provinz Mexiko.

3. *Ara militaris boliviana* Reichenow
Kleiner Bolivianischer Soldatenara
engl.: Bolivian Military Macaw

Kennzeichen: Wie 1. Unterart, aber etwas größer; Kehle mehr rotbraun; Federn im Ohrbereich an der Wurzel rötlich; an den Handschwingen und an der Schwanzspitze intensiver blau.
Verbreitung: Östlich der Anden in SO-Bolivien und O-Jujuy und N-Salta in Argentinien.
Anmerkung: Es ist sehr fraglich, ob es sich bei den beiden Arten der Soldatenaras (*Ara militaris* und *Ara ambigua*) tatsächlich jeweils um eigenständige Formen handelt (s. auch Anmerkung *Ara ambigua*).
1939 wurde von A. J. von Rossem und Marquess Hachisuka (in Pro. Biol., Wash., 52, 1939, Seite 13) eine weitere Unterart des Kleinen Soldatenaras bestimmt. Diese Form erhielt den Namen: *Ara militaris sheffleri.* Eine Anerkennung dieser geographischen Rasse konnte nicht erfolgen, da das typische Musterexemplar zur Bestimmung der zoologischen Nomenklatur nicht vorgelegt werden konnte.
Lebensweise: Die drei Rassen des Kleinen Soldatenaras bevorzugen als Lebensräume trockene Landschaftsgebiete. Die Berghänge der in der Leeseite gelegenen Zonen, laubabwerfende Wälder, Eichen- und Kiefernwälder in trockenen subtropischen und gemäßigten Zonen in Höhen bis zu 2500 m sind der ideale Lebensraum der Kleinen Soldatenaras. Der Verfasser vertritt die Ansicht, daß der Kleine Soldatenara erst in Höhen ab 800 m anzutreffen ist. Es ist durchaus denkbar, daß die Vögel bei ihren Nahrungsflügen auch einmal in tiefergelegene Landschaftszonen vordringen, aber ansonsten nur höhere Regionen besiedeln. Phelps und Phelps (1958) führen zwar an, daß sie diese Aras in den Wäldern der tropischen Zone von Kolumbien und NW-Venezuela häufig angetroffen hätten, der Verfasser vermutet jedoch, daß die Vögel nur auf ihren täglichen Nahrungsflügen kurzfristig in diese Waldzonen vordringen. Ramirez teilte dem Verfasser mit, daß er die Kleinen Soldatenaras in NO-Kolumbien nur in Höhen über 1000 m vorfand, zu keiner Jahreszeit konnte er die Vögel in tiefer gelegenen Landschaftsformen auffinden. Dagegen sah Ramirez die Großen Soldatenaras an den unteren Westhängen der Cordillera Occidental in den bewaldeten Flußtälern in Höhen bis zu 500 m. In höher gelegenen Gebieten in Kolumbien ist nur der Kleine Soldatenara anzutreffen.
Wie bereits erwähnt, sind die Kleinen Soldatenaras in Kolumbien nur in den hoch-

Verbreitungsgebiet des Kleinen Soldatenara (*Ara militaris*).

gelegenen Bergtälern vorzufinden. Der Rio Magdalena mit seinen Flußnebentälern, der die Osthänge der Cordillera Central und die Westhänge der Cordillera Oriental in Kolumbien entwässert; die West- und Osthänge der Sierra de Perija, die Kolumbien und Venezuela trennt; die Hänge der Sierra Nevada de Santa Marta mit dem

5775 m hohen Pico Christobal Colon und die Gebirgstäler des Aquarico (Zufluß des Amazonas) in N-Ekuador bilden einen der zusammenhängenden Lebensräume der Aras. Im nördlichen Peru ist die geographische Rasse *Ara militaris militaris* an den Hängen des Marañón in der Cordillera Central örtlich verbreitet. Anscheinend fliegen die Aras in den Monaten September und Oktober (Koepcke, 1963) in die Bergwälder der pazifischen Steilküste und müssen dabei Regionen oberhalb der Baumgrenze überqueren.

Die zweite geographische Rasse, *Ara militaris mexicana,* ebenfalls ein Hochlandvogel, ist in Mexiko hauptsächlich in der Bergwelt der Sierra Madre Oriental und Sierra Madre Occidental zu finden. Nach der Brutzeit, die in diesem Verbreitungsraum in den Monaten April und Mai beginnt und sich bis zum vollen Selbständigwerden der Jungvögel bis in die Monate Oktober und November hinzieht, wandern die Vögel in die pazifischen und karibischen Küstenhinterländer ab und dringen wohl auch in dieser Zeit südwärts bis in die Sierra Madre del Sur, die in SO-Oaxaca zum Isthmus von Tehuantepec abfällt, vor. Allerdings konnten in den letzten Jahren die Aras im Staat Oaxaca nicht mehr gesichtet werden. Der Verfasser bereiste in Mexiko große Teile des Gebietes, in dem diese Aras vorkommen. Dieses Verbreitungsgebiet des Kleinen Soldatenaras ist klimatisch mit unseren mitteleuropäischen Klimazonen, wie sie z. B. an der Alpensüdseite oder an den Pyrenäenhängen vorherrschen, durchaus vergleichbar. Im Barranca del Cobre und Barranca de Urique, beide Canyons wurden von dem Fluß Urique im Laufe der Jahrtausende bis 1500 m tief gegraben, fand sich eine grandiose Landschaft. In den höheren Regionen dieser Canyons sind Nachtfröste bis ins späte Frühjahr hinein und bereits wieder im Frühherbst an der Regel. Schneefälle sind keine Seltenheit, und selbst im Frühsommer können die Nachttemperaturen auf 0 °C abfallen. In den tiefergelegenen Zonen der Barrancas herrscht dagegen ein mehr trockenes subtropisches Klima vor. In diesen Regionen bauen die einheimischen Indios, die hier abseits jeglicher Zivilisation leben, Weizen und Mais an. Die Hänge sind vereinzelt mit Kakteen, Agaven, Akazien und Mesquitesträuchern bewachsen. An den tiefsten Stellen der Barrancas werden Bananenstauden und Citrusbäume angepflanzt. Der Verfasser konnte im Mai 1976 in der Barranca del Cobre in weiter Ferne einen vereinzelt sitzenden Kleinen Soldatenara auf einem Feigenbaum sehen. Vermutlich war es ein männliches Tier, das in Nähe der Nisthöhle, wo eventuell das Weibchen auf Eiern saß, Wache hielt.

Die Kleinen Soldatenaras leben in Mexiko in den unzugänglichen Hochtälern, die oft mit Kiefern- und Eichenwäldern bewachsen sind. Ihre Brutzeit beginnt in dieser Verbreitungszone in den Trockenmonaten April und Mai. Die Jungvögel werden dann in der Regenzeit, die bereits etwa Ende Juni beginnt, flügge. Erst in den Herbstmonaten, wenn die Jungtiere vollständig selbständig sind, vereinigen sich einzelne Familienverbände zu kleinen Schwärmen bis zu 20 Tieren. Vermutlich sind die Vögel in Mexiko außerhalb der Brutzeit ständig auf der Wanderschaft, das heißt, daß großflächige Landschaftsräume bei der Nahrungssuche durchstreift werden. Sicherlich kehren die Vögel zu Beginn der Brutzeit in ihre alten Brutgebiete zurück.

Übrigens läßt der Kleine Mexikanische

Soldatenara das nahe verwandtschaftliche Verhältnis zu der Gattung Arasittiche (*Rhynchopsitta*) erkennen.
Über die Lebensgewohnheiten des Kleinen Bolivianischen Soldatenara liegen keine Informationen vor, es ist aber anzunehmen, daß das Verhalten und die Gewohnheiten dieser Aras sich mit denen der beiden nördlichen Rassen deckt. Die Heimat der dritten Unterart sind die Andentäler in SO-Bolivien und die argentinischen Provinzen O-Jujuy und N-Salta.
Die Brutzeit der 3. Rasse wird in den Monaten November/Dezember, die der 2. Rasse im April bis Juni und die der 1. Rasse im Januar bis März beginnen. Bis zu drei Eier werden gelegt, die etwa 25 bis 26 Tage lang vom Weibchen bebrütet werden. Die Nestlingszeit der Jungen dauert etwa drei Monate.
Haltung/Zucht: Der Kleine Soldatenara taucht nur sehr selten im Handel auf. Sicherlich wird er etwas häufiger als sein naher Verwandter, der Große Soldatenara (*Ara ambigua*), angeboten, aber trotzdem ist er eine Rarität in der Hand von Liebhabern. Da die Aras in ihrem Lebensraum nur örtlich, in unwegsamen Gebieten in geringer Anzahl, verbreitet sind, können nur wenige Vögel in den Handel gelangen. Gelegentlich werden sie angeboten, wobei der Preis für diese Art um die Hälfte höher liegt als beispielsweise für den Ararauna (*Ara ararauna*) oder den Arakanga (*Ara macao*).
Der Kleine Soldatenara stellt bezüglich der Unterbringung und Fütterung die gleichen Ansprüche wie die anderen großen Araarten, allerdings ist der Kleine Soldatenara gegenüber Temperaturschwankungen viel widerstandsfähiger. Nach der Eingewöhnungszeit können die Vögel ohne Bedenken von März bis November in Freiflugvolieren gehalten werden, obwohl in Teilen des Vorkommensgebietes des Kleinen Soldatenaras Nachtfröste keine Seltenheit sind, lehnt der Verfasser es ab, die Aras auch im Winter im Freien zu halten. Selbstverständlich kann man an schönen Wintertagen den Vögeln in der Mittagszeit einen Ausflug in die Freivoliere gestatten, aber sie müssen jederzeit die Möglichkeit haben, in die beheizte Innenvoliere zurückzukehren.
Die kleinen Soldatenaras haben ein relativ großes Nachahmungstalent und sind in der Lage, ganze Sätze zu lernen. Wie alle Aras, so suchen auch sie sich bei Einzelhaltung einen Menschen, der sich ständig mit ihnen beschäftigt, als ›Partner‹.
Schon öfters gelangen Nachzuchten mit dem Kleinen Soldatenara. Allerdings entstehen durch leichtsinnige, ungenaue Literaturangaben immer wieder Verwechslungen mit dem Großen Soldatenara (*Ara ambigua*), so daß bei einigen Berichten von Zuchterfolgen nicht mit Bestimmtheit gesagt werden kann, ob es sich um Erfolge beim Kleinen oder beim Großen Soldatenara handelt. Bei einigen Fällen kam es wohl auch zu Mischlingszuchten, die als solche gar nicht erkannt wurden. Oft scheint es, daß die Papageienliebhaber alle taxonomischen Regeln außer Betracht lassen und auch bei der Namensgebung ihrer Phantasie freien Lauf lassen. Ein zusätzliches Handikap, das oftmals zur ungenauen Artenbestimmung bei den Soldatenaras führt, ist, daß in einem Großteil der englischen Literatur beide Soldatenaraarten als eine Art aufgeführt werden. Sicherlich ist es richtig, daß beide Arten verwandtschaftlich sehr eng beisammen stehen und als eine Art angesehen werden können, auch der Verfasser tendiert in diese Richtung, aber solange in der zur Zeit

gültigen Artenliste die Vögel als zwei selbständige Arten geführt werden, solange sollte die Namensbestimmung nach der gültigen Systemliste erfolgen, um Verwechslungen auszuschließen.
Bereits 1901 soll es zu einer Mischlingszucht zwischen ♀ Kleiner Soldatenara und ♂ Arakanga (*Ara macao*) im Londoner Zoo gekommen sein.
Erfolgreiche Zuchten mit dem Kleinen Soldatenara gab es im Zoo von Wellington, Neuseeland, im Jahre 1973. Der Bush Gardens in Tampa/Florida, USA, konnte 1978 in einer sehr kleinen Voliere ein Junges großziehen. In der Anlage eines Papageienliebhabers in Texas, USA, gelangen über viele Jahre hinweg Hybridenzuchten zwischen ♂ Kleinem Soldatenara und ♀ Hellrotem Ara (*Ara macao*). Auch der Tierpark Berlin (DDR) meldete einen Zuchterfolg mit dem Kleinen Soldatenara.
Nachdem in den letzten Jahren in kleinem Umfang Kleine Soldatenaras nach Deutschland gelangten, kann man für die Zukunft hoffen, daß bald auch hier erfolgreiche Zuchten vermeldet werden können.

Großer Soldatenara
Ara ambigua (Bechstein, 1811)
engl.: Buffon's Macaw

2 Unterarten

1. *Ara ambigua ambigua* (Bechstein)
Großer Soldatenara (Bechstein Ara)
engl.: Buffon's Macaw,
Grand Military Macaw

Kennzeichen: Größe ca. 85 cm; olivgrün; Stirn und Zügel rot; Hand- und Armschwingen blau; große Flügeldecken blau gesäumt; Flügelunterseite hell olivgrün; Hinterrücken und Oberschwanzdecken blau; Unterschwanzdecken hellblau; Schwanz rotbraun, zur Spitze hin blau; Schwanzunterseite hell olivgrün, dunkel gesäumt; nackte Gesichtszone rosa mit engstehenden schwarzen Federreihen durchzogen, zwischen Augen und Zügel rote Federreihen; Iris gelblich; Schnabel schwarz; Zehen dunkelgrau.
♀: wie ♂, aber Kopfpartie schmächtiger.
Jungvögel: wie Altvögel, Iris bräunlich.
Verbreitung: Von NO-Nicaragua südlich bis Choco im mittleren Kolumbien.

2. *Ara ambigua guayaquilensis* Chapman
Großer Soldatenara
engl.: Buffon's Macaw, Ecuadorian Macaw, Chapman's Green Macaw

Kennzeichen: Wie 1. Unterart, aber Unterseite von Flügeln und Schwanz grün.
Verbreitung: W-Ekuador nördlich bis SW-Kolumbien.
Anmerkung: Ob es sich bei dem Großen und dem Kleinen Soldatenara tatsächlich um jeweils eine eigenständige Art handelt, dürfte noch nicht endgültig geklärt sein. Der Verfasser tendiert eher zu der Ansicht, daß es sich um eine Art handelt. Die Lebensräume des *Ara ambigua* sind dabei Landschaftszonen bis 800 m Höhe. Der *Ara militaris* dagegen besiedelt Höhen unter 600 m äußerst selten und dann nur kurzfristig zur Nahrungssuche; der hauptsächlich genutzte Lebensraum liegt in Höhen zwischen 600–2500 m. Wenn man davon ausgeht, daß es sich bei dem Großen und Kleinen Soldatenara tatsächlich nur um eine Art handelt, so ergäbe sich auch ein nahezu zusammenhängender Lebensraum, der vom zentralen Mexiko bis nach Ekuador reicht.

Lebensweise: Die Republik Honduras in Zentralamerika bildet die nördlichste

Verbreitungsgebiet des Großen Soldatenara (*Ara ambigua*).

Grenze des Verbreitungsgebietes des Großen Soldatenaras. Die Küste von Honduras wurde von Kolumbus auf seiner vierten Reise, 1502, betreten und war somit der erste Landstrich in Zentralamerika, der von Europäern aufgesucht wurde. Honduras gliedert sich in vier Großlandschaften. Die Großen Soldatenaras besiedeln davon hauptsächlich das östliche Tiefland, das als Costa de Mosquitos bezeichnet wird. In dieser Tiefebene, die nach Westen hin in hügelige Bergländer übergeht, die sich dann bis in die Cordillera Isabelia und die Cordillera Chontalena fortsetzen, fallen Regenmengen von 3000 mm im Jahr, wobei an den Osthängen der Bergländer bis 5000 mm Regen niederkommen. Die gleichbleibenden Temperaturen betragen ca. 25 °C bei sehr hoher Luftfeuchtigkeit. Im Lebensraum der Großen Soldatenaras, die in Honduras nur vereinzelt angetroffen werden, herrscht tropischer Urwald vor, der allerdings in den letzten Jahren um 50 % seines Bestandes durch Brandrodungsfeldbau oder zur Nutzholzgewinnung vernichtet wurde. Feucht- und Trokkensavannen sind an die Stelle der ehemaligen Urwälder getreten. Einige Ornithologen vermuten, daß der Große Soldatenara in Honduras bereits ausgestorben ist. In Costa Rica erstreckt sich das Vorkommen der Aras ebenfalls auf die Urwaldgebiete. Besonders im dünnbesiedelten karibischen Küstengürtel, östlich der Cordillera Central und Cordillera de Talamanca, sind diese Aras verbreitet, kommen aber auch landeinwärts bis an die Berghänge der eben genannten Cordilleras bis zu einer Höhe von 650 m vor. An der Pazifikküste in Costa Rica sind die Großen Soldatenaras nur vereinzelt anzutreffen. In Panama sind sie bereits aus einigen Gebieten ihrer Verbreitungszone vertrieben worden.

R. S. Ridgely (1981) führt an, daß die Vögel aus der Kanalzone seit einigen Jahren vollständig verschwunden sind. Auch aus anderen Teilen Panamas wird ein Abnehmen des Bestandes gemeldet; besonders im westlichen Teil der schmalen Landbrücke sind die Vögel nur noch in geringer Stückzahl anzutreffen. Östlich des Panamakanals bis zur kolumbianischen Grenze kommen die Aras wieder häufiger vor. Besonders in der Niederung des Darien, der mit seinen tropischen Urwäldern, Savannen und Mangrovensumpfgebieten eine sehr abwechslungsreiche Landschaftsform bildet, liegt der hauptsächlich genutzte Lebensraum dieser großen, grünen Aras. Die unerschlossenen, wenig berührten und kaum landwirtschaftlich genutzten Landschaften im feuchtheißen Klima sind für die Aras noch ein natürlicher Biotop in ursprünglicher Form. Nach Süden setzt sich der Lebensraum des Großen Soldatenaras im westlichen Kolumbien fort. Das Mündungsdelta des Atrato mit seinem großen Sumpfgebiet kann durchaus als Kernland im Verbreitungsraum dieser Aras bezeichnet werden. Weiter südlich reicht der Lebensraum zwischen der Pazifikküste und dem westlichen Fuß der Westkordillere (Cordillera Occidental) bis zur Mündung des Rio San Juan. Der pazifische Küstenraum besteht bei feuchtheißem Klima aus tropischem Regenurwald. Der 20 bis 40 km breite Küstengürtel wird von Mangroven gesäumt.

Die zweite Unterart des Großen Soldatenaras, der *Ara ambigua guayaquilensis,* hat ein isoliertes Verbreitungsgebiet, das in SW-Kolumbien beginnt und sich bis Ekuador, an den Golf von Guayaquil hin erstreckt. Die Landschaftsform ändert sich entsprechend den wechselnden Regenfällen von Nord nach Süd. So werden im

nördlichen Lebensraum tropische Küstenurwälder vorgefunden, im Bereich der Flußmündungen herrschen Mangrovensümpfe vor und gegen Süden geht die Landschaft in Feuchtsavannen über. Die zweite Unterart des Großen Soldatenaras ist eine äußerst seltene Spezies, die nur in sehr kleiner Populationsstärke den eng begrenzten Lebensraum besiedelt.
Die beiden Rassen des Großen Soldatenaras sind reine Urwaldvögel, die nur sehr selten in offenen Landschaftszonen anzutreffen sind. Das bei den anderen Araarten stark ausgeprägte Schwarmverhalten ist beim Großen Soldatenara nicht zu erkennen. Meistens streifen die Vögel paarweise oder in kleinen Familienverbänden durch die Wälder, um auf Nahrungssuche zu gehen. Das Futter steht in allen Teilen des Verbreitungsgebietes reichlich zur Verfügung. Nur selten müssen kleine, lokale Wanderungen unternommen werden, so daß man die Aras durchaus als Standvögel bezeichnen kann. Ramirez teilte dem Verfasser mit, daß er in der Nähe von Titumate zwischen dem Golfo de Urabá und der Serrania del Darién im Juli und August immer kurz nach Sonnenaufgang und vor Sonnenuntergang Verbände des Großen Soldatenaras, maximal bis zu fünf Vögel, in niederer Höhe über den Baumwipfeln fliegen sah. In der schrägstehenden Morgen- oder Abendsonne glänzte die Bauch- und Flügelunterseite in einem herrlichen goldoliven Ton. Der Flügelschlag war ruhig und reichte nicht über Rumpfhöhe hinaus, aber trotzdem flogen die Aras mit hoher Geschwindigkeit. Selten erklangen ihre lauten Rufe während des Fluges. Nachdem sich die Vögel in den Baumwipfeln niedergelassen hatten, verstummten sie. Ihr grünes Gefieder entsprach dem Grün des Blätterdachs der Bäume und ist eine ideale Tarnfarbe. Mit anderen Araarten zusammen konnte sie Ramirez nicht beobachten.
Die Brutzeit der zweiten Rasse des Großen Soldatenaras beginnt etwa mit Einsetzen der Regenzeit im Dezember. Die Luftfeuchtigkeit erreicht in dieser Zeit ihren größten Sättigkeitsgrad. Die Nominatform beginnt etwa Anfang Januar im kolumbianischen Verbreitungsraum mit dem Brutgeschäft. In Zentralamerika setzt die Brutzeit wenige Wochen später ein. Über die Brutgewohnheiten gibt es keine näheren Angaben. Es ist aber anzunehmen, daß bis zu drei Eier, Größe ca. 55 × 46 mm (Schönwetter, 1964), gelegt werden, die die Henne allein bebrütet. Die Nestlingszeit der Jungen wird wohl ca. 100 Tage andauern.
Haltung/Zucht: Der Große Soldatenara ist seit jeher ein äußerst seltener Pflegling in Liebhaberhand. Nur manchmal gelangen wenige vereinzelte Exemplare zusammen mit anderen Araarten nach Europa. Mit Bestimmtheit kann gesagt werden, daß der Große Soldatenara nicht nur in freier Natur, sondern auch in den Anlagen Zoologischer Gärten und Liebhabervolieren, weitaus seltener ist als z. B. der Hyazinthara (*Anodorhynchus hyacinthinus*). Es ist an und für sich sehr schade, daß die wenigen vorhandenen Tiere meistens nur einzeln von Liebhabern gehalten werden. Sicherlich ist der Große Soldatenara ein Vogel, der sich sehr eng an den Menschen anschließt und auch mit seinem großen Sprachtalent zusätzliche Freunde findet, aber diese Eigenschaften sollten nicht davon abhalten, daß man noch ein Partnertier kauft, um den Vögeln bei optimaler Unterbringung die Chance zu einer Zucht zu geben. Die Seltenheit der Aras erfordert geradezu Nachzuchten, denn nur noch kurze Zeit werden Einfuhren aus ihrem

immer kleiner werdenden natürlichen Lebensraum möglich sein.
Einen nachweisbaren Zuchterfolg mit dem Großen Soldatenara verzeichnete der Tierpark Berlin, DDR. In der Bundesrepublik sind noch keine Zuchterfolge bekannt, dagegen scheinen in England und den USA Nachzuchten gelungen zu sein. Allerdings sind die vorliegenden Informationen spärlich und lassen zum größten Teil die Vermutung zu, daß es sich um Zuchten des Kleinen Soldatenaras (*Ara militaris*) handelt. In der englischen Literatur findet man selten die taxonomische Trennung zwischen dem Großen und dem Kleinen Soldatenara, so daß es sehr schnell zu Fehlinformationen kommt.
M. Reynolds berichtet im Oktoberheft 1977 der Vogelzeitschrift ›Cage and Aviary Birds‹ über eine gelungene Handaufzucht des Großen Soldatenaras im Bird Paradise von Cornwall. 1972 wurde ein vermutlicher Hahn angeschafft. Ein gutes Jahr später kam der Vogelpark in den Besitz einer Henne, und das Glück war groß, als man feststellte, daß sich die beiden Aras auf Anhieb gut verstanden. Beide Große Soldatenaras wurden, ebenso wie einige andere Arapaare, im Freiflug gehalten. Nachdem aber 1974 und 1975 die Aras ihre Flüge immer weiter ausdehnten und von Telegrafenmasten und den höchsten Bäumen heruntergeholt werden mußten, entschloß man sich, ihnen einige Schwungfedern aus den Flügeln zu schneiden.
So konnte ihr Tatendrang im Sommer 1976 etwas eingeschränkt werden. Kurze Zeit nach dem ›Flügelschnitt‹, im April 1976, interessierte sich das Araweibchen für einen Nistkasten und wählte sich dabei den kleinsten Brutblock aus. Bald darauf legte das Weibchen zwei Eier, die es fest bebrütete. In den ersten Bruttagen kümmerte sich das Männchen nicht mehr um das Weibchen, aber bereits eine Woche später stieg es immer wieder in den Nistkasten, wobei es dann zu Streitigkeiten kam, mit der Folge, daß die Eier zerbrachen. Zu Brutaktivitäten kam es im Jahr 1976 dann nicht mehr. Ein Jahr später nahm das Weibchen wieder Besitz vom kleinen Nistkasten. Am 5. Mai wurden zwei Eier entdeckt, die aber wegen der schlechten, im Vorjahr gesammelten Erfahrungen weggenommen wurden. Ein Ei wurde einem gemischten Arapaar, Arakanga (*Ara macao*) und Gelbnackenara (*Ara auricollis*), das gerade auf Eiern saß, untergelegt. Das zweite Ei kam in den Brutapparat. Ein drittes Ei, das noch nach dem 5. Mai gelegt wurde, schob man einem freifliegenden Arakangapaar (*Ara macao*), das ebenfalls auf Eiern saß, unter. Das Ei im Brutapparat entwickelte sich, starb aber vor dem Schlupf noch ab. Bei dem gemischten Arapaar schlüpfte ein Küken aus den eigenen Eiern sowie ein Soldatenarajunges. Leider blieben beide Küken nur drei Tage am Leben. Bei dem Arakangapaar, denen das dritte Ei untergelegt wurde, schlüpfte am 3. Juni ein Küken, von dem man annahm, daß es ein Arakanga sei. Den anderen Eiern war kein Erfolg beschieden und die Hoffnung auf die Aufzucht eines Großen Soldatenaras mußte begraben werden. Das Junge wurde von dem freifliegenden Arakangapaar gut aufgezogen. Am 7. Juli entschloß man sich zu einer Nistkastenkontrolle, die mit größter Vorsicht durchgeführt wurde, weil das Elternpaar sehr aggressiv war, und stellte fest, daß das Küken ein ganz anderes Aussehen hatte, wie die in den Vorjahren gezogenen Jungtiere. Das Küken war von rundlicher Gestalt, der Kopf war wuchtig und der ganze Körper war mit dichten

grauen Dunen bedeckt. Eine Woche später zeigte sich andeutungsweise das rote Stirnband und damit stand mit Sicherheit fest, daß es sich bei dem Jungtier um einen Großen Soldatenara handelte. In der siebten Lebenswoche waren die grünen Federn durchgestoßen und auch die Schwung- und Schwanzfedern waren zu erkennen. Am 10. August, im Alter von 10 Wochen, nahm man das Junge aus dem Nistkasten und zog es bis zum Flüggewerden von Hand groß, damit es nicht entfliegen konnte. Sehr schnell gewöhnte sich das Araküken an die Handfütterung, die mit einer Spritze erfolgte, und gedieh prächtig.
Der Stuttgarter Zoo, die Wilhelma, kann schon seit mehreren Jahren Hybridenzuchten zwischen ♂ *Ara ambigua* × ♀ *Ara macao* vermelden. Das gemischte Zuchtpaar war lange Zeit mit anderen Araarten in einer Innenvoliere untergebracht und ließ sich trotz der täglich vorbeiströmenden Besuchermassen nicht von der Brut ablenken. Nachdem im Herbst 1981 die neue Freivolierenanlage für Papageien fertiggestellt war, fing man die anderen Aras heraus und setzte sie in die neuen Gehege um. Das Zuchtpaar Großer Soldatenara/Arakanga beließ man in der Innenvoliere in der Hoffnung, daß die Hybridenzuchten künftig noch erfolgreicher verlaufen würden. Der Nachwuchs dieses Arapaares bevölkert inzwischen eine schöne Freivoliere in der Wilhelma. Obwohl Hybridenzuchten von Taxonomen und Züchtern abgelehnt werden, ist dieser Erfolg trotzdem hoch einzustufen und wissenschaftlich auswertbar. Die Wilhelma-Vögel sind farblich sehr ansprechend und stecken voller Tatendrang, ständig sind sie in Bewegung und spielen und balgen miteinander.
Es ist zu hoffen, daß die wenigen deutschen Liebhaber, die im Besitz eines Großen Soldatenaras sind, sich zusammentun, damit sich bei dieser seltenen Spezies Gelegenheiten für Zuchtversuche ergeben.

Grünflügelara (Dunkelroter Ara)
Ara chloroptera G. R. Gray, 1859
engl.: Green-winged Macaw;
Red and Green Macaw

Kennzeichen: Größe ca. 90 cm; dunkelrot; mittlere und große Flügeldecke grün in unterschiedlichen Tönungen, große Flügeldecken auf den Außenfahnen blau; Hand- und Armschwingen blau, Außenfahnen der Handschwingen dunkelblau; Flügelunterseite dunkel bräunlich-rot; Steiß, Bürzel und Oberschwanzdecken hellblau; Schwanzfedern dunkelrot, zur Spitze hin in Blau übergehend; äußere Schwanzfedern auf der Außenfahne blau; nacktes Gesichtsfeld weißlich mit roten Federreihen durchzogen; Oberschnabel hornfarben, an den Seiten zur Schnabelwurzel hin dunkelgrau; Unterschnabel schwärzlichgrau; Iris gelb; Zehen dunkel graubraun.
♀ wie ♂, aber etwas schmächtiger im Körperbau.
Jungvögel: wie Altvögel, aber Iris bräunlich.
Verbreitung: Südlich und östlich der Kanalzone in Panama bis zum Golfo de Cupica in W-Kolumbien; im nördlichen Kolumbien entlang der karibischen Küste bis äußerst NW-Venezuela und östliches Kolumbien entlang der Anden südwärts über O-Peru, nördliches und östliches Bolivien, Paraguay, Formosa im nördlichen Argentinien bis Paraná in Brasilien. Von Venezuela östlich über die Guayana-Staaten bis O-Maranhão und von da südlich bis Paraná in Brasilien.

Verbreitungsgebiet des Grünflügelara (*Ara chloroptera*).

Lebensweise: Der Dunkelrote oder Grünflügelara ist neben dem Hayzinthara (*Anodorhynchus hyacinthinus*) der größte Papagei. Er zeigt zwar gegenüber dem Hyazinthara eine um ca. 10 cm geringere Körpergröße, aber sein kräftiger Körperbau, der massige Kopf und der große, wuchtige Schnabel hinterlassen doch einen respektvollen Eindruck.
Der Lebensraum des Grünflügelaras deckt sich weitgehend mit dem Verbreitungsgebiet eines nahestehenden Verwandten, dem Arakanga (*Ara macao*). Der Dunkelrote Ara ist ein Vogel der tropischen Tieflandurwälder und Urwaldrandgebiete und besiedelt hauptsächlich Biotope bis 450 m Höhe. Vereinzelt sind die Aras bis in Höhen von 1400 m anzutreffen, wobei sie dann Wälder der subtropischen Zone oder auch Trockenwälder bewohnen. Die Grünflügelaras vereinigen sich nicht zu großen Schwärmen, meistens sind sie paarweise, in Familienverbänden oder in kleinen Gruppen, selten mehr als 6 Exemplare, auf der Nahrungssuche.
Noch im letzten Jahrhundert besiedelten die Dunkelroten Aras die Tiefländer westlich der Kanalzone in Panama. Heute sind sie in diesen Gebieten nicht mehr heimisch. Der heutige Lebensraum der Aras endet im östlichen Teil der Cordillera de San Blas in Panama. Die im östlichen Teil von Panama gelegenen kleinen Gebirgszüge, die nur geringe Höhen erreichen, und die weitläufige Niederung des Darien begrenzen, sind speziell im hinteren karibischen Küstenbereich die Heimat der Aras. Feuchtheiße tropische Wälder, Mangrovensumpfgebiete sowie Savannen kennzeichnen hier ebenso wie in N-Kolumbien die kaum besiedelten Naturlandschaften. In Kolumbien sind es die Flußtäler des Atrato und des Magdalena sowie deren Nebentäler mit ihren tropischen Urwäldern und das Gebiet an den unteren Gebirgshängen der Sierra Nevada de Santa Marta und westlich und östlich der Sierra de Perija, die ostwärts bis zum Lago de Maracaibo in Venezuela abfällt. Nördlich des Orinokos in Venezuela, von Portuguesa bis Monagas, ist der Dunkelrote Ara nicht anzutreffen. In den Gebieten südlich des Orinokos und dessen Nebenflüssen sowie im Orinoko-Delta ist er örtlich verbreitet. In Guyana, Surinam und Französisch-Gayana werden die Tiere im Landesinneren, hinter dem ca. 30 km breiten, mit Mangroven bestandenen Küstensaum, angetroffen. Diese äußerst dünn von Menschen besiedelten Regenwälder werden örtlich im Regenschatten der Gebirge von hügeligen Savannen unterbrochen. Häufig scheinen diese Aras in den Guayana-Staaten nicht zu sein, jedenfalls ist der dort heimische Arakanga weitaus häufiger vertreten. In Brasilien ziehen sich die Dunkelroten Aras aus den atlantischen Küstenwäldern immer mehr zurück und drängen ins Landesinnere vor, wobei die großen Flußlandschaften mit ihren Urwäldern als Lebensraum genutzt werden. In einigen Landschaftsräumen sind die Grünflügelaras die am stärksten vertretenen Aras.
P. Roth (persönlicher Kommentar) teilt mit, daß der Grünflügelara im äußersten N-Mato Grosso in der Trockenzeit häufiger anzutreffen ist, als in der Regenperiode. Er frißt relativ große Früchte, wobei er sich gern an besonders hartschalige Futtersorten, wie z.B. Uxí (*Endopleura uchi*), Jatobá (*Hymenaea* spec.) oder die jungen Früchte von *Bertholletia excelsa* heranmacht.
In O-Kolumbien, O-Peru und O-Bolivien werden die Aras wiederum nur örtlich angetroffen, auch hier sind die riesigen

Urwälder und Urwaldrandgebiete entlang der Flußläufe ein gern genutzter Lebensraum. In Paraguay ist das Vorkommen der Grünflügelaras mehr auf das Sumpfgebiet des Paraguay beschränkt. Nach Chaco, Paraguay und Formosa, Argentinien, werden vermutlich nur jahreszeitlich bedingte Wanderungen unternommen.
Die Brutzeiten decken sich mit denen der im gleichen Gebiet vorkommenden anderen Araarten, d. h., daß im südlichen Lebensraum im November/Dezember und im nördlichen im Februar/März das Brutgeschäft aufgenommen wird. Als Nistplatz dienen ausgehöhlte Baumstämme oder die Löcher in den abgebrochenen Palmstämmen. Nistplätze in großer Höhe über dem Erdboden werden bevorzugt. Überhaupt halten sich die Grünflügelaras sehr gern in den obersten Baum- und Palmregionen auf. Nur zur Aufnahme mineralstoffreicher Erde kommen sie auf den Boden herab. Bis zu drei Eier, ca. 50 × 35 mm groß, werden gelegt und etwa 28 Tage lang vom Weibchen bebrütet. Die Aufzucht der Jungen, die etwa 90–100 Tage dauert, wird von beiden Elternteilen durchgeführt. Nach dem Verlassen des Nestes bleiben die Arajungen noch lange Zeit bei den Altvögeln.
Haltung/Zucht: Der Grünflügelara ist neben dem Gelbbrustara (*Ara ararauna*) und dem Arakanga (*Ara macao*) einer der am häufigsten eingeführten Aras. Jeder Zoologische Garten und Vogelpark zeigt die farbenfrohen Aras in seinen Gehegen. Meistens werden sie hier mit anderen Araarten vergesellschaftet, und so kam es auch wiederholt schon zu Mischlingszuchten. Der Dunkelrote Ara ist in seinem Wesen ein sehr liebenswürdiger Zimmergenosse, der recht schnell zahm wird und auch einige Worte sprechen lernt. Grünflügelaras sind sehr empfehlenswerte Pfleglinge, die sich eng an ihren Pfleger anschließen. Der Verfasser hielt einmal einen handzahmen Dunkelroten Ara gemeinsam mit Ararаunas, Arakangas und einem Großen Soldatenara (*Ara ambigua*) in einer Voliere. Der Grünflügelara war der ruhende Pol in der kleinen Gruppe. Sobald zwischen den anderen Voliereninsassen ein Streit um ein Stück Apfel oder einen besseren Sitzplatz entstand, schob er sich als Friedensstifter dazwischen und jedes Mal gelang es ihm, die Streithähne zur Räson zu bringen. Mit größter Begeisterung ließ er sich am Kopf, Bauch und unter den Flügeln kraulen, und wenn es ihm einmal zu viel wurde, was allerdings recht selten vorkam, so nahm er mit seinem wuchtigen Schnabel ganz vorsichtig den Finger und schob die Hand behutsam beiseite.
Die Welterstzucht des Grünflügelaras gelang wohl 1962 in England. Nachdem sich 1960 und 1961 das Zuchtpaar vergeblich um eine erfolgreiche Brut mühte, kam es 1962 zur Aufzucht von zwei Jungen aus einem Gelege von drei Eiern. Das erste Ei wurde bereits im April gelegt, wobei das Embryo abstarb, die beiden anderen Eier mußten im Juni gelegt worden sein, denn im Juli konnte man das Piepsen von zwei Jungtieren vernehmen. Die Altvögel waren während der Brutzeit sehr ruhig, verteidigten aber ihr Brutrevier, die Voliere und den Nistkasten mit äußerster Aggressivität, so daß Nistkastenkontrollen nicht erfolgen konnten. Bemerkenswert ist, daß sich das Weibchen die ersten fünf Wochen ständig im Nistkasten aufhielt und die Jungen huderte. Im Alter von 103 Tagen verließen die Jungen das Nest. Das erfolgreiche Zuchtpaar soll in einem Zeitraum von 15 Jahren 28 Jungtiere großgezogen haben.

Die erste in Deutschland gelungene Aufzucht von reinrassigen Grünflügelaras gelang 1970 im Zoo von Hannover.
In Texas, USA, schlüpften 1972 in der Anlage eines Vogelliebhabers nach einer Brutzeit von 27 Tagen, im Legeabstand der Eier, drei Junge. Das jüngste Küken wurde nach vier Tagen, nachdem es von den Alten nicht mehr gefüttert wurde, einem Zuchtpaar Arakangas (*Ara macao*) untergelegt. Drei Wochen später wurde es von Hand großgezogen. Die beiden anderen Jungen wurden vom Elternpaar problemlos versorgt.
Eine erfolgreiche Grünflügelarazucht konnte der deutsche Papageienliebhaber G. Wilking 1980 melden. Zu einem seit 1975 gehaltenen ♀ Dunkelroten Ara konnte Ende Mai 1980 ein ♂ zugekauft werden. Beide handzahmen Vögel kamen in eine Innenvoliere mit den Maßen 1,5 × 2,4 × 2,3 m. Der in der Voliere angebrachte Nistkasten hatte eine Grundfläche von 55 × 70 cm und eine Höhe von 1 m. Das Einschlupfloch wurde auf einen Durchmesser von 22 cm im oberen Drittel des Nistkastens eingebohrt. Auf den Nistkastenboden wurde eine 10 cm starke Mischung aus grobem Sägemehl und Torf geschüttet. Beide Aras verstanden sich auf Anhieb. Bereits nach wenigen Tagen inspizierten sie den aufgehängten Nistkasten. Nach dreiwöchigem Zusammensein fanden bereits die ersten Tretversuche statt. Zu Kopulationen kam es am 16., 22. und 26. Juni, immer in den Nachmittagsstunden zwischen 16 und 17 Uhr. Das erste Ei wurde am 29. 6., das zweite drei Tage später, am 2. 7., gelegt. Am 5. 7. konnten die Eier durchleuchtet werden und es schien so, als ob nur eines befruchtet sei. Bei einer weiteren Kontrolle, die am 8. 7. erfolgte, lag noch ein drittes Ei in der Nestmulde. Alle Eier waren befruchtet. Übrigens hatte das zuerst gelegte Ei einen ca. 3 cm langen Sprung. Mit UHU-Sekundenkleber wurde über den Riß eine dünne Schutzschicht aufgetragen. Nach einer Brutzeit von 28 Tagen schlüpfte am 26. 7. aus dem geklebten Ei ein Küken. Zwei Tage später schlüpfte ein Junges aus dem zweiten Ei. Das dritte Ei wurde leider vor dem Schlupf noch zerdrückt. Die glänzend weißen Eier hatten eine Größe von 46,0 × 34,8 mm. Das Weibchen brütete alleine, die Nächte verbrachte das Männchen aber im Nistkasten. Die beiden Jungen entwickelten sich gut. Nach acht Tagen zeigten sich die ersten Flaumfedern. Im Alter von 15 Lebenstagen öffneten sich die Augen. In der dritten Lebenswoche stießen die ersten Federkiele durch und der Ober- und Unterschnabel färbte sich an den Rändern der Schnabelwurzel leicht dunkel. Eine Woche später öffneten sich die Federkiele der Flügel- und Schwanzfedern. Nach fünf Lebenswochen waren die roten Federn auf dem Kopf erkennbar, gleichfalls setzte sich die Färbung des Schnabels fort und die Flügel- und Schwanzfedern hatten eine Länge von 2–3 cm erreicht. Wuchs und Befiederung der Jungen nahm nun sehr schnell zu. Am 23. 10. waren die beiden kleinen Aras voll befiedert und in der 13. Lebenswoche haben sie den Brutkasten verlassen.
Das gereichte Futter während der Aufzuchtzeit setzte sich wie folgt zusammen: Sonnenblumenkerne, getrocknet und gekeimt, frischer Mais, verschiedene Nußsorten, Obst in jeder Form, mit Milupa-Früchtebrei angemachter Speisequark, geweichter Zwieback, mit Ospulvit angemachtes kleingehacktes Ei und Vitamingaben.
Im Wuppertaler Zoologischen Garten wur-

den 1975 und 1976 drei Grünflügelaras aufgezogen, danach ist ein Partner des Zuchtpaares entflogen. Weitaus erfolgreicher verlaufen die Hybridenzuchten zwischen Ararauna und Grünflügelaras im Wuppertaler Zoo. Dr. Schürer teilte dem Verfasser mit, daß bis 1980 bereits der 40. Jungvogel aufgezogen wurde.
1960 kamen im Wuppertaler Zoo, nachdem die Papageien-Freianlage erstellt war, die Großpapageien in die neuen Gehege. Ein Jahr später bemerkte man, daß ein Gelbbrustara (*Ara ararauna*) und ein Dunkelroter Ara Freundschaft geschlossen hatten und den anderen Voliereninsassen gegenüber ihre Sitz- und Futterplätze verteidigten. Ständig saßen die Tiere beisammen und kraulten sich gegenseitig. 1962 kam es zu ersten Kopulationen, gleichzeitig wurden sie gegen die anderen Mitinsassen angriffslustig. Nachdem es dann auch noch zur Eiablage kam, wurden sie kurzer Hand ins Winterquartier eingesetzt. Obwohl hier ein entsprechender Nistkasten zur Verfügung stand, wurde die neue Unterkunft von den Tieren nicht akzeptiert. Auch die nächste Behausung, die für die zwei Aras gewählt wurde, entsprach wohl nicht ihren Vorstellungen, obwohl es am 4., 7. und 10. Juli 1963 zur Eiablage kam. Die Eier wurden auf dem Boden gelegt und blieben dann unberücksichtigt liegen. Daraufhin wurde das Arapaar in die Freianlage zurückgebracht. Die Anfang Juli gelegten Eier kamen sofort in einen Brutapparat, der auf eine Temperatur von 37,8 °C und eine Luftfeuchtigkeit von 65 % eingestellt war. Dreimal täglich wurden die Eier gelüftet, jeweils 10 Minuten lang, und gedreht. Nach einer Brutzeit von 26 Tagen (die natürliche Brutzeit beträgt 28 Tage) pickte das Küken in dem zuerst gelegten Ei die Schale von innen her an. Daraufhin wurde die Luftfeuchtigkeit mit Wasserbecken und nassen Tüchern auf 87 % erhöht. Nachdem 50 Stunden später das Küken noch nicht weitergepickt hatte und das Piepsen des Tieres langsam erstummte, wurde Schlupfhilfe geleistet und das Vögelchen aus der Eischale befreit. Das am 7. 7. gelegte Ei wurde am Morgen des 1. 8. angepickt. Wenige Stunden später ist das Küken ausgeschlüpft. Das Junge aus dem am 10. 7. gelegten Ei hat am 3. 8. angepickt und sich 24 Stunden später befreit. Die Erbrütung im Brutapparat dauerte somit exakt 25 Tage, beim erstgelegten Ei 26 Tage, wobei zu bemerken ist, daß das zuerst gelegte Ei bereits leicht unterkühlt war, als es in den Brutapparat kam, und zum Zeitpunkt des Schlüpfens keine genügend hohe Luftfeuchtigkeit herrschte, wodurch der Schlupfvorgang mehr als 50 Stunden dauerte. Das durchschnittliche Gewicht der Eier betrug 30 g, das Schlupfgewicht der Küken lag bei 25 und 26 g. Aus dem San-Diego-Zoo, USA, war bekannt, daß die ideale Aufzuchttemperatur zwischen 32–35 °C liegt. Damit eine einheitliche Temperatur gewährleistet war, kamen die Jungen in einen Plastikkorb, der eine gewisse Luftzirkulation zuließ, in den Brutapparat. Die eingestellte Temperatur betrug 33,5 °C bei 80 %iger Luftfeuchtigkeit; diese Temperatur war übrigens die beste für den Verdauungsvorgang, bereits bei den geringsten Temperaturänderungen traten Verdauungsstörungen auf. In der Zeit von 6 bis 22 Uhr wurde sechsmal, jeweils mit einer Pipette, gefüttert. Die Futtermischung bestand aus einer halben Tasse Weizenschrot, 2 Eigelb und 2 Eßlöffel Dosenmilch. Dies wurde zusammengerührt und mit Wasser verdünnt (zu einem suppigen Brei) und auf schwachem Feuer gekocht, bis dieser Brei fest wurde. Vor der

Fütterung kam Quark und Banane hinzu, so daß das Futter dann aus 1/8 Quark, 1/8 Banane und 6/8 gekochtem Brei bestand. Halbreifer, milchiger Mais und angekeimtes Getreide wurden hinzugefügt. Ölhaltige Sämereien wurden in geringer Menge gut vertragen, bei stärkeren Gaben traten jedoch Verdauungsstörungen ein. Ferner wurden abwechselnd T-Vitamin-Götsch, Polyvital, Sanostol, Multimulsin und hin und wieder etwas Rovendal verabreicht. Geriebene Sepiaschale als Kalkzusatz genügte nicht, erst bei Calcipotgaben entwickelten sich die Knochen der Küken zur Zufriedenheit.
Leider ging das zuerst geschlüpfte Küken ein. Die beiden anderen entwickelten sich, den äußeren Umständen entsprechend, recht gut. Zwischen dem 60. und 70. Lebenstag, bei einem Gewicht von etwa 375 g, bildete sich ein dichter Flaum und an den Flügel- und Schwanzfedern brachen die Kiele auf. Bis zum 90. Lebenstag ist ein rascher Wuchs der Federn zu beobachten. Am 24. 10., im Alter von 10 Wochen, konnten die ersten Flügelschläge beobachtet werden. Am 22. und 25. 12. sind die Jungen erstmals geflogen.
Obwohl Kreuzungszuchten von Liebhabern und Fachleuten abgelehnt werden und auch der Wuppertaler Zoo solche Versuche nicht unterstützt, muß dieser Erfolg einer Handaufzucht von Arahybriden als besonders bemerkenswert betrachtet werden. In der Papageienhaltung sollte jeder erfolgversprechende Zuchtvorgang, egal ob es sich nun um reinrassige oder ›nur‹ um artverwandte Vögel handelt, mit allen zur Verfügung stehenden Hilfsmittel gefördert werden.
Ab 1964 hat das Arapaar (♂ Ararauna und ♀ Dunkelroter Ara), nachdem ihm ein geeigneter Platz und eine Nisthöhle zur Verfügung gestellt wurde, jährlich regelmäßig Junge selbständig großgezogen. Die Eiablage erfolgte jeweils im Abstand von 2–3 Tagen. Die Bebrütung erfolgt stets durch die Henne, allerdings steigt auch der Hahn öfters in den Nistkasten. Die Fütterung der Jungen wird von beiden Elternteilen vorgenommen. Da die Aras ab dem Tage der ersten Eiablage brüten und die Küken im Abstand der Legefolge schlüpfen, bleibt es meistens nicht aus, daß das jüngste Küken von den beiden größeren bei der Fütterung abgedrängt wird und dadurch verhungert.
Wie bereits erwähnt, wurden von 1963 bis 1980 im Wuppertaler Zoo von dem erfolgreichen Arazuchtpaar 40 Jungvögel gezogen. Von der sogenannten F_1-Generation sind zwar noch keine Aufzuchterfolge zu vermelden, es wurden aber bereits befruchtete Eier gelegt.
Es ist zu hoffen, daß sich zukünftig mehr Liebhaber den Grünflügelaras widmen und versuchen werden, erfolgreiche Zuchten mit diesen Tieren hochzubringen. Jedenfalls sind diese sehr empfehlenswerte Pfleglinge, die sich außerdem während der Brutzeit äußerst still verhalten.

Arakanga (Hellroter Ara, Gelbflügelara)
Ara macao (Linnaeus, 1758)
engl.: Scarlet Macaw,
Red and Yellow Macaw

Kennzeichen: Größe ca. 85 cm; leuchtend rot; Schwing- und Flügeldeckfedern blau; große Flügeldecken und Schulterdecken gelb, zum Teil mit blauen und grünen Spitzen; Hand- und Armschwingen blau; Flügelunterseite rot; Hinterrücken, Bürzel, Ober- und Unterschwanzdecken hellblau; Schwanz rot, zur Spitze hin blau; Iris gelb; nackte Augen-Wangenregion völlig unbe-

fiedert, weißlich, manchmal fleischfarben; Oberschnabel hornfarben, an der Basis schwarzes Dreieck; Unterschnabel schwarz; Zehen graubraun.
♀: farblich wie ♂; Schnabel etwas kleiner; Stirn oft etwas flacher.
Jungtiere: farblich wie Altvögel; in der Statur etwas schmächtiger; Iris braun; Zehen braun.
Verbreitung: Von S-Taumalipas entlang der karibischen Küste über Veracruz, Tabasco bis S-Campeche sowie Oaxaca und Chiapas, über Belize und Guatemala südwärts entlang der Anden bis Santa Cruz in Bolivien und nördliches Mato Grosso in Brasilien, östlich bis Para in Brasilien.
Lebensweise: Im nördlichsten Teil seines Verbreitungsgebietes in Veracruz und Oaxaca, Mexiko, ist der Arakanga in seinem Bestand sehr stark im Abnehmen. In einigen Landstrichen, in denen die Vögel vor vielen Jahren noch sehr zahlreich vorkamen, sind sie bereits ausgestorben und in anderen Gebieten findet man sie nur noch örtlich in geringer Zahl. In S-Tamaulipas, Mexiko, treten die Aras nur örtlich und zeitlich begrenzt auf. Die Arakangas sind Vögel der Tiefländer und kommen in Höhen bis maximal 900 m vor. In Guatemala sind die Aras speziell im westlichen Petén und hier besonders am Fluß Usumacinta, der Mexiko und Guatemala trennt, sowie an einigen Nebenflüssen des Usumacinta anzutreffen. An dem schmalen pazifischen Küstenstreifen sind die Vögel äußerst selten. In Belize, dem früheren British-Honduras, findet man die Hellroten Aras im hinteren Küstenland, das im Norden des Staates bis 75 km weit als Schwemmland ins Landesinnere reicht. Gleichfalls besiedeln die Vögel die Flußregionen, die von großen Sumpfwäldern umgeben sind. Die jährlichen Niederschläge – es gibt zwei wenig ausgeprägte Regenzeiten – betragen im Norden 1500 mm und im feuchten Süden 3000 mm.
In dem am dichtesten besiedelten Staate Mittelamerikas, in El Salvador, ist das Vorkommen dieses Aras auf den südöstlichen, nahezu unbesiedelten Küstenteil sowie die Waldzone um den Lago de Olomega beschränkt. Die Regen-/Trockenzeit ist im Gegensatz zu Belize in El Salvador sehr stark ausgeprägt. Die Regenzeit, in der 96 % der Niederschlagsmengen niederkommen, fällt auf die Monate Mai bis Oktober. In den besiedelten Gebieten ist die ursprüngliche Vegetation, besonders durch Brandrodung, nicht mehr vorhanden, nur noch in den unwegsamen südlichen Küstenbereichen sowie in den Fluß- und Bergzonen. Die zur Zeit andauernden bürgerkriegsähnlichen Zustände haben nicht nur ihre Auswirkungen auf die Bevölkerung, sondern ziehen auch die Natur stark in Mitleidenschaft, zumal der derzeitige Nahrungsmangel die Menschen zwingt, sich durch das Abschießen wildlebender Tiere wenigstens mit dem Nötigsten zu versorgen.
In Honduras bewohnen die Arakangas die regenarmen Pazifikküstengebiete. Das nordöstliche und östliche Honduras, ein hügeliges Bergland, das von vielen Flüssen durchschnitten ist, wird von den Aras im Bereich der Flußwälder bis zu einer Höhe von 1100 m bewohnt. In Nicaragua sind die Vögel mehr an der pazifischen als an der karibischen Küste aufzufinden. Genauso verhält es sich in Costa Rica, auch hier werden die Arakangas häufiger im pazifischen Küstenhinterland angetroffen, allerdings durchkreuzen sie das schmale Land bis zur karibischen Küste, wo sie aber weitaus spärlicher vertreten sind. In Panama ist, ebenso wie in den vorgenann-

Verbreitungsgebiet des Arakanga (*Ara macao*).

ten Staaten, ein starkes Abnehmen des Arabestandes zu verzeichnen, im Bereich der Kanalzone fehlen die Vögel bereits vollständig. Die Serrania de Tabasará, ein Gebirgszug, der W-Panama durchzieht, ist ebenso wie die Cordillera de Talamanca in Costa Rica, eine Klimascheide. Der pazifische Bereich hat tropisch wechselfeuchtes

Klima und geht im Küstengebiet in Savannen über. Die karibische Seite, nahezu unbesiedelt, ist immer feucht und mit tropischem Regenwald, der bis zur Küste reicht, bedeckt. Der bevorzugte Lebensraum der Arakangas beschränkt sich auf einen Teil der Peninsula de Azuero sowie auf die Insel Coiba. Auf den Inseln Canal de Afúera und Rancheria wird in den letzten Jahren ebenfalls das Vorkommen dieser Aras registriert, wobei von der Isla Rancheria gemeldet wird, daß die Aras zwischen der Insel und dem Festland hin und her pendeln. In der Nähe des Städtchens Rio de Jesus war es dem Verfasser möglich, mehrmals kleine Trupps zwischen acht und zwölf Vögeln fliegen zu sehen. Die vermeintlichen Paare fliegen sehr dicht beisammen, so daß sie sich während des Fluges beinahe berühren. Bei der schrägstehenden Abendsonne leuchteten die roten Federn besonders stark. Es ist ein herrlicher Anblick, diese großen Papageien im Fluge zu beobachten, wobei auch erst im Flug die Farbgestaltung der Flügelfedern voll zur Geltung kommt.
Vor dem Isthmus von Panama endet das Verbreitungsgebiet auf dem mittelamerikanischen Kontinent, fortgesetzt wird es auf dem südamerikanischen Festlandblock am Mündungsdelta des Atrato am Golfo de Urabá in Kolumbien. Relativ häufig werden die Hellroten Aras noch im Tale des Rio Magdalena in NW-Kolumbien angetroffen und hier von der Bevölkerung gerne als Käfigvögel gehalten. Südwärts erstreckt sich der Verbreitungsraum entlang der Ostseite der Anden bis nach Santa Cruz in Bolivien fort. Der bevorzugte Lebensraum ist auch hier vor allem der Trockenwald während der Regenzeit, die feuchten Regenwälder werden nur auf dem Durchzug gestreift. In Venezuela, Guyana, Surinam, Französisch-Guayana und Brasilien besiedeln die Aras ebenfalls die Trockenwälder und Savannen bevorzugt, und man trifft sie dort bis in Höhen von ca. 1000 m an, wobei sie in der Regenzeit häufiger vertreten sind. Auch hier werden die von Menschen bewohnten Gebiete großräumig gemieden. Es ist äußerst schwierig, die scheuen Vögel aufzuspüren, zumal durch die jahrhundertelange Bejagung eine sehr große Fluchtdistanz von den Tieren eingehalten wird. Auf Trinidad konnten die Aras nur 1934 und 1943 beobachtet werden. Ffrench berichtet von 2 Arakangas, die 1934 im Nariva-Swamp, einem Mangrovensumpfgebiet im Osten der Insel, im Oktober gesehen wurden und von fünf Vögeln, die sich im hügeligen Landesinneren in der Nähe der Stadt Arima (Waller Field) im Mai 1943 aufhielten.
Die Arakangas leben außerhalb der Brutzeit in kleinen Familienverbänden und vereinigen sich oft zu Schwärmen bis zu 30 Vögeln. Wie die meisten Araarten haben auch die Hellroten Aras ihren bestimmten, gleichmäßigen Tagesablauf. Über lange Zeit werden bestimmte Bäume als sogenannte Schlafbäume bevorzugt, die regelmäßig in den späten Nachmittagsstunden angeflogen und dann die Nacht über besetzt werden. Die Paare sitzen dann meistens dicht beisammen, um sich bis zum Einbruch der Dunkelheit ausgiebig der gemeinsamen Gefiederpflege zu widmen. Oft gibt es, unter größtem Gekreische, Streit um die besten Schlafplätze, wobei die Vögel über weite Entfernungen wahrzunehmen sind. Anscheinend benutzen die Arakangas außerhalb der Brutperiode zeitweise Baumhöhlen als Übernachtungsplätze. P. Roth konnte am 16. 7. 1978 um 18.20 Uhr beobachten, wie ein Paar Ara-

kangas einen sehr hohen Baum anflogen und sofort die in ca. 25 m Höhe gelegene Höhle zur Übernachtung aufsuchten. Nach Sonnenaufgang – in den Tropen ist die Dämmerungszeit sehr kurz – fliegt dann der kleine Verband zur Nahrungssuche ab. Oft werden Strecken von 20–30 km zurückgelegt, um an die früchtetragenden Futterbäume zu gelangen. Viele Arten von Palmfrüchten, Feigen, Mangos usw. dienen den Aras als Nahrung. Es ist fraglich, ob die Aras zum Fressen auch auf den Boden herabkommen, allerdings konnte man die Arakangas an Uferböschungen beobachten, wie sie dort salzhaltigen Lehmboden aufnahmen. An solchen ›Mineralstoffquellen‹ treffen oft die unterschiedlichsten Araarten zusammen und bieten dann das farbigste Bild, das man sich überhaupt vorstellen kann.
Arakangas nehmen vermutlich auch animalische Kost auf (P. Roth). Im November 1978 war ein Paar *Ara macao* beim regelmäßigen Aufsuchen einer in ca. 30 m Höhe gelegenen Baumhöhle zu beobachten. Eine Untersuchung der vermeintlichen Bruthöhle förderte aber weder Eier noch Junge zutage; im Mulm auf dem Höhlengrund befand sich eine große Anzahl über 10 cm langer Käferlarven der Überfamilie Lamellicornia. Die Vermutung liegt nahe, daß die Aras die Höhle zur Aufnahme der Larven aufsuchten. Da zu dieser Zeit die Brutzeit im Gange war, kann man annehmen, daß sie tierisches Eiweiß als Zusatzfutter zur Jungenaufzucht aufnehmen.
Zur Brutzeit sondern sich die einzelnen Paare vom Schwarm ab, um dem Brutgeschäft nachzugehen. Man vermutet, daß die Aras ihre angestammten Nisthöhlen, solange diese noch verwendet werden können, jährlich benutzen. Da, bedingt durch die Größe der Vögel, nur geräumige Höhlen als Nistplatz in Betracht kommen, kann das Angebot nicht allzu mannigfaltig sein. Die meisten Nistplätze dürften sich in abgestorbenen Palmen befinden. Palmen bieten durch ihre glatten hohen Stämme den sichersten Schutz vor Nesträubern. Andererseits werden aber auch Höhlen in großen Bäumen sowie Erdlöcher in Uferböschungen von den Tieren angenommen. Die Brutzeit beginnt im Süden des Verbreitungsgebietes im Dezember, evtl. sogar im November. In der nördlichsten Verbreitungszone, in Mexiko, setzt der Brutbeginn erst zu einem späteren Zeitpunkt, etwa im März/April, ein. In der Regel werden zwei bis vier Eier, in der Größe etwas kleiner als Hühnereier (47,0 × 33,9 mm, elyptisch; Schönwetter, 1964) gelegt. Der Legeabstand beträgt ca. drei bis fünf Tage. Da bereits ab dem ersten Tag der Eiablage vom ♀ die Bebrütung erfolgt, schlüpfen die Jungen nach einer Brutzeit von 25/26 Tagen in den Abständen der Eiablage. Man vermutet, daß das Männchen sich in der Nähe der Nisthöhle aufhält und Wache hält. Über den Brutablauf im einzelnen sowie über die Aufzucht der Jungen in Freiheit liegen keine Angaben vor. Bekannt ist, daß die Jungvögel nach dem Ausfliegen bereits voll flugfähig sind und noch mehrere Wochen von den Altvögeln geführt werden.
Haltung/Zucht: Der Arakanga ist neben dem Ararauna (*Ara ararauna*) und dem Grünflügelara (*Ara chloroptera*) der bekannteste und in Liebhaberhand verbreitetste Ara. Bereits die ersten Spanier, die den mittelamerikanischen Kontinent im 15. und 16. Jahrhundert besuchten, brachten die farbenprächtigen Vögel auf ihren mit Reichtümern beladenen Schiffen nach Spanien, von wo aus sie nach allen europäischen Ländern gelangten.

Der Hellrote Ara ist ein Vogel, der in Einzelhaltung sehr schnell zahm wird und auch einige Worte sprechen lernt. Als Vogel der tropischen Tiefländer sollte man bei der artgerechten Unterbringung des Tieres immer darauf achten, daß die Arakangas nicht bei Temperaturen unter 18 °C gehalten werden. Sicherlich vertragen die Vögel auch weitaus geringere Temperaturen, können sich aber dabei niemals wohlfühlen.

Die ersten Zuchterfolge mit dem Hellroten Ara sollen dem Amerikaner Chamness 1916 gelungen sein, wobei sein Paar Arakangas in den Folgejahren immer wieder Junge großgezogen hat mit maximal drei Jungen pro Brut. In England glückte die erste Aufzucht 1934.

In Deutschland gelang die erste reinrassige Zucht mit den Arakangas den Geschwistern Fuhs im Jahre 1980. Im Herbst 1977 erwarben die Geschwister Fuhs 2 Arakangas, die auf einer Vogelausstellung gezeigt wurden. Die beiden Vögel standen zufällig während der Ausstellung dicht beisammen und zeigten eine gegenseitige Zuneigung. Über den Zeitraum eines Jahres wurden beide Vögel im Wohnzimmer gehalten und waren durch den ständigen menschlichen Kontakt bald sehr zahm. Speziell der in der Statur etwas kleinere Vogel wurde besonders zutraulich und ließ sich am ganzen Körper mit der Hand kraulen. Beide Aras wurden dann in der Innenvoliere eines Wintergartens untergebracht. Die Voliere selbst hatte eine Abmessung von 150 × 250 × 250 cm. Zwei weitere Innenvolieren beherbergten je ein Paar Nacktaugenkakadus (*Cacatua sanguinea*) und Molukken-Kakadus (*Cacatua moluccensis*). Nachdem die Aras größtes gegenseitiges Interesse zeigten und der große Vogel den kleineren fütterte, wurde ein Nistkasten in der Größe von 55 × 55 × 110 cm in der Voliere aufgestellt. Bereits kurze Zeit nach der Aufstellung inspizierte der kleinere Ara den Kasten eingehend. Ab dem 29. 12. 1979 zeigte auch der ›Große‹ Interesse am Nistkasten. Daraus ergab sich, daß der kleinere Ara die Henne und der größere der Hahn war. Die Henne war in der Folgezeit recht aggressiv und verteidigte den Nistkasten, außerdem verließ sie nur noch zweimal täglich den Brutblock. Am 29. 2. 1980 wurde das erste Ei, etwas kleiner als ein Hühnerei, festgestellt, ein zweites wurde vier Tage später gelegt. 32 Tage nach Ablage des zweiten Eis wurden die Eier entfernt, beide Eier waren unbefruchtet. Am 12. 4. 1980 konnten zum ersten Mal Tretversuche beobachtet werden und bereits am 25. sowie 29. 4. 1980 kam es erneut zur Eiablage. Nach einer Brutzeit von genau 25 Tagen schlüpfte am 19. 5. 1980 das erste Küken. Die Bettellaute, die der Jungvogel von sich gab, wurden aber immer leiser und am 22. 5. war das Junge tot. Das zweite Küken schlüpfte 4 1/2 Tage, am 23. 5. 1980, nach dem ersten. Die Aras wurden jetzt genauestens beobachtet, besonderes Augenmerk galt dabei dem Jungvogel, um sofort bei einer Vernachlässigung durch die Alten hilfreich eingreifen zu können und das Kleine durch Handfütterung großzuziehen. Es lief aber alles bestens und ein Eingreifen war nicht notwendig. Da die Henne bis zum 60. Lebenstag des Jungen sich ständig im Nistkasten aufhielt, nahm der Hahn bis zu diesem Zeitpunkt allein das gereichte Futter auf, wobei er das zusätzliche Futter, das aus Milupa-Kindernahrung, Biohundeflocken, Zwieback und Aufzuchtfutter bestand, nicht anrührte. Lediglich Sonnenblumenkerne, Zirbelnüsse, Erdnüsse, Möhren, Trauben und

Apfelsinen wurden gefressen, wobei die einzelnen Futtersorten bemerkenswerterweise im Wechsel aufgenommen wurden, denn jeweils nach einigen aufgenommenen Körnern oder Nüssen wurden die Obststücke gefressen. So wurde bei der Futteraufnahme zwischen ›hartem‹ und ›weichem‹ Futter ständig abgewechselt.
Das Junge war am dritten Lebenstag mit gelben Flaumfedern befiedert. Am 17. Tag zeigten sich bereits die ersten Federkiele und die Körpergröße war um das Dreifache angewachsen. Nach 42 Tagen sind auf dem Rücken und Kopf sowie an den Flügeln die ersten farbigen Federn erkennbar. Der Unterschnabel sowie der Dreiecksfleck, an der Basis des Oberschnabels, der bei flüggen Arakangas dunkel ist, färbten sich ab dem 25. Lebenstag von hornfarben allmählich in schwarz um. Die Befiederung schreitet ab diesem Altersstadium rasch voran. Am 49. Lebenstag sind die Flügelfedern farblich bereits gut herausgewachsen, ebenso nimmt die Körper- und Schwanzbefiederung ständig zu. Die roten Federn auf Rücken, Brust- und Bauchgefieder entwickeln sich etwas langsamer und zeigen sich bis über den 70. Lebenstag hinaus sehr flaumig. Nach dem 105. Lebenstag ist der Junge voll befiedert und nur durch die leicht geringere Körpergröße vom Elternpaar zu unterscheiden. Die Henne hielt sich bis zum 60. Lebenstag des Jungen im Nistkasten auf und nahm dann ab diesem Zeitpunkt, nachdem sie vorher nur vom Hahn gefüttert wurde, wieder selbständig Futter auf. Nach dem 90. Lebenstag nahmen die Altvögel merklich weniger Futter zu sich, anscheinend benötigt das Jungtier ab diesem Zeitpunkt nicht mehr die bisher verabreichten Mengen.
Ab diesem Alter zeigte der junge Arakanga Interesse an seiner Umwelt, so streckte er öfters seinen Körper halbwegs aus der Nisthöhle und tastete mit seinem Schnabel die nähere Umgebung ab. Im Alter von 105 Lebenstagen verläßt das Junge endgültig den Nistkasten.
Die Geschwister Fuhs führen die erfolgreiche Arakangazucht darauf zurück, daß die beiden Altvögel handzahm sind und ihre Pfleger sehr gut kennen. Oft mußten die Vögel während des Zuchtablaufes gestört werden, denn die ebenfalls im Gewächshaus untergebrachten Kakadupaare schrien oft in unglaublicher Lautstärke. Damit die Nachbarschaft durch die Lärmbelästigung nicht noch mehr verärgert wurde, war es notwendig, ständig die Voliere zu betreten, um die Vögel zu beruhigen, wobei die Aras natürlich sehr oft beim Brutgeschäft gestört wurden. Auch der Verfasser vertritt die Ansicht, daß nur wegen der Zutraulichkeit des Zuchtpaares gegenüber den Pflegern die Zucht erfolgreich zu Ende gebracht werden konnte.
Ein sehr erwähnenswerter Zuchterfolg mit Hellroten Aras gelang auf der Jerome-Buteyn-Bird-Ranch in San Luis Rey, Kalifornien/USA. In einer sehr großen Flugvoliere waren neben den Arakangas noch andere Aras untergebracht. Nachdem bemerkt wurde, daß die Arakangas Brutlust zeigten, fing man unter größten Schwierigkeiten die anderen Vögel heraus. Unter den zahlreich angebrachten Nistkästen wurde von dem Arakanga-Paar ein Kasten angenommen, der ohne Bodenteil direkt auf dem Volierenboden stand. Die Abmessung dieses Kastens war mit einer Grundfläche von 120 × 120 cm und einer Höhe von ca. 60 cm beträchtlich, entsprach aber den Vorstellungen der Aras. Die Nistmulde legten sich die Tiere selbst an. Bereits 8 Tage nach dem Herausfangen der Volierengenossen lag das erste Ei in der Mulde,

wobei die Henne sofort mit dem Brüten begann. Insgesamt legte das ♀ drei Eier. Bei einer später vorgenommenen Kontrolle sah man drei Jungtiere. Zwei Wochen später stellte man fest, daß alle drei Jungen noch lebten und wohlauf waren.
Die drei Jungen konnten erfolgreich von den Alttieren großgezogen werden. Als Futter stellte man den Aras verschiedene Sämereien, Brot, Tomaten und Obst sowie Kalk zur Verfügung.
Das Bemerkenswerte dieser Zucht ist, daß drei Jungvögel aufgezogen wurden. Es ist bekannt, daß Aras oft das zweite oder dritte Junge kurz nach dem Schlüpfen töten und jeweils nur ein Junges, manchmal auch zwei, großziehen. Vermutlich ist das Töten der Jungen ein natürliches Verhalten, denn es ist kaum vorstellbar, daß in freier Natur die Aras drei oder mehr Jungvögel mit Futter versorgen können, zumal die Jungen unglaublich große Mengen vertilgen und die Alttiere zu einer umfangreicheren Futterbeschaffung nicht in der Lage sind. Man sollte auch bedenken, daß in den Tropen nur kurze Dämmerungszeiten herrschen und der Tag dort nur 12 bis 13 Stunden lang ist.
Mischlingszuchten mit anderen größeren Araarten wurden bereits mehrmals gemeldet. Hauptsächlich werden solche Aufzuchtserfolge in Zoologischen Gärten erzielt, da hier oft die unterschiedlichsten Araarten, meistens in Einzelexemplaren, vertreten sind. Diese Mischlingszuchten in Zoos fanden oftmals unter den denkbar ungünstigsten Verhältnissen statt, aber trotzdem gelangen Zuchten zwischen dem Arakanga und dem Grünflügelara (*Ara chloroptera*), dem Großen Soldatenara (*Ara ambigua*), dem Kleinen Soldatenara (*Ara militaris*) und dem Ararauna (*Ara ararauna*). Die aus solchen Zuchten resultierenden Hybriden zeigen oft farblich recht ansprechende Gefiederpartien. Die Wilhelma, der Stuttgarter Zoologische Garten, zeigt in einer Voliere mehrere Hybriden (Großer Soldatenara × Arakanga), die hauptsächlich grün gefärbt sind, bei denen aber die ganze Kopfpartie rot bis gelb ist. Die Wangen sind zart strichförmig befiedert, der Schnabel ist vollständig schwarz; diese Zonen lassen eindeutig den Soldatenara als Vater erkennen.

Zwergara

Gattung *Diopsittaca* Ridgway, 1912

Die Gattung *Diopsittaca* ist neu aufgestellt, wobei die eine darin erfaßte Art bis vor kurzer Zeit den eigentlichen Aras zugereiht wurde. Das Erkennungsmerkmal der Gattung gleicht dem der Aras, allerdings ist der nackte Gesichtsbereich nur um das Auge und den Zügelbereich vorhanden. Ein augenfälliges Merkmal bildet die geringe Größe mit maximal 30 cm. Ein sichtbares Geschlechtsmerkmal zwischen Männchen und Weibchen gibt es nicht. Jungtiere sind farblich von Alttieren zu unterscheiden.
Die Gattung *Diopsittaca* kann als vermittelnde Gattung zwischen *Ara* und der ehemaligen Gattung *Aratinga* (Keilschwanzsittiche) angesehen werden.

Blaustirn-Zwergara (Zwergara)
Diopsittaca nobilis (Linnaeus, 1758)
engl.: Red-shouldered Macaw

3 Unterarten

1. *Diopsittaca nobilis nobilis* (Linnaeus)
Blaustirn-Zwergara, Hahn's Zwergara
engl.: Red Shouldered Macaw,
Hahn's Macaw

Kennzeichen: Größe ca. 30 cm; grün; Bauchseite mehr gelbgrün; Stirn und Vorderkopf grünblau; Flügelbug, Unterflügeldecken und Flügelrand rot; äußere Armschwingen auf der Außenfahne blau; Flügelunterseite gelbgrün; Schwanz grün; Schwanzunterseite gelbgrün; kleine, nackte Gesichtszone, von der Augengegend bis Zügel und Oberschnabelwurzel reichend, weiß; Iris orangebraun; Schnabel gräulichschwarz; Zehen dunkelgrau.
♀: wie ♂, Kopfpartie etwas schmächtiger.
Jungvögel: wie Altvögel, aber Stirn und Vorderkopf grün; Flügelbug, Flügelrand und Unterflügeldecken wenig rot.
Verbreitung: O-Venezuela, Guayana-Staaten und nördlich des Amazonas in NO-Roraima, N-Para und Amapa in Brasilien.

2. *Diopsittaca nobilis cumanensis* (Lichtenstein)
Lichtenstein's Zwergara, Lichtenstein's Hahn's-Zwergara
engl.: Noble Macaw

Kennzeichen: Wie 1. Unterart, aber merklich größer; Oberschnabel hornfarben mit grauer Spitze; Unterschnabel dunkelgrau.
Verbreitung: In Brasilien südlich des Amazonas in Para, Maranhao, Piaui, W-Pernambuco, Bahia und N-Goias.

3. *Diopsittaca nobilis longipennis* (Neumann)
Neumann's Zwergara, Neumann's Hahn's-Zwergara
engl.: Long-winged Macaw, Neumann's Macaw

Kennzeichen: Wie 2. Unterart, aber größer.
Verbreitung: Brasilien in O-Mato Grosso, S-Goias, Minas Gerais, W-Espirito Santo und N-São Paulo.

Lebensweise: Alle drei geographische Rassen des Zwergaras , dem kleinsten Vertreter aus den vier Aragattungen, sind Vögel der tropischen Zone. Die Tiere sind Bewohner der Tiefländer und selten in Höhen über 400 m vorzufinden. Die Aras streifen außerhalb der Brutzeit in größeren Verbänden durch ihren Lebensraum und unterscheiden sich hierin merklich von den verwandten Gattungen, deren Arten nur paarweise, in Familienverbänden oder kleinen Trupps auf Nahrungssuche gehen. Es zeigt sich in diesem Verhalten bereits das nahe Verwandtschaftsverhältnis der Gattung *Diopsittaca* zu den Arten der *Aratinga*-Gruppe, die teilweise in sehr großen Schwärmen übers Land ziehen. Der Verbreitungsraum von Hahn's Zwergara ist in O-Venezuela auf das Gebiet südlich des Orinoko-Mündungsdeltas, auf S-Amacuro und O-Bolivar begrenzt, wobei nur ein örtlich begrenztes Vorkommen festgestellt wurde. In den Guayana-Staaten sind Hahn's Zwergaras sehr stark vertreten und besiedeln hier hauptsächlich das tropische Küstenhinterland. Offene Palmwälder sind dabei ein gern genutzter Lebensraum. Sogar bis an die Stadtrandzonen dringen die Vögel vor. Der Verfasser konnte in den Randbezirken von Georgetown und New Amsterdam, Guyana, große Schwärme dieser Aras beobachten. Er erkannte auch, daß einige Pavuasittiche (*Psittacara leucophthalmus leucophthalmus*, früher *Aratinga*) sich unter die Araschwärme mischten. Die Aras ließen sich nur durch die helle nackte Wangenregion und den dunklen Schnabel von den Sittichen unterscheiden. Dagegen gab es zwischen dem Flugbild und der Flugform keine Merkmale, die eine

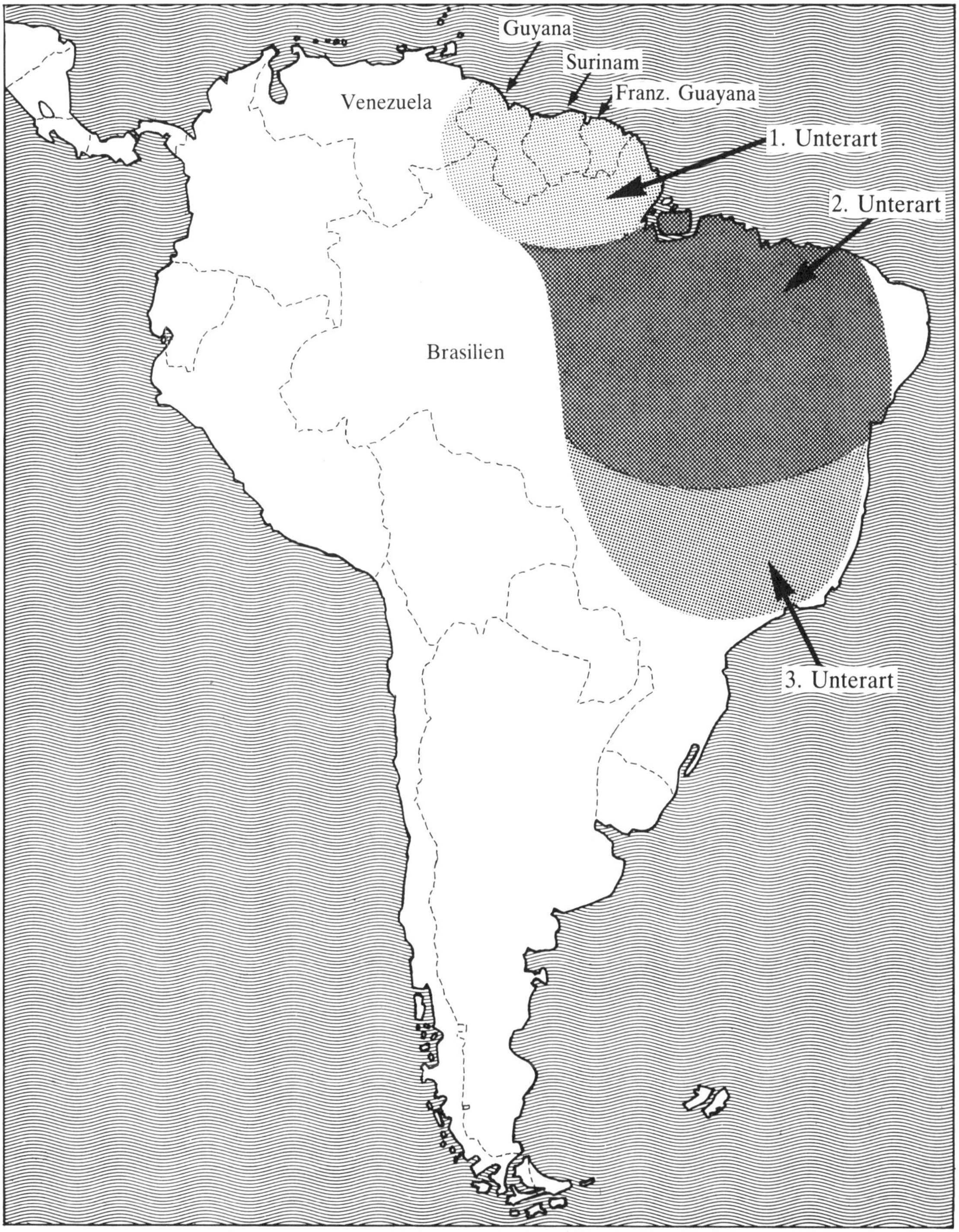

Verbreitungsgebiet des Blaustirn-Zwergara (*Diopsittaca nobilis*).

Unterscheidung ermöglicht hätten. Die Flügelunterseite ist bei beiden Arten von nahezu gleicher Färbung, und der schnelle Flug, mit ruckartigen Flügelschlägen, ist beiden Arten eigen. Es ist unglaublich, mit welcher Lautstärke die Zwergaras während des Fluges lärmen, bei entsprechender Windrichtung ist ein fliegender Aratrupp auf gut einen Kilometer Entfernung zu hören. Der Verfasser wurde während seines Aufenthaltes in Georgetown morgens regelmäßig durch das Geschrei von Hahn's Zwergaras und das der Venezuela-Amazonen (*Amazona amazonica amazonica*) geweckt.

In Brasilien, nördlich des Amazonas, besiedeln die Vögel ähnliche Landschaftsformen wie im nördlichen Verbreitungsraum. Ebenso ergeben sich bei der zweiten und dritten Rasse, bei Lichtenstein's Zwergara und Neumann's Zwergara, keine wesentlichen Unterschiede in den genutzten Biotopen, d.h., daß diese Aras ebenfalls offene Landschaftsräume bevorzugen.

Eine dauerhafte Paarbildung, wie wir sie von den großen Araarten der verwandten Gattungen her kennen, scheint bei den Zwergaras nicht gegeben zu sein. Allerdings liegen hierzu noch keine genaueren Untersuchungen vor. Alle Beobachtungen, auch von Züchtern, sind daher von besonderem Interesse.

Zu Beginn der Brutzeit scheren die Zwergaras aus dem Schwarm aus. Dic Brutzeit beginnt im Norden etwa im März und im südlichsten Verbreitungsgebiet im November/Dezember. Es werden bis zu fünf Eier, Größe ca. 31 × 25 mm, gelegt und ca. 24 Tage lang bebrütet (über die Brutzeiten liegen sehr unterschiedliche Daten vor, es werden Zeiten von 24–28 Tagen genannt). Denkbar ist, daß sich die Männchen am Bebrüten der Eier beteiligen, zumindest halten sie sich oft während dieser Zeit beim Weibchen in der Nisthöhle auf. Nach einer Nestlingszeit von etwa 60 Tagen verlassen die flüggen Jungvögel das Nest.

Richard Ffrench (1976) führt an, daß im Oktober 1934 zwei Hahn's Zwergaras im Nariva-Swamp (Ost-Trinidad) gesehen wurden. 1968 konnte ein einzelner Vogel bei Pointe-à-Pierre (West-Trinidad) beobachtet werden. Denkbar ist es, daß es sich bei dem Einzeltier um einen entwichenen Käfigvogel handelte (heute befinden sich in der Gegend von Pointe-à-Pierre riesige Erdöllagerstätten). Allerdings scheint es gar nicht so abwegig, daß in früheren Jahren Hahn's Zwergaras auf Trinidad vorkamen. Das Orinoko-Mündungsdelta, in dem die Aras heimisch sind, liegt direkt vor der Südküste Trinidads. Übrigens soll ein Präparat dieses Aras im British Museum, London, das über den Londoner Zoo dorthin gelangte, von Trinidad stammen.

Haltung/Zucht: Zwergaras werden sehr selten importiert. Da Brasilien ein absolutes Ausfuhrverbot für einheimische Tierarten erlassen hat, gelangt nur die Nominatform, der *Diopsittaca nobilis,* in die Hand von Liebhabern. Bedingt durch die geringe Größe und die nicht ›araeigene‹ Gefiederfärbung werden die Hahn's Zwergaras oft gar nicht als Aras erkannt. Eine Zoohandlung im Rheinland bot dem Verfasser einmal Zwergaras als Nacktwangensittiche an, nach Angaben des Verkäufers stammte der Vogel aus einer deutschen Zucht und als Heimatland wurde Chile genannt. In einer anderen Zoohandlung wurden die Hahn's Zwergaras als junge Guayaquilsittiche angeboten. Wenn ein Vogelliebhaber auf den Kauf eines Vogels per Annonce eingeht, dann sollte er sich vorweg telefonisch beim Verkäufer über das Aussehen des Tieres informieren, damit sichergestellt

wird, daß es sich tatsächlich auch um die angebotene Art handelt.
Die Unterbringung der Zwergaras ist lange nicht so problematisch wie bei den großen Aras. Der Handel führt ein ausreichendes Angebot an Käfigen und Zimmervolieren, wobei für jeden Geldbeutel eine befriedigende Lösung zu finden ist.
Einzeln gehaltene Zwergaras werden schnell zahm. Der Verfasser sah Vögel, die sich von ihrem Pfleger auf den Rücken legen und am Bauch kitzeln ließen. Gleichzeitig zeigen sich die Vögel sehr sprechbegabt und sind in diesem Verhalten den großen Araarten weitaus überlegen. Die Wiedergabe der gelernten Worte erfolgt zwar nicht so deutlich wie beim Graupapagei (*Psittacus erithacus*), jedoch kann es der eine oder andere Zwergara vom Sprachschatz her mit so manchem Graupapagei aufnehmen.
Die erste Brut, die erfolgreich verlief, gelang im Jahr 1939 in den USA. Hier sollen drei Junge, vermutlich aus der Rasse *A. n. cumanensis,* mit der Hand großgezogen worden sein. Sehr erfolgreich zeigten sich die Zwergaras bei dem englischen Liebhaber E. N. T. Vane: 1949 legte das Zuchtweibchen der Unterart *A. n. cumanensis* am 10., 12., 16. und 18. Juni die Eier und brütete ab dem Tage der ersten Eiablage. Nach einer Brutzeit von 25 Tagen schlüpften am 5., 7., 9. und 12. Juli die Jungen. Am 3. September hat das älteste Junge die Nisthöhle verlassen, die anderen folgten bis zum 9. September nach. Die Nestlingszeit betrug somit etwa 60 Tage. Das erfolgreiche Zuchtpaar hat auch weiterhin regelmäßig Junge großgezogen. 1956 hat dort der dreißigste Jungvogel das Nest verlassen.
1963 gelang im Kleinzoo in Hof vermutlich die erste deutsche Zucht mit Hahn's Zwergara. Die Zucht wurde zwar als Aufzucht eines Rotbugaras (*Ara severa*) bekanntgegeben, aber hier liegt mit Sicherheit eine Verwechslung vor. 1960 wurde das erfolgreiche Zuchtpaar angeschafft und in einer Außenvoliere in der Größe von 3 × 3 × 2,5 m und einem angeschlossenen Schutzraum 3 × 2 × 1,3 m untergebracht. Im Frühjahr 1961 zeigten die Vögel Interesse für einen eingehängten Nistkasten in der Größe von 30 × 30 × 70 cm und verteidigten jetzt ihr neues Nistplatzrevier, so daß die in der Voliere eingesetzten Tauben daraufhin entfernt werden mußten. Nachdem sich nur noch ein Vogel in der Voliere zeigte und der zweite sich ständig im Nistkasten aufhielt, erfolgte eine Kontrolle. Drei kleine weiße, fast rundliche Eier wurden dabei entdeckt. Die Kontrolle des Nistkastens nahmen die Vögel so übel, daß sie das Nest nicht mehr aufsuchten. 1962 zeigten sich die Aras wieder brutlustig, allerdings ergab sich ein anderer Ablauf. Die angebrachten Nistkästen fanden keine Beachtung mehr, dagegen wurde in eine ca. 2,5 cm starke Holztür ein Loch genagt. Von da aus gelangten die Vögel auf den sogenannten Heuboden. In einer Ecke des 1 × 1,3 × 0,7 m großen Heubodens wurden drei Eier auf die blanken Dielenbretter gelegt. Vermutlich beteiligten sich beide Vögel an der Brut, denn die Tiere wurden nur noch abends kurze Zeit gesehen. Die Eier wurden nach sechswöchiger Bebrütung entfernt, alle drei waren unbefruchtet. Im Jahre 1963 konnte der erste Zuchterfolg verzeichnet werden. Die Zwergaras nutzten wieder den Dachboden als Nistplatz. Nach einer Brutzeit von ca. 24 Tagen schlüpfte aus dem Gelege von drei Eiern ein Junges. Nach einer Nestlingszeit von etwa drei (?) Monaten zeigte sich der Vogel erstmals in der Freivoliere.

Der bekannte Papageienliebhaber Wolfgang de Grahl, Verfasser der Bücher ›Der Graupapagei‹ und ›Papageien in Haus und Garten‹, erhielt im Januar 1975 vier Zwergaras der Nominatform. Nachdem sich zwei Vögel davon als Paar herausstellten, wurden sie in ein Vogelhaus (1 × 1 × 2,3 m) umgesetzt. Der Hahn konnte durch die breitere, wuchtigere Kopfform, durch die etwas größere Ausdehnung der nackten Gesichtszone sowie durch die voluminösere Körperform von der Henne unterschieden werden.
Im März wurden vier Eier gelegt, die vom Weibchen bebrütet wurden. Das Männchen verbrachte während der Brutzeit die Nächte immer im Nistkasten und auch tagsüber verschwand er öfters darin. Am 1. April konnte ein leises Piepsen aus dem Brutblock vernommen werden. Am 10. April erfolgte die erste Kontrolle des Nistkastens. Das Elternpaar zeigte sich dabei äußerst aggressiv, die Henne biß sich sogar am Finger fest und konnte nur mühsam entfernt werden, zusätzlich schrien beide Altvögel ohne Unterlaß. Im Kasten wurden ein Junges, das mit einem sehr feinen Federflaum bedeckt war, und drei weitere Eier, zwei davon unbefruchtet, entdeckt. Die Eier wurden entfernt. Das Junge war gut gefüttert, wie man am vollen Kropf erkennen konnte. Die Augen waren am 10. Lebenstag noch fest geschlossen. Nach dem 20. Lebenstag waren die Augen geöffnet und die dunklen Federkiele schimmerten gut erkennbar unter der Haut durch. Nach 30 Lebenstagen, der Ara wog schon 150 g, zeigten sich an den Flügeln und am Schwanz die ersten Federn. Nach 6 Wochen war der jetzt 180 g schwere kleine Kerl recht gut befiedert. Der Schnabel war zu diesem Zeitpunkt noch hornfarben und die Iris hellbraun. Nach der achten Lebenswoche reduzierte sich das Körpergewicht auf 160 g, womit sich das bevorstehende Ausfliegen ankündigte. Der Schnabel zeigte jetzt eine mehr gräuliche Färbung, die Federn des Vorderkopfes schimmerten schwärzlich, die Schwanzfedern zeigten etwa erst ein Drittel der natürlichen Länge und die Unterflügel ließen nur eine geringe Ausdehnung der Rotfärbung erkennen. Mit genau 60 Lebenstagen hat der Jungvogel, unter größtem Geschrei der Eltern, den Nistkasten verlassen. 14 Tage später fraß das Junge bereits selbständig Sonnenblumenkerne. Nach 85 Tagen war der Schnabel immer noch heller als der der erwachsenen Tiere, auch die nackte Gesichtszone war noch lange nicht so ausgedehnt wie bei den Altvögeln.
In der Schweiz gelang 1978 ebenfalls eine erfolgreiche Zucht mit Hahn's Zwergara. Ein Junges wurde in einer Voliere, die mit vier Zwergaras besetzt war, großgezogen.
Die Zwergaras sind sehr empfehlenswerte Pfleglinge, die man durchaus in einer Kolonie halten kann, allerdings sollten in Schwarmhaltung sehr große Flugräume zur Verfügung stehen. Bei einer paarweisen Haltung benötigt man zur optimalen Unterbringung der Tiere nicht solch große Gehege wie für die großen Arten. Leider sind die Zwergaras sehr laut, wobei sie ihre schrillen Schreie oftmals über längere Zeiträume anhaltend von sich geben. Bei Haltung der Vögel in einer Freivoliere muß man auf tolerante Nachbarn hoffen.

Museen

Die naturhistorischen Museen haben sich im Laufe der beiden vergangenen Jahrhunderte um die Klassifikation der Vögel verdient gemacht. Die Prinzipien der heute gültigen Systeme stammen aus diesen Institutionen. Mit einem Mitarbeiterstab, der über die ganze Welt verteilt war, wurden in allen ›Winkeln‹ der Erde Vögel gesammelt. Phylogenetiker und Taxonomen vermaßen, bestimmten, ordneten und beschrieben, Präparatoren und Maler fertigten Bälge, Präparate und Bilder. Im Laufe der Jahrzehnte wurden wie kleine Mosaiksteine Tausende einzelner Informationen zusammengetragen und in ein System gebracht. Charles Darwin (1809–1882) schuf mit seiner Evolutionstheorie eine wichtige Grundlage für unser heutiges naturwissenschaftliches Weltbild. James Lee Peters hat schließlich 1931 den ersten Band einer großangelegten, 15bändigen ›Checklist of Birds of the World‹ (Systematische Liste der Vögel der Welt) herausgebracht und damit ein Werk erstellt, das die systematische Darstellung der gesamten Klasse der Vögel enthielt. Die Museen mit ihren großen Sammlungen haben es erst ermöglicht, diese Artenliste zu schaffen.
Jeder Vogelfreund, Vogelpfleger, Vogelzüchter und Hobbyornithologe sollte es nicht versäumen, auf Reisen die umfangreichen Sammlungen der Naturhistorischen Museen zu besuchen.

Nachstehend werden einige Museen aufgeführt, die zum Teil ein reiches Sortiment an Vogelpräparaten, -bälgen, -skeletten und -eiern in ihren Sammlungen ausstellen. Über die Besuchsmöglichkeiten informiert man sich bei der Verwaltung der Museen.

Bundesrepublik Deutschland

Augsburg	Naturwissenschaftliches Museum
Bonn	Zoologisches Forschungsinstitut und Museum Alexander König
Braunschweig	Staatliches Naturhistorisches Museum
Bremen	Übersee-Museum
Coburg	Naturwissenschaftliches Museum der Coburger Landesstiftung
Darmstadt	Hessisches Landesmuseum
Erlangen	Zoologisches Institut der Friedrich-Alexander-Universität
Frankfurt	Forschungsinstitut und Naturmuseum Senckenberg
Göttingen	Zoologisches Institut der Universität Göttingen
Hamburg	Zoologisches Staatsinstitut und Zoologisches Museum
Hannover	Niedersächsisches Landesmuseum
Kassel	Städtisches Naturkundemuseum

Kiel	Zoologisches Institut und Museum der Universität Kiel
München	Zoologische Sammlung des Bayrischen Staates
Stuttgart	Staatliches Museum für Naturkunde
Tübingen	Zoologisches Institut der Universität Tübingen
Wilhelmshafen	Institut für Vogelforschung

Deutsche Demokratische Republik

Berlin	Institut für Spezielle Zoologie und Zoologisches Museum der Humboldt-Universität
Dresden	Staatliches Museum für Tierkunde
Halle	Zoologisches Institut und Sammlung der Martin-Luther-Universität
Leipzig	Zoologisches Institut der Karl-Marx-Universität
Leipzig	Naturkundliches Museum

Österreich

Wien	Naturhistorisches Museum

Schweiz

Basel	Museum für Völkerkunde
Genf	Muséum d'Histoire Naturelle
Lausanne	Musée Zoologique de l'Université Lausanne
Neuchâtel	Musée d'Histoire Naturelle

Belgien

Antwerpen	Natuurwetenschappelijk Museum der Stadt Antwerpen
Brüssel	Musée Royal d'Histoire Naturelle de Belgique

Dänemark

Kopenhagen	Zoologisches Museum der Universität Kopenhagen

Frankreich

Lyon	Muséum des Sciences Naturelles
Nancy	Musée d'Histoire Naturelle
Paris	Muséum National d'Histoire Naturelle
Straßbourg	Musée Zoologique de l'Université et de la Ville
Toulouse	Muséum d'Histoire Naturelle et Jardin Zoologique

Großbritannien

Cambridge	University Museum of Zoology
Edinburgh	Royal Scottish Museum
London	British Museum (Natural History)

Italien

Genua	Museo Civico di Storia Naturale
Mailand	Museo Civico di Storia Naturale
Neapel	Museo Zoologico della Universitá Neapel
Rom	Museo Civico di Zoologia
Turin	Museo di Zoologia

Niederlande

Amsterdam	Zoologisches Museum der Universiteit Amsterdam
Leyden	Rijksmuseum van Natuurlijke Historie Leyden

Norwegen

Oslo	Zoologisches Museum der Universität

Schweden

Göteborg	Natural History Museum
Lund	Zoological Institute and Museum
Stockholm	Royal Natural History Museum

Tschechoslowakei

Prag	National Museum

Australien

Melbourne	National Museum of Natural History, Geology and Ethnology
Perth	Public Library, Museum and Art Gallery of Western Australia
Sydney	Australian Museum
Sydney	MacLeay Museum of Natural History

Vereinigte Staaten

Cambridge/ Massachusetts	Museum of Comparative Zoology
Chicago/ Illinois	Chicago Academy of Sciences
Chicago/ Illinois	Chicago Natural History Museum
New York/ New York	American Museum of Natural History
San Diego/ Kalifornien	Natural Hosory Museum
San Francisco/ Kalifornien	Pacific Museum of Ornithology
Washington	United States National Museum

Tier- und Vogelparks

Seit jeher bieten die Zoologischen Gärten mit ihrer breiten Palette an exotischen Tieren die besten Beobachtungs- und Vergleichsmöglichkeiten sowohl für ein breites Publikum als auch für den Wissenschaftler.
Der nachgewiesen älteste Zoologische Garten ist der Tiergarten des Schlosses Schönbrunn in Wien. 1752 ließ Kaiser Franz I. für seine Gemahlin, die Kaiserin Maria Theresia, diesen Tierpark errichten. Bereits damals, im 18. Jahrhundert, wurden Papageien in Schönbrunn gehalten.
Der erste Zoologische Garten Deutschlands war die Stuttgarter Menagerie, die 1812 gegründet wurde, aber nur bis 1816 bestand.
Der älteste deutsche noch existierende Zoologische Garten ist der Zoo von Berlin, der 1841 gegründet und 1844 eröffnet wurde. Heute kann sich dieser Tierpark rühmen, die artenreichste Tiersammlung Europas zu beherbergen. So waren z. B. 1978 3071 Vögel in 713 Arten vertreten.
Aber auch viele andere Tier- und Vogelparks, nicht nur in Deutschland, zeigen den Besuchern umfangreiche Tierbestände.
Für den Vogelliebhaber und besonders für den Freund der Krummschnäbel empfiehlt sich daher ein Besuch in einem der nachstehend aufgeführten Zoos oder Vogelparks, wobei diese Aufstellung keineswegs als vollständig angesehen werden kann.

Bundesrepublik Deutschland

Berlin	Zoologischer Garten Berlin
Coesfeld	Vogelpark Münsterland
Detmold-Heiligenkirchen	Vogel- und Blumenpark Detmold-Heiligenkirchen
Duisburg	Zoo Duisburg
Frankfurt	Zoologischer Garten der Stadt Frankfurt
Geiselwind	Freizeit-Land (VPM-Park) Geiselwind
Gettorf	Tierpark Gettorf
Hamburg	Carl Hagenbeck's Tierpark
Hannover	Zoo Hannover
Irgenöd	Vogelpark Irgenöd
Metelen	Vogelpark Metelener Heide
München	Tierpark Hellabrunn
Steinen-Hofen (bei Lörrach)	Vogelpark Wiesental
Stuttgart	Zoologisch-Botanischer Garten Wilhelma
Thüle	Tierpark Worberg
Walsrode	Vogelpark Walsrode
Wuppertal-Elberfeld	Zoo Wuppertal

Deutsche Demokratische Republik

Berlin/DDR	Tierpark Friedrichsfelde

Österreich

Wien	Tiergarten Schönbrunn

Schweiz

Basel	Zoologischer Garten
Zürich	Zoologischer Garten

Niederlande

Amsterdam	Zoologischer Garten
Wasenaar	Tiergarten Wasenaar

Großbritannien

Chester	Zoologischer Garten
In der Nähe von Oxford	Vogel-Zoo (Buorton-on-the-water)
London	Zoologischer Garten
Rode bei Bath, östl. v. Bristol	Vogel-Zoo (Rode Tropical Birds Gardens)
Kanalinsel Jersey	Jersey Zoo

Italien

Neapel	Zoologischer Garten

Vereinigte Staaten

Chicago/ Illinois	Zoologischer Garten (Brookfield Zoo)
Houston/ Texas	Zoologischer Garten (Houston-Zoo)
Miami/Florida	Vogel-Zoo (Parrot Jungle)
San Diego/ Kalifornien	Zoologischer Garten (San Diego Zoo)
Tampa/ Florida	Vogel-Zoo (Busch Gardens)

Für Tierfreunde und Papageienliebhaber sehenswerte Tier- und Vogelparks befinden sich vor allem in den großen Städten (Hauptstädten) Mittel- und Südamerikas, Afrikas, SO-Asiens und Australiens. Da viele Papageien in diesen Regionen heimisch sind, werden sie dort auch bestens präsentiert.

Vereinigungen und Fachzeitschriften

Die Vogelliebhaberei hat in den vergangenen Jahren einen unglaublichen Aufschwung erfahren, und in besonderem Maße zeigt sich dies bei der Haltung exotischer Vögel. Allerdings ist es mit der Liebe zur Kreatur ›Vogel‹ allein nicht getan. Die Haltung eines Tieres ist an Pflichten und Bedingungen geknüpft, die der verantwortungsvolle Pfleger zu erfüllen hat. Das bedeutet auch, daß die Halter und Züchter von Papageien auf einen Erfahrungsaustausch und auf Informationen für ihre Liebhaberei ständig angewiesen sind. Nahezu in jeder größeren Ortschaft gibt es Interessengemeinschaften und Vereine, die sich eingehend mit der Haltung und Zucht von Vögeln beschäftigen. Meist kommt es hier einmal im Monat zu Zusammenkünften, bei denen alle anfallenden Probleme, sei es die Haltung, Fütterung, Zucht oder anderes, erörtert werden. Jeder Vogelliebhaberverein wird einem neuen Interessenten gerne mit Rat und Tat zur Seite stehen.

Eine zweite Möglichkeit sich zu informieren und weiterzubilden bieten die in der Regel monatlich erscheinenden Fachzeitschriften für Vogelliebhaber.

Nachstehend einige deutschsprachige Vogelzeitschriften (im Literaturverzeichnis jeweils unter ihrer Abkürzung):

AZ-Nachrichten (AZ), Organ der Austauschzentrale der Vogelliebhaber und Züchter Deutschlands (AZ) e.V. Geschäftsstelle: G. Wittenbrock, Vor der Elm 1, 2860 Osterholz-Scharmbeck

Die Gefiederte Welt (Gef. Welt), Verlag Eugen Ulmer, Wollgrasweg 41, 7000 Stuttgart 70 (Hohenheim).

Die Voliere, Verlag M. & H. Schaper, Grazer Str. 20, 3000 Hannover 81

Geflügel Börse, Verlag Jürgens KG., Industriestr. 5, 8035 Germering 1

Kanarienfreund, Hanke Verlag GmbH, Postfach 1040, 7530 Pforzheim

Trochilus, Biotropic Verlag GmbH, Blochmatt 7, 7570 Baden-Baden

ZZA – Zoologischer Zentral-Anzeiger, Zentralverband Zoologischer Fachgeschäfte Deutschlands e.V., 6057 Dietzenbach 1, Am Stadtbrunnen 8/12

Gefiederter Freund (Gef. Freund), Obligatorisches Organ der Exotis, Redaktion: D. Bischofberger, Mühlegasse 31, CH 6340 Baar/ZG

Literaturverzeichnis

Austin jr., O. L.: Birds of the World. Golden Press, New York 1961.

AZ-Nachrichten: Vogelkrankheiten. Sonderheft der AZ.

Bedford, Duke of: Parrots and Parrot-like Birds. All-Pets Books, Fond du Lac 1954.

Belcher, C., und Smooker, G. D.: Birds of Trinidad and Tobago. Ibis, Vol. VI, 1936, S. 12–16.

Berndt, R., und Meise, W.: Naturgeschichte der Vögel. Franck'sche Verlagshandlung, Stuttgart 1962.

Bezzel, E.: Ornithologie. Verlag Eugen Ulmer, Stuttgart 1977.

Blake, E. R.: Birds of Mexico. University of Chicago Press, Chicago 1953.

Boetticher, H. v.: Papageien. A. Ziemsen-Verlag, Wittenberg-Lutherstadt 1962.

Bond, J.: Check-List of Birds of the West Indies. Academy of Natural Sciences, Philadelphia 1956.

Bond, J.: Birds of the West Indies, Collins, London 1971.

Chapman, M.: Macaws. Bulletin of the American Museum of Natural History, Vol. LV, S. 253–256, 1926.

Chubb, Ch.: The Birds of British Guiana, Vol. I. Bernard Quaritch, London 1916.

Clements, J. F.: Birds of the World: a Check List. The Two Continents Publ. Group, New York 1974.

Cordier, Ch.: Über Lebensraum und Lebensweise der Felsenhähne. Gefiederte Welt 7/71, S. 133–136.

Darlington jr., P. J.: Notes on the birds of Rio Frio, Magdalena, Colombia. Bull. Mus. camp. Zool. Harv. 71/1931, S. 349–421.

Davis, L. I.: Birds of Mexiko and Central America. Uni. of Texas Press, Austin and London 1972.

Dorst, J.: Die Vögel in ihrem Lebensraum. Editions Rencontre, Lausanne 1972.

Dunning, J. S.: South American Land Birds. Harrowood Books, Newtown Square 1982.

Ebert, W.: Vogelkrankheiten. Schaper, Hannover 1978.

Edwards, E. P.: Finding Birds in Mexiko. Edwards, Sweet Briar 1968.

Edwards, E. P., and Loftin, H.: Finding Birds in Panama. E. P. Edwards, Sweet Briar 1971.

Edwards, E. P.: A Field Guide to the Birds of Mexico. E. P. Edwards, Sweet Briar 1972.

Eisenmann, E., und Loftin, H.: Birds of the Panama Canal Zone area. Fla. Natural, 41, S. 57–60, 1968.

Ffrench, R.: A Guide to the Birds of Trinidad and Tobago. Harrowood Books, Valley Forge 1976.

Fisher, J. N. S., and Vincent, J.: The Red Book: Wildlife in Danger. Collins, London 1969.

Forshaw, J. M.: Parrots of the World. Lansdowne Press, Melbourne 1973.

–: Parrots of the World. T.F.H., Publications Inc., Neptune 1977.

Freud-Smithtown, A.: Lear's Macaw. Mag. of the Parrot Society, Vol. XIII – No. 2/79, S. 25–30.

Fuhs, K. und R.: Geglückte Zucht eines Hellroten Ara (Arakanga). AZ 1/81, S. 14–15.

Gesner, C.: Vogelbuch; Nachdruck. Schlütersche Verlagsanstalt und Druckerei, Hannover 1981.
Grahl, W. de: Erstzucht: *Ara nobilis nobilis* (Linnaeus). Gef. Welt 8/75, S. 141–143.
–: Papageien-Idyll am Bodensee. Gef. Welt 10/75, S. 187–188.
–: Papageien. Ulmer Verlag, Stuttgart 1977.
Greenway jr., J. C.: Extinct and Vinishing Birds of the World. Dover Publications Inc., New York 1967.
Grüning, E.: Der erste in der Schweiz gezüchtete Marakana oder Rotrücken(Zwerg)ara? Gef. Freund 7/81, S. 171–173.
Gruson, E. S.: Checklist of the Birds of the World. Collins, London 1976.
Günther, J.: Wiener Papageienbüchlein, nach Aquarellen von L. Brunner und L. Stoll. Bertelsmann Verlag, Gütersloh 1957.
Gyldenstolpe, N.: A Contribution to the Ornithology of Northern Bolivia. Almquist + Wiksells, Stockholm 1945.
Haas, G.: Ara-Zuchten im Wuppertaler Zoo. AZ 4/1977, S. 111–114.
Haberlandt: Ein Besuch bei Blazers. Vögel ferner Länder, Vol. II, 1928, S. 112–113.
Harnisch, W.: Mai's Auslandstaschenbuch, Nr. 28, Karibien und Mittelamerika, Verlag Volk und Heimat, Buchenhain 1975/76.
Haverschmidt, F.: Birds of Surinam. Oliver and Boyd, Edinburgh 1968.
–: Evening flights of the Southern Everglade Kite and the Blue and Yellow Macaw in Surinam. Wilson Bull. 1954, 66, S. 264–265.
Herklots, G. A. C.: The Birds of Trinidad and Tobago. Collins, London 1961.
Herzog, M.: Zuchterfolge bei den Zwergaras (Blaustirn Zwergaras) *Ara nobilis nobilis*. Gef. Freund 11/78, S. 277–279.
Hoppe, D.: Amazonen. Verlag Eugen Ulmer, Stuttgart 1981.
–: Nochmals: Caninde-Ara – Art oder Unterart? Gef. Welt 6/82, S. 188–189.
–: Über das Washingtoner Artenschutzübereinkommen. Gef. Welt 7/82, S. 222–225.
–: Zuchterfolge ohnegleichen beim Rotrückenara oder Maracana (*Ara maracana*). Gef. Welt 11/82, S. 347–348.
Howard, R., und Moore, A.: A complete Checklist of the Birds of the World. Oxford University Press, New York 1980.
–: Ölspur, Bohrtürme am Amazonas. IWZ/ Illustrierte Wochenzeitung, Stuttgart, 17/1981, S. 8–11 und 29.
Kirchhofer, E.: Zucht des Ararauna. Gef. Welt 1/1973, S. 1–3.
Kleiser, H.: Brutversuche mit dem Zwergara. Gef. Welt 11/64, S. 206–207.
Köpcke, M.: Probleme des Vogelzuges in Peru. XIII. Intern. Ornithologen-Kongr. 1963, S. 396–411.
Land, H. C.: Birds of Guatemala. Livingston, Wynnewood 1970.
Laubmann, A.: Die Vögel von Paraguay; Wissenschaftliche Ergebnisse der Deutschen Gran Chaco-Expedition. Strecker und Schröder Verlag, Stuttgart 1939.
–: Vögel; Wissenschaftliche Ergebnisse der Deutschen Gran Chaco-Expedition. Strecker und Schröder, Stuttgart 1930.
Linn, H.: Geglückte Zucht mit Gelbbrustara (Ararauna). AZ 11/78, S. 372–374.
Loughlin, E. M.: Field Notes on the Breeding and Diet of some South American Parrots. Foreign B. 1970, S. 169–171.
Low, R.: Parrots; Their Care and Breeding. Blandfort Press, Poole, Dorset 1980.
–: The Parrots of South America. Gifford, London 1972.
Luther, D.: Die ausgestorbenen Vögel der Welt. A. Ziemsen-Verlag, Wittenberg-Lutherstadt 1970.
Maaß, K.: Zucht des Gelbnackenarara von K. Maaß. AZ 1/80, S. 16.
Meier, E.: Zucht des Gelbnacken(Zwerg)ara (*Ara auricollis*). Gef. Freund 9/78, S. 216–218.
Meyer de Schauensee, R.: The Birds of Colombia. Livingston Publishing Company for Academy of Natural Sciences of Philadelphia, Narbeth 1964.
–: The Species of Birds of South America.

Livingston Publishing Company for Academy of Natural Sciences of Philadelphia, Wynnewood 1966.
–: A Guide to the Birds of South America. Livingston Publishing Company for Academy of Natural Sciences of Philadelphia, Wynnewood 1970.
Mitchell, M. H.: Observations on Birds of Southeastern Brazil. University of Toronto Press, Toronto 1957.
Monroe jr., B. L.: A Distributional survey of the Birds of Honduras. Americ. Orn. Univers., Orn. Monogr. Nr. 7, 1968, S. 1–457.
Naumburg, E. M.: The Birds of Matto Grosso; a Report on the Birds secured by the Roosevelt-Rondon Expedition. Bull. Americ. Mus. Natural History 60/1930, S. 1–432.
Neunzig, K., und Ruß, K.: Handbuch für Vogelliebhaber, -züchter und -händler. Creutzsche Verlagsbuchhandlung, Magdeburg 1921.
Niethammer, G.: Zur Vogelwelt Boliviens. Bonner Zool. Beiträge 4/1953, S. 195–303.
Olivares, A.: Aves de Cundinamarca. Nacional de Colombia: Direccion de Divulgacion Cultural, S. 139, 1969.
Olrog, C. Ch.: Las Aves Argentinas. Instituto ›Miguel Lillo‹, Tucuman 1959.
–: Las Aves Sudamericanas. Universidad Nacional de Tucumán, Fundación-Instituto ›Miguel Lillo‹, Buenos Aires 1968.
O'Neill, J. P.: Distributional notes on the birds of Peru. Occ. Pap. Mus. Zool. La St. Univers. 37/1969, S. 1–11.
Peters, J. L.: Check-List of Birds of the World. Harvard University Press, Cambridge 1937.
Peterson, R. T., und Chalief, E. L.: A Field Guide to Mexican Birds. Houghton Mifflin Comp., Boston 1973.
Phelps, W. H., und Phelps, W. H., jr.: Lista de las Aves de Venezuela con su Distribucion. Editorial Sucre, Caracas 1958.
Pinto, O. M. de O.: Aves de Bahia. Rev. Mus. Paul. 19/1935, S. 1–325.
–, und Camargo, E. A. de: Sôbre uma coleção de aves do Rio das Mortes (Estado de Mato Grosso). Papéis Dep. Zool. São Paulo 1948, No. XIII, S. 287–336.
–: Miscelânea ornitológica V. Papéis Dep. Zool. São Paulo 1950, 9, S. 361–365, 1950.
Prestwich, A. A.: I name this Parrot. A. A. Prestwich, Edenbridge 1963.
Reichenow, A.: Vogelbilder aus fernen Zonen – Papageien. Helène, Pfungstadt 1955.
Reinhard, R.: Caninde-Ara – Art oder Unterart? Gef. Welt 4/82, S. 124.
Ridgely, R. S.: in Roger F. Pasquier: Conservation of New World Parrots. Proceedings of the ICBP Parrot Working Group Meeting, St. Lucia, 1980. Smithsonian Institution Press for the Internat. Council f. Bird Preserv. Techn. Publ. No. 1.
Robiller, F., und Trogisch, K.: Ein Beitrag zum Verhalten des Hyazinthara. Die Voliere 6/82, S. 207–208.
Roth, P.: Habitat-Aufteilung bei sympatrischen Papageien des südlichen Amazonasgebietes. Zentralstelle der Studentenschaft, Zürich 1982.
Rothschild, W.: Extinct Birds. Hutchinson, London 1907.
Ruschi, A.: Aves do Brasil. Editora Rios Ltda., São Paulo 1979.
Ruß, K.: Die sprechenden Papageien. Creutzsche Verlagsbuchhandlung, Magdeburg 1898.
–: Die Papageien. Creutzsche Verlagsbuchhandlung, Magedeburg 1881.
Sabel, K.: Vogelfutterpflanzen. Helène, Pfungstadt 1961.
Schönwetter, M.: Handbuch der Oologie. Akademie-Verlag, Berlin 1964.
Sick, H.: A fauna do cerrado, A. Zool. Est. São Paulo 1965, S. 71–93.
–: Vogelwanderungen im kontinentalen Südamerika. Vogelwarte 1968, S. 217–243.
–: Die Herkunft von Lear's Ara (*Anodorhynchus leari*) entdeckt! Gef. Welt 9/79, S. 161–162.
Snyder, D. E.: The Birds of Guayana, Salem. Peabody Museum, 1966.
Steinbacher, J.: Beiträge zur Kenntnis der

Vögel von Paraguay. Abh. Senckenberg-Naturf.Ges., Frankfurt 1962.
–: Weitere Beiträge über Vögel von Paraguay. Natur-Mus. u. Forsch.Inst. Senckenberg, Frankfurt 1968.
Stone, W., und Roberts, H. R.: Zoological results of the Matto Grosso Expedition to Brazil in 1931, II. Birds. Proc. Acad. nat. Sci. Philad. 86, 1935, S. 363–397.
Strassen, O. z.: Brehms Tierleben – Vögel – Dritter Band. Bibliographisches Institut, Leipzig und Wien 1911.
Strunden, H.: Papageien im Zoo von Rio de Janeiro. Gef. Welt 6/74, S. 104–105.
Todd, W. E. C., und Carriker, M. A. jr.: The Birds of the Santa Marta Region of Colombia: A Study in altintudinal Distribution. Ann. Carneg. Mus. 14, S. 208.
Wetmore, A.: A Collection of Birds from Guanacaste, Costa Rica. Proc. U.S. natn. Mus. 95, 1944, S. 25–80.
–: The Birds of Isla Coiba, Panama. Smithsonian misc. Coll. 134, 1957, S. 1–105.
–: The Birds of the Republic of Panama. Smithsonian Institution Press, Washington 1968.
Wilking, G.: Gelungene Zucht des Grünflügel- oder Dunkelroten Arara (*Ara chloroptera*). Gef. Welt 3/1981, S. 45–46.

Bildquellen

T. Arndt: 12, 13, 29, 55
H. Bielfeld: 24, 36
W. de Grahl: 56
F. Gorski: 16
H. Leibfarth: 22
H. Müller (Vogelpark Walsrode): 19, 40
H. Reinhard: 23, 27, 33, 38, 41, 42
P. Roth: 1, 4, 5, 17
T. Silva: 18, 25
F. Veser: 57–61
G. Wilking: 50, 53

alle übrigen Fotos vom Autor; zum Teil im Vogelpark Walsrode aufgenommen.

Register

Mit * versehene Seitenziffern weisen auf Abbildungen hin

Wissenschaftliche Namen

Englische Namen

Deutsche Namen

Sachregister